赫然 刘宇 著

法社会学视野下的
满族法文化活态研究

FASHEHUIXUE SHIYEXIA DE
MANZU FAWENHUA HUOTAI YANJIU

图书在版编目（CIP）数据

法社会学视野下的满族法文化活态研究/赫然，刘宇著.—北京：知识产权出版社，2016.4

ISBN 978-7-5130-4131-7

Ⅰ.①法… Ⅱ.①赫… ②刘… Ⅲ.①满族—法律—文化—研究—中国 Ⅳ.①D922.154

中国版本图书馆CIP数据核字（2016）第069345号

责任编辑：雷春丽　　　　　　　　　责任出版：刘译文
封面设计：SUN工作室　韩建文

法社会学视野下的满族法文化活态研究
赫然　刘宇　著

出版发行：	知识产权出版社有限责任公司	网　　址：	http://www.ipph.cn
社　　址：	北京市海淀区西外太平庄55号	邮　　编：	100081
责编电话：	010-82000860转8004	责编邮箱：	leichunli@cnipr.com
发行电话：	010-82000860转8101/8102	发行传真：	010-82000893/82005070/82000270
印　　刷：	北京科信印刷有限公司	经　　销：	各大网上书店、新华书店及相关专业书店
开　　本：	787mm×1092mm　1/16	印　　张：	12.5
版　　次：	2016年4月第1版	印　　次：	2016年4月第1次印刷
字　　数：	191千字	定　　价：	36.00元
ISBN 978-7-5130-4131-7			

出版权专有　侵权必究
如有印装质量问题，本社负责调换。

序：满族，向何处去

富育光

我与赫然老师早有相识，知其是满族，赫舍里氏，中央民族大学毕业，法学博士。在市政协开会期间，我们时常就满族问题进行短暂的交流，一直希望有机会能就此做深入的研讨。一次，满族单律师欲组织满语学习班，但苦于没有教室，于是我介绍他与赫老师联系，赫老师欣然相助。以满语学习班为契机，大家都深刻地感受到了一种强烈的民族认同感，作为学者，赫老师更是希望能从学术角度对满族做深入的研究，并认为从民族法的角度对满族进行研究将会具有一定的学术意义。于是，她带领长春理工大学法学院的几位老师，开始收集资料、做田野调查，其足迹遍及黑龙江、吉林、辽宁、四川成都、广州等地，逐渐形成了以满族法文化为研究对象的科研团队，并陆续发表了包括满族婚姻、满族祭祖、萨满教、满族族群组织、满族说部、满族家族祭祖等内容的系列文章。经过多年的累积，终于以"法社会学视野下的满族法文化活态研究"为题，申报并获得了教育部人文社会科学研究项目。

赫然诸君所著的《法社会学视野下的满族法文化活态研究》一书，作为"教育部人文社会科学研究项目"的重要成果之一，致力于从法社会学的视野对满族法文化进行多维度的综合研究，资料翔实、论证充分，是一部具有较高水平的学术专著。目前，关于满族法律制度的研究，多见于清史、法制史和民俗学等学科著述之中，上述研究虽成绩斐然，但是却受到自身学科的限制，或专于历史，或专于规范本身，或专于细节习惯，缺少一个综合性的、整体性的研究方法和观察视角，而本书正弥补了这一研究的不足。

今所谓满族源流复杂、文化多元，历史发展呈间歇式跳跃状态，对于研究者而言，实非易事。因此，关键在于研究方法和观察视角的选择，吕思勉先生认为："民族，是具有客观条件，因而发生共同的文化；因此发生民族意识，由此意识而相团结的集团。"且认为民族之重要条件包括：第一，种族；第二，语言；第三，风俗；第四，宗教；第五，文学；第六，国土；第七，历史；第八，外力。本书将族群、萨满、家规、祭祖、说部、自治独立为章，从历史溯源开始，结合西方法社会学理论对满族法文化进行研究，这与吕思勉先生的思路具有一定的契合性，并将这种研究带到了一个新的理论高度。书中不仅理论丰富、史料翔实，更重要的是，赫然诸君通过对辽宁省新宾满族自治县、吉林市乌拉街满族镇、九台市、黑龙江省宁安市等满族聚居地的田野调查，掌握了很多珍贵的第一手资料，为本书增添了丰富的实证色彩。

民族是怎样变化的？正如书中所言"今日之满族已非昨日之满族"，我们都已经深切地感受到民族的变迁，自从清末的变法维新，及至今日，随着世界潮流的变化，我国已将自我界定为"多民族的主权国家"。正如许倬云先生所言，这是"一个不断变化的复杂共同体"，在这样一个共同体中，满族族群的认同、维持以及边界就成为一个不可避免的问题，族群意识可以建立一个国家，也可以撕裂一个国家，满族该如何自处？如何他处？满族，将向何处去呢？对于这一问题的回答可谓任重道远，作者诸君上下求索，本书仅是小试牛刀，在未来的国家社会科学项目的成果中，希望能看到赫然团队更加精彩的论述。

目 录

第一章 绪 论 ……………………………………………… (001)
 一、问题的提出 ……………………………………………… (001)
 二、研究现状 ………………………………………………… (008)
 三、研究方法 ………………………………………………… (011)
 四、研究内容 ………………………………………………… (014)

第二章 族 群 ……………………………………………… (020)
 一、家族制约下的婚姻 ……………………………………… (020)
 二、家、家族与宗族 ………………………………………… (025)
 三、猛安谋克 ………………………………………………… (030)
 四、八旗制度 ………………………………………………… (031)
 五、传统满族族群组织融合与消解的法文化分析 ………… (036)
 六、新型满族族群组织形态的生成与展望 ………………… (043)

第三章 家 祭 ……………………………………………… (047)
 一、满族家祭活动的渊源 …………………………………… (048)
 二、满族家祭活动的形式 …………………………………… (053)
 三、对壬辰龙年满族家祭活动的观察 ……………………… (059)
 四、满族家祭活动的法文化分析 …………………………… (065)
 五、满族家祭活动的变化 …………………………………… (068)

第四章 家 规 (073)

一、满族姓氏与家族修谱 (074)

二、满族家规的来源 (075)

三、满族家规的主要内容 (077)

四、满族家规内容的变迁及其法文化分析 (097)

五、满族家规中的核心法文化价值观 (101)

第五章 萨 满 (106)

一、研究视角：法律与宗教的复合 (106)

二、萨满 (109)

三、萨满教的定义 (114)

四、萨满教的性质：宗教还是巫术，科学还是迷信 (120)

五、满族萨满教：氏族宗教——民族宗教——民俗宗教 (125)

六、满族萨满教与礼法合一的法律世界 (135)

第六章 说 部 (137)

一、满族说部与满族法文化的关系 (137)

二、满族说部中的治理法文化 (142)

三、满族说部中的战争法文化 (153)

第七章 自 治 (165)

一、满族自治地方立法概况 (166)

二、满族自治地方立法分析及存在的问题 (171)

三、满族自治地方的立法完善 (182)

四、结语 (191)

后 记 (193)

第一章 绪　论

一、问题的提出

（一）一系列引人深思的社会现实

1. 本溪之行：谱牒寻踪

由于满族法文化相关资料可能主要记载于家谱之中，我们调查的第一步就是拜访我国知名满族家谱研究专家张德玉先生。张先生是抚顺市社会科学院满族研究所所长，现已退休在家，在其家中狭小的空间里到处都是有关满族家谱的研究资料以及老先生几十年收集的谱牒、田野调查笔记。老先生视力不佳，研究工作对于他而言已经非常吃力，但他仍将其收集的谱牒视如珍宝，并致力于家谱的整理、修订和汇编，就在 2012 年，他还出版了《辽东满族家谱选编》。当我们说明来意后，老先生愿意贡献出一部分资料供我们研究，我们一边查看资料，一边问老先生："家谱中到底有多少家规族约的记载？这些家规族约还具有现实的约束力吗？"老先生怅然若失："一些大家族往往会以歌谣的方式将家规族约记载于家谱中，但也多为道德说教，不像早些年，穆坤①是有权力惩戒违规子弟的，现在不行了，现代社会嘛，打人是犯法的，再说还有派出所嘛。"望着浩如烟海的谱牒，满屋飘散着故纸堆的气味，一束阳光照进窗台，我们陷入了一种莫名的怀念与沉思。

2. 吉林之行：新当选的年轻族长（穆坤）、名贵的鲟鳇鱼、凋敝的乌拉街

2013 年初春，我们来到了吉林市乌拉街，这里曾经是满族人聚居的地

---

① 满语：族长。

方，只因盛产一种鲟鳇鱼（它是鲟鱼和达氏鳇鱼两种鱼类的总称，成年鱼的体重可达1000公斤，起源于亿万年前的白垩纪），因而有"水中熊猫"的美称。施氏鲟和鳇为黑龙江水域中名贵的经济鱼类，是我国淡水鱼中体重最大的鱼类，肉味鲜美、全身是宝。过去曾是向皇帝敬献的贡品，所以也叫"皇鱼"。当地很多满族人的祖辈都是以捕鱼进贡为生，有些甚至位居四品。接待我们的关老也是满族捕鱼人的后代，他非常热情地邀请我们去他家做客，一个灰色的尚未粉刷罩面的二层小楼，家中还有老母亲、儿子、儿媳，坐在他家的炕上我们唠起了家常。关老自豪地告诉我们他的儿子刚刚当选了族里的穆坤，这是一个略显木讷的、典型的北方农村青年，我们问他："你这么年轻就能当选穆坤吗？现在穆坤在族里主要负责什么工作呀？"他憨厚地笑道："我家祖辈世代都是族里的族长（穆坤），所以，族里的老少爷们看得起，现在我的主要工作是统计和联系族里在外工作生活的所有子弟，希望他们有时间、有机会能回村里，为村里做做贡献！"他一边说一边忙着在电脑上查看族谱。

时至傍晚，我们为了感谢关老的招待，希望能请关老到外边的饭店小酌，于是，在关老的介绍之下，我们来到了乌拉街附近一家专门吃鲟鳇鱼的饭店，叫"刘家萨满酒楼"，据说这里的鲟鳇鱼非常地道，这家饭店并不临街，门面也不是很大，但是客人很多，还有很多外地客人慕名而来，老板就是大厨，非常热情，向我们介绍了萨满菜其实就是满族人在祭祖的时候用来招待客人的家常菜，所以，萨满菜没有统一的菜品、菜式，每一家都各具特色，不过，鲟鳇鱼过去只有皇帝才能吃到。期待已久的鲟鳇鱼上来了，因为价格昂贵（人民币500元左右），所以只有很小的一段，做法是东北常见的红烧，不过，鱼中配菜竟是土豆泥，这确实有点出心裁。尝了一口，果然鲜嫩无比，入口即化。用餐后，我们提议趁着天色未晚去乌拉街走走。吉林市乌拉街，是满族文化古迹保留最完整的地方，这条街道也是最原始的老街道，这里的满族镇至今已经有上千年的历史。根据史料记载：5000年前的新石器时代，肃慎人就在此地繁衍生息。此后，形成了满族部落，1913年，满族首领努尔哈赤凭此地养精蓄锐，为此后建立清朝奠定了基础。因此，乌拉街被满族人称为"龙兴之地"。吉林市有34个满族乡镇，满族人口占全市总人口的4%，以乌拉街最为集中。在乌拉街满族镇，许多建筑都带有满族特色，而且镇上还保留有不少历史悠久的古迹。这里的满族文化一直得以留存，体现在壁画中，也体现在人们的日常习俗中，尤以祭祀、驱邪、祛病或节庆时的萨满舞蹈为代表。这里的打牲乌拉总管衙门、候府、魁府、百花点将台以及千年古树等都保存完好。

然而，由于长期没有人修葺和管理，暮色中的乌拉街显得有些凋敝破败，一个府衙坐落在乌拉街的尽头，大门紧锁，看不到里边的景象。陪同我们的关老好像察觉到我们失望的情绪，信心满满地说："你别看现在的乌拉街这样，政府准备投资几十个亿重新打造乌拉街，将来这里会是吉林市的黄金宝地，萨满文化也会成为吉林市的文化名片，到时候世界各国的观光者和投资者会络绎不绝的。"望着夜幕中灰色的府衙，听着关老情绪激昂的讲解，我们感慨良多。

3. 九台之行：新建的祖屋与神奇的剪纸艺术

2013年仲夏，骄阳似火，我们来到了东北满族发祥地之一——吉林省九台市进行调研，当地满族民间艺人关云德先生接待了我们。关云德先生钟情于满族民间剪纸创作，曾参加全国美术展，他根据一百位萨满女神制作的剪纸，在第七届国际萨满文化研讨会展出中受到好评，并被韩国、俄国学者收藏。2004年，他参加了九台市文史资料中"满族民俗"的编辑工作，并被长春师范大学萨满文化研究中心聘为研究员，名字被编入《当代满族名人录》。关云德先生向我们详细地介绍了满族的萨满教，"萨满教属于原始宗教，它崇拜多种神灵，万物有灵观念是满族及其先民所信奉的萨满教的思想基础。满族的先民如肃慎人，以采集渔猎为生，由于生产力低下，对大自然的变化感到茫然迷惑，便产生了崇拜心理，认为自然界万事万物，其根源都具有不死的灵魂，这些灵魂共同存在于宇宙间，还可以相互转移。自然界里的万事万物——动物、植物、人类本身的存在与活动变化，都是神灵主宰的。萨满教所崇拜的众多神，大致可分为自然神、动植物神、祖先英雄神三大神系"。

关云德先生还带我们参观了他们新建的祖屋，这是一个由村里提供土地，由市文化局提供资金建造的独立院落，幽静而宽敞，院子里坐落了三间平房，其建筑风格完全是传统满族的。关先生介绍说，"去年关氏家族举行了盛大的祭祖仪式,很多外地的家族子弟、省市领导、电视台的记者都来了,可谓盛况空前"。祖屋里是典型的满式炕(三面炕),中间炕供奉着各种神谕、神偶以及神器。神谕,是指萨满教祭祀时遵照的文字记录规则与神词,满语称为"渥车库乌勒本",神谕是最权威的老萨满在生产实践中领悟出的关于宇宙、生活的哲理。萨满能沟通人和神,其本人又被尊崇为神,由他领悟出的道理,被认为是神的启示,因而是神谕。关先生说:"神谕非常神秘严肃,由老萨满掌握,不能随意对外泄露,只能传给最得力的弟子。"这时,关先生向我们展示了萨满神鼓,满族称为"西沙",从功能上看,神鼓是萨满祭礼中的一种打击乐器,与腰铃、神刀、铜镜等构成了萨满神舞蹈的伴奏音乐,而神鼓在其中起主导和指挥作用,因神鼓声音宏阔昂奋、节奏感强,带动了其他乐器,造成了一种神驰神降、庄严而神秘的宗教氛围,预示着因神的降临,萨满才能表演神灵的各种高超而奇特的神技,令族人慑服。各个氏族萨满的击鼓法,都是自己长期形成的一套传统击鼓秘籍,整个声音语言符号,全在鼓点的变化中反映出来。[①] 不知不觉天色已晚,在激昂的鼓声与神秘的神谕下,我们仿佛回到了那悠远的过去。

4. 一个拯救萨满文化的义士

在2012年《萨满文化》第2期,我们看到了这样一个故事:张荣波家祖辈一直住在乌拉街满族镇,祖上是满族陈汉军。他的爷爷张瑞臣是乌拉街张氏家族的"穆坤达"(族长),每年萨满祭祀仪式都在他家举行。张荣波在很小的时候就对萨满祭祀仪式的整个过程有了印象。"萨满祭祀仪式可不是大家想象的跳大神,它主要就是家族的祭祀活动,主持仪式的大察玛念的神词也大多是教人尊老爱幼、孝顺父母、倡导和谐。"张荣波说,1985年的一天,吉林省社科院的一行专家在吉林市乌拉街满族镇进行萨满文化采集时,找到了当地著名传世大察玛张玉海,也就是张荣波的父亲。专家们希望他能提供萨满祭祀仪式的文字资料。张玉海犯难了,因为以往萨满祭祀仪式的内容都是口口相传的,并没有形成文字。张荣波意识到,一旦主持仪式的大察玛离世,如果没有传人,萨满文化也将随即消失。所以有必要留有文字记录,才

---

① 九台市政协文教卫生委员会编:《九台文史资料第七辑》(萨满文化专辑),2012年10月版。

能更长久地延续本家的萨满文化。于是，张荣波决定从记录神词内容开始着手拯救萨满文化。张家这一陈汉军萨满坛班大察玛所念的神词有 6 万多字。当时还在学校教书的张荣波一下班，就骑自行车回家，让父亲一句一句念神词，自己记录。父子俩用了十几天的时间，终于把全部内容记录在纸面上。因为很多神词的发音比较模糊，究竟是哪几个字，父亲也说不清楚，只是祖辈是这样传下来的，张荣波只好把不明白的地方一一标注出来，然后再自己查资料、找人问。一天，张荣波听说本镇杨屯有一个叫孙凤福的人，也是个大察玛，就利用午休时间骑自行车去找他。孙老被张荣波拯救萨满文化的想法和行动感动了，就把自己了解的萨满内容全部告诉了他。一个偶然的机会，张荣波认识了另一位大察玛杨志云老人，年近九旬的杨志云看到张荣波对萨满文化十分感兴趣，又致力于传承萨满文化，老人非常高兴，一连很多天都跟张荣波讲述萨满的事情。就这样，用了一年多的时间，张荣波基本确定了神词中的每一个字，终于完成了父亲和自己的心愿。这本 6 万多字的吉林乌拉街满族陈汉军察玛神本，后来经专家认定内容完整无误。现在，退休在家的张荣波有了更多的时间从事萨满文化研究，将过去的乡间调查笔记整理成《萨满传说故事》《旗人的婚俗》《旗人丧葬传统习俗》等四五十篇文稿。在研究过程中，张荣波还得到了国内萨满研究专家富育光先生的指点。

5. 一次别开生面的会议讲话

2012 年，吉林省召开了萨满文化协会工作会议，在会上名誉会长刘润璞发表了讲话，他着重强调了四点：第一，进一步提高对萨满文化研究的认识。对萨满文化的认识和开发，是我们协会的主要任务，除加强研究外，还要靠我们的宣传扩大影响。萨满协会为什么要办杂志，为什么要出书，为什么要建网站，就是为了交流与宣传。第二，要继续增强协会的凝聚力和活力。我们是萨满文化协会，而不是萨满文化研究协会。因为萨满文化研究会比较窄，我们萨满文化协会的工作范围比这个研究会要广，我们应该把从事萨满文化研究的专家学者和从事萨满文化活动的人员都纳入进来，把关心支持这方面工作的有关企业吸收进来。协会应该经常开展活动，增强凝聚力、增强活力。第三，进一步提高活动的质量。今年要搞的论坛、展览、歌舞表演、祭祀活动、萨满书刊这些列入计划的，都要把它们完成。第四，进一步把我们的工作与经济社会发展更好地结合起来。萨满文化旅游基地牧情谷就是个很好的例子。散布在我省各地的萨满展览馆、萨满窝、萨满家族有的也可以往文化产业方向发展,并逐渐把萨满的服饰、萨满的歌舞、萨满的器物、萨满的用品复制、开发、推向市场。

6. 一个历史悠久的文化传播组织

2012年8月1日,我们赴成都满蒙学习委员会调研。1957年1月13日,经成都市委统战部和民族主管部门批准成立成都市满蒙人民学习委员会。新中国成立前,该组织的前身是管委会,有房产、办学校。满蒙学习委员会是成都满蒙少数民族的自治性组织,由成都宗教事务管理局管理。该组织的最高领导机构是委员会,共有21人,主任1人,驻会副主任4人,驻会工作人员均为义务服务,没有报酬。满蒙学习委员会的主要工作:第一,每年十月份"颁金节"组织庆祝活动;第二,每年春节的初二组织团拜会;第三,每个月的第二周组织满蒙族老年人聚会;第四,资助民族学院满蒙族的贫困学生生活与读书;第五,与全国各地的少数民族组织进行友好交往,例如与内蒙古、辽宁省沈阳市满族联谊会等经常进行交流;第六,组织参加全国少数民族运动会与其他少数民族相关活动;第七,对集体财产进行管理并参与诉讼。

满蒙学习委员会现存的资料档案包括:第一,关于少城小学校产整理有关文件共四册;第二,学习委员会组织族胞和青年学习、生产的部分记录;第三,学习委员会组织族胞和妇女代表参加全国、全省、全市青年联欢活动及其他各种活动的记录;第四,房地产所有权登记申请书,成都市城市建设委员会对满蒙族坟墓迁移的具体办法;第五,私立少城小学地价、税款的缴纳情况记录;第六,成都私立少城小学的办学情况;第七,少城校产租赁的有关资料;第八,请求发还原省立少城小学校产,四川省政府、成都市政府的批示文件;第九,对旗籍族胞生活困难者予以补助的相关文件等。

7. 一个传统与现代相结合的满族节日

2002年2月15日(农历年初四),广州世居满族举办了盛大的"春茗"节聚会。广州世居满族是清朝乾隆年间派驻广州的满族八旗部队的后裔。春茗节是正月初四,这在东北满族和京旗满族中都没有记载,应该是满族民众到达广州后形成的习俗。参加这次春茗聚会的有政府民族宗教部门的领导；部分广州满族的全国、省、市人大代表及政协委员；全国、省、市劳动模范；科技界、医务界、教育界、工商企业界的知名人士；以及汉、回、瑶、蒙古、朝鲜等民族的代表，一共130余人。会上广东省和广州市民族宗教部门的领导进行了讲话，接着是联欢会，满族的老族胞、青年、妇女以及嘉宾表演粤曲小唱《党的恩义万年长》、小合唱《走向新时代》等文艺节目。在表演中不断穿插礼物抽奖，掀起了春茗聚会的高潮。①

（二）提出问题

对于上述铺陈的事实我们会隐隐地产生一种疑惑。满族谱牒已经成为急需要保护和整理的文物，不再具有当年官爵世袭的功能，但仍有很多学者愿意付出时间和精力进行谱牒的收集、保护和研究工作。年轻的穆坤已经没有老穆坤那样的威信，甚至可以说他的当选还是其父辈的福泽所致，随着威信的降低，附着在其上的很多职责也在削弱。凋敝的乌拉街已经没有了当年的盛况，但是满族族群成员们对它的未来却充满了新的希望。萨满文化几近消失，但仍有人以极大的热情去挽救这古老的文化。萨满文化协会的工作会议完全是"文化搭台、经济唱戏"的现实缩影。在"春茗"节进行过程中，任何传统仪式诸如祭祖、行礼、神戏都取消了，取而代之的是政府领导讲话、满联会工作总结和满族族胞自娱自乐表演节目，满族成为一个符号，它附着在民间传统节日与现代仪式的融合点上，形成跨地区动员的巨大力量，获得身份确认。然而，这种强大的民族身份认同感可能恰恰喻示着族人们正面对着民族身份的融合与消解。这一切都似乎在表明"今日之满族已非昨日之满族"，当传统遭遇现实，所有的族人们在欢呼雀跃的同时也不免有些尴尬与担忧。这一切让人觉得既失望又充满了希望！

对于这样的社会现实，我们不禁要问：满族作为一个在全国范围内建立过国家政权的少数民族是否正在经历某种转型或者变迁？我们是否可以在更广阔的视域下来观察这种转型或变迁？是什么样的因素在主导着这种转型或

---

① 关溪莹、师玉梅："城市传统少数民族的民俗建构与族群发展"，载《广西民族研究》2006年第1期。

变迁的发生？现在的满族又呈现出一种什么样的状态？我们应该如何在理论上总结这种状态？满族今日之发展和现状是否具有典型意义？我们的研究能否指导我们认知其他少数民族的发展和现状？然而，对这样极度复杂又具有宏观性的问题，其研究往往是一个学者或者一个学科的学者们难以驾驭的。对于满族问题的研究，近些年以来，不同学科的学者都从自己的专业视角进行了有意义的研究，归纳起来主要集中在以下几个方面：第一，在民族学领域里，对满族以及其他少数民族的民俗研究，例如，对辽东满族家谱的选编，[①] 这种研究能展现民族生活的细节，传承传统民族文化，但是对于整个民族的命运和变迁的研究就有些力不从心，缺乏一种"大历史观"；第二，在法学领域里，对满族法律制度的研究，既包括对满族本民族内部习惯法的研究，也包括对清律的研究，这种研究主要集中在对"文本"的研究上，其研究范围局限在规范层面上，而民族的命运和变迁需要我们去研究"活的法"；第三，在历史学领域中，对满族族史的研究，以及对清史的研究，这种研究能向我们展示一个民族的政治事件史，但是却无法向我们展现一个民族所具有的内在文化特性；第四，在人类学领域里，对满族族群生活的个案研究，这种研究具有一定的微观性，总是希望通过"以小见大"的方式呈现事实，但是，"以小"真的能"见大"吗？这种方法也很难对一个民族整体的命运和变迁提供一个满意的答案。可以说，上述研究都是从自己的学科出发对满族相关问题的专门性研究，其研究方法的单一性以及研究对象的狭隘性，都使他们很难回答上述复杂而又宏大的问题。因此，我们的研究团队试图通过确定某种更广阔的研究视域，将多学科的研究方法和知识背景进行有机地融合，从而将满族问题纳入一个既视野开阔又别具特色的研究领域。于是，我们最终确定了"法社会学视野下的满族法文化活态研究"这一题目。

二、研究现状

近些年来，民族法文化的研究成为学界的热点问题，学者们从不同的角度对其进行了有意义的阐释，根据近些年发表的相关学术论文，我们对其进

[①] 本溪市党史地方志办公室编：《辽东满族家谱选编》，辽宁民族出版社2012年版。

行了全面的梳理和总结。我国是一个多民族的国家,民族文化的多元性使得"比较"成为学者们研究民族法文化最常规的手段,"多元性"的视角是一个主导性的研究角度,归纳起来主要有以下几种。

第一,中西的比较与融合。例如,有的学者撰文论述我国传统文化在化解社会纠纷中的功能问题,他首先对传统法文化进行了特征性描述:追求无讼的和谐境界;维护纲常伦理的秩序观念;突出以民为本的治国理念;强调官民互补的解决纠纷;坚持先教后刑的伦理教育模式。并进一步提出上述传统法文化观念在化解现代社会纠纷的诸多功能:确立秩序功能;道德教化功能;定纷止争功能等。以及对建立我国的代替性纠纷解决机制的启示。①

第二,传统与现代比较研究。例如,有的学者使用田野调查的方法,通过对云南省红河哈尼族彝族自治州金平苗族瑶族自治县十里乡所辖的平安寨的调查研究,发现在历史上主要依靠寨老制度维持社会秩序的平安寨,在社会变迁的过程中,其传统文化发生了断裂,社会控制系统功能衰弱,而国家法的实施也不尽如人意。国家法和习惯法不能良性互动,致使该地区社会秩序和治安成为问题。故而提出应该从公权力机关合理性基础的建立、民间权威的整合、国家法的建设三个方面来解决平安寨面临的问题。②

第三,汉族与其他少数民族的比较。例如,有的学者对各民族的宗法文化进行比较研究。宗法制度是世界性的文化现象,它是以父权和族权为基本特征的宗族管理制度,其内容涉及亲属制度、职位继承、财产继承、婚姻管理等诸多方面。我国中原汉族地区的宗法制度,于西周时期达到了完备的程度,之后,宗法制度就以中国传统文化的基本内容之一而代代传承。中国是一个多民族的国家,宗法制度在各民族生活中的表现和作用,差异性很大。

第四,从民族与国家关系的视角来研究。例如,有的学者认为,"清代帝国政治的一个显著特点,就是将民族作为一种重要的统治工具来加以运用,首先,清朝通过各种政治手段建构满洲民族的民族性,以维护满洲群体与其

---

① 张锐智:"论我国传统法文化在化解社会纠纷中的功能及启示",载《河北法学》2010年第6期。
② 王启梁:"传统法文化的断裂和现代法治的缺失——少数民族农村法治秩序构建路径选择的社区个案研究",载《思想战线》2001年第5期。

他群体的社会边界，从而使自己的政权有一个强烈内聚力的民族化基础；其次，在制度上，确立八旗制度作为国家的基本政治制度之一，从而使八旗子弟始终成为最重要的政治统治集团，其成员具有高度的忠诚度，并通过世袭保证其统治集团的地位；再次，将汉人社会作为国家治理的核心，尊崇儒家文化，并在赢得少数民族政治支持的同时构建一个隐约的满蒙藏同盟，其目的在于防备汉人的反抗"。

"1980年后，满族与汉族出现某种新的分化趋势，这与满族自治单位的成立在时间阶段上是重合的。在一些满族传统聚居社区，这种趋势集中体现在正式登记的满族人口增加、满族文化活动的重新兴盛以及关于满族的国家叙事和民间叙事都有对历史记忆的延展和重构。""在刺激族群分化的动力机制方面，表面上最明显的诱因来自于国家民族政策对满族的影响。民族政策为少数民族的族群身份提供了一种基于个体和社区的利益结构，因而草根社会通常将族群身份视为某种社会资本和社会竞争的工具，对此竞相追逐，结果造成满族人口的超常增长。实际上，在满族族群重构的社会行动中，真正的主导者是地方社会精英和民族知识分子。出自各自不同的政治、经济、文化动机的族群重建工程，其核心资源在于经济利益和政治支持。各类商业组织以族群文化为卖点发展旅游等相关行业，为地方政府发展地方经济提供了一种文化上的资源，于是经济搭台、文化唱戏成为各级政府不变的运行逻辑。同时，地方经济发展也确实符合所有社区成员的利益，因此本来在草根日常生活中可能已经淡化的族群意识又重新被强调和强化，并经由代际传递重塑下一代的族群认同。"①

第五，民间与官方的角度研究。例如，有的学者提出了"法律的本土资源""地方性知识""民间法"以及"民族法"的概念。希望通过对这种"民间法"的研究，来实现法治的本土化，调和民间法与官方法的矛盾。再如，有的学者以明清时期中国乡村社会为背景，揭示乡绅所具有的权力要素与国家权力之间的紧密关系。探求在国家正式权力对乡村社会的控制力逐渐

---

① 关凯："满族民族性：帝国时代的政治化结构与后帝国时代的去政治化结构"，载《社会科学战线》2011年第8期。

弱化的前提下，乡绅之治的生成路径。尤其在中国封建社会后期独特的国家和社会的场域中，乡绅之治如何成为国家权力的一种延伸，乡绅之治又如何成为防御国家权力的一种屏障。①

上述研究虽然都具有一定的学术价值，但是他们也都存在一个明显的不足，即"片段性"和"片面性"。法文化的概念本身就错综复杂，单向度的比较研究虽有"窥一斑，视全貌"的取义，但是终究难以展现其复杂性。而我们的研究则试图将这一切整合，将一个民族法文化发展的全貌展现出来，并希望能因此获得某种理论上的升华。

三、研究方法

（一）何谓法社会学视域

1. 作为社会学分支的法社会学

众所周知，社会学是有关社会的学说。其研究范围包括社会生活的基本秩序、社会的活动规律和发展规律、人类社会和自然环境的关系。此外，还包括人类社会生活和人类普通文化之间，以及和人类生活特别领域之间的关系。据此，我们可以将社会学和自然科学区分开来。直到19世纪，社会学才成为一门独立的科学，其产生应该归功于一个大胆的想法，即将自然科学的研究方法应用到社会科学的研究上。社会学以及研究方法从一开始就具有批判性和社会改革的特征。批判和社会改革是孔德和迪尔凯姆的论著中的重要内容，这一特征在马克思和恩格斯的著作中更加明确。而且，尽管社会学对人类社会的很多概念和主流理论进行了大量的实证研究，但是，社会学研究还是需要有一个思想坐标，借助该坐标，我们就可以更精确地提出问题、描述其假说；此外，人们还可以更精确地整理、解释其获得的数据。所以，社会学的研究并不排斥理论，理论社会学对社会学研究勾画出思想坐标的草图，并对其认知条件进行批判性反思。

法律可以成为社会学的研究对象。这一视角在几个方面对传统的法学提

---

① 徐祖澜："乡绅之治与国家权力——以明清时期中国乡村社会为背景"，载《法学家》2010年第6期。

供了全新的发展前景。

第一，注释法学认为，法律是所有法律文本的总汇。与研究宗教教义和文学作品的目的一样，对法律进行科学研究是为了通过采用逻辑分析法、目的解释法等方法弄清楚法律的含义。相反，它并不关注下列问题：如法律文本是如何形成的？法律保护哪一个社会阶级的利益？法律是否为社会所接受？法律是否真正得到了实施？与此相反，法社会学认为法律是一种综合的行为模式，人类不仅确实是根据此模式开展活动的，而且是据此进行共同生活的。法社会学的研究对象不仅仅是法律文件本身，而是"活着的法"。我们也可以说，法社会学是研究法律和人类社会中非法律要素之间相互依赖和相互作用关系的科学。

第二，法社会学丰富了法学研究的方法。我们不仅可以解释法律条文的含义，还可以进行实证性社会调查。例如，我们可以对特定的人群或者民族进行具有代表性的问卷调查，调查可以是口头采访、书面采访或电话采访，可以是公开或者秘密的观察，可以是对官方统计数据的评估。

第三，利用社会学方法分析法律有一个重要优点，即它可以不考虑法律条款的效力范围。教义主义法学的中心任务是区分合法行为和非法行为，而法社会学则不受此类要求的限制。它可以观察和分析法律生活，而不必直接适用法律，也不用决定行为是否合法。相反，它努力将相关法律概念、法律机构、法律程序，甚至法律理念和法学理论等放在各自的社会环境去分析和理解。对法社会学而言，有效的判断标准并不是现行法律，而是事实。

2. 作为法学分支的法社会学

作为研究法律的一门学科，法社会学不仅仅只是社会学的一个组成部分，它还是法学的一个分支。假定法学各领域的任务都是理解法律并借以推动实现一个公平的社会秩序，这就提出了这样一个问题：法社会学为此能作出哪些特殊的贡献？法社会学不仅仅是为了认知法律，而且是为了实施法律。从这一角度来看，法社会学和实用法学互为依存关系，两者缺一不可。正如康德所言："没有社会学的法学教义学是空洞的，没有法教义学的社会学是盲目的。"例如，法社会学与法制史有着共同的研究对象，重要的法社会学家如迪尔凯姆和韦伯，他们的研究资料主要来源于法制史。但是，法社会学和法制史的认知方法和目标不同。法制史研究法律演化的历史进程，它更加重视历史事件之间的因果关系，也即决定历史命运的事件之间的相关关系。它的目标是通过使用容易为人理解的解释方法解读具体法律历史事件的意义。相反，法律社会学寻求一种一般性的认知：它研究典型的、重复的和有规律的人类社会行为，并试图弄清楚人类在一定方式的社会联系中总是发生的事情。通过这种方法，使得我们得以在比历史学更高、更抽象的层次上总结、概况人类和社会的典型行为和一般行为，并就此得出结论。再例如，比较法学的研究认为是通过分析法律机制的区别，为错综复杂的案件找出最佳解决方案。但是，由于在不同的国家中存在不同的文化传统，法律事实的前提条件也不同，应该存在着不同的规则。为此，必须分析比较这些法规的社会背景，这样就自然采用法社会学的提问方式、研究方法和成果。

（二）为何在法社会学视域下研究满族法文化活态

"满族法文化活态研究"涉及"满族""法文化"以及"活态"三个核心概念。对满族问题的研究如上文所述，包括民族学研究、历史学研究、法学研究和人类学研究，其各有特色，也各有局限，如何在一个更广阔的视域下审视满族整体命运的变迁，我们认为非"法社会学"不可，其原因是，法社会学是研究法律和人类社会中非法律要素之间相互依赖和相互作用关系的科学，只有这样才能将"满族"问题纳入到更为复杂、广阔的社会现实之网中去观察，而其他学科都不具有这样的优势。"法文化"本身是一个非常复杂的概念，其含义既庞大又复杂，但唯有这样的概念更能涵涉"满族问题"的整体性。

法文化的概念也是法社会学经常使用的概念，为的是强调其研究对象不同于法教义主义所采用的注释性解读方法。在这里，我们不必界定这一概念与其他学科中在语言使用上的区别，也不必深入研究文化哲学问题。相反，法社会学仅仅需要一个广义、宽松的措辞。为了能够从社会学角度对一个社会的法文化进行描述，通常需要一个非常宽广的视角。该视角将实证性、描述性和理想性社会学的方法和法学的方法结合起来。

"活态"的研究更是需要像法社会学这样，认为法律是一种综合的行为模式，人类不仅确实是根据此模式开展活动的，而且是据此进行共同生活的。

只有使用实证的方法进行调查研究，才能真正了解满族的整体现状。如弗雷泽所说："一切理论都是暂时的，唯有事实的总汇才具有永久的价值。"对此，我们怀有深深的共鸣，在社会学的研究方法中，定量的研究方法一向被视为"硬方法"，如大型问卷调查和数据分析；相反，定性研究方法则被视为"软方法"，如民族学方法、深入访谈方法和观察法。我们所运用的是定性的研究方法，有时大规模的调查并没有必要，研究一小部分人的情况，就能促进我们对一些问题的了解，在当代文化人类学的研究中，有时甚至可以仅做个案的研究。使用这种方法的理论依据是：某一文化的内部是具有同质性的，所以研究一种文化时，最重要的是注重研究的深入和真实可信，而不太强调抽样的方法。当然，由于我们的样本量很小，所以没有任何统计意义，也不能做任何统计推论。我们只是把这项研究视为一种探索性的研究，其中所有的材料只具有"存在着这样一种事实"的意义，不具有更大人群和更大范围现象的代表性。

四、研究内容

（一）法文化

克莱德·克拉克洪的《人类之镜》一书中，用了将近27页的篇幅将文化依次界定为：（1）一个民族的生活方式的总和；（2）个人从群体那里得到的社会遗产；（3）一种思维、情感和信仰的方式；（4）一种对行为的抽象；（5）就人类学家而言，是一种关于一群人的实际行为方式的理论；（6）一个汇集了学识的宝库；（7）一组对反复出现的问题的标准化认知取向；（8）习得行为；（9）一种对行为进行规范性调控的机制；（10）一套调整与外界环境及他人关系的技术；（11）一种历史的积淀物。可见，文化本身就是一个非常复杂的概念，那么，法文化作为一种与"法"相关的文化其复杂性也不言而喻了。

很多学者对法文化提出过不同的定义，归纳起来有以下几种：

第一，广义法文化与狭义法文化。广义法文化概念，例如，武树臣先生将法文化概括为"法统""法体""法相"和"法态"。他认为，法统是法律文化的内核，法体是法律文化的外壳，法相是法律文化横截面，法态是法律文化的运行状态。其中，法统是贯穿于法律文化体系的核心概念，所关涉的是法律文化的价值核心问题，衡量法律文化的不同类型主要就是依据法统的差异而做出的一种界定。① 狭义的法文化概念，例如，日本学者千叶正士将法文化界定为"以法的同一性原理加以统和的各种官方法、非官方法、固有法、移植法、法律规则、法律原理等组合的整体，以及国内的各种法、国家法、世界法等的多元结构及其文化特征"。②

第二，隐性的法文化概念和显性的法文化概念。前者分为法律认知、法律情感和法律评价；后者分为法律法规、法律制度、法律设施。③ 对于法文化的研究，很多学者将重心放在对隐性法文化的研究上，并认为法律认知、法律情感和法律评价并非孤立存在，而是有着内在的联系。在正常情况下人们关于法律的认知、情感和评价构成了一个协调的整体。其中任何一个要素如果发生重大变化，都意味着法律文化将有所改变。

第三，将"法文化"视为一种方法论，而不是一种研究对象和范围。例如，梁治平先生提出"用法律阐释文化，用文化阐释法律"的理论构想，他将法律文化视为一种立场或方法，认为"人的思维、语言和人类社会结构都具有一种内在的结构，这种结构很大程度上是比较固定的，相互塑造和强化的。语言是一种文化的沉淀，决定了人们的概念、分类系统，决定了人们看待社会的程序，因此，通过语言有可能发现这种社会结构。同时，语言又仅仅是符号的一种，许多具体法律制度甚至人的活动都可以理解为符号，并且，所有这些符号都具有相互支持和相互印证的作用。因此，从法律这种符号，从语言这种符号，甚至从社会法律实践这种符号，人们有可能把握古代中国人的法律文化"。④ 再如，很多人类学家可能从"法律与文化"的视角来思考此类问题，将法律看成是由文化构成的，而文化是由法律构成的。法律不仅仅是（对争议的）清理，而且是（对行为的）界定。它不仅仅是（在界定何

---

① 武树臣：《中国传统法律文化》，北京大学出版社2000年版，第5页。
② [日] 千叶正士：《法律多元——从日本法律文化迈向一般理论》，强世功等译，中国政法大学出版社1997年版，第246页。
③ 林淳："多元法文化与法制现代化"，载《贵州民族学院学报》2002年第6期。
④ 梁治平：《法律的文化解释》，生活、读书、新知三联出版社1994年版，第128页。

者为）正确，而且是（在界定何者为）可能。在其设定的意义框架内，法律所定义的乃是一种关涉人类行为及其意义的重要力量——形塑人类行为并赋予其含义、价值、目的和方向。当它们身陷困境的时候，我们不会将法律仅仅看作是一种使其回到正轨的策略或机制，而是将法律作为文化中的建构性要素——一种思维方式；正是这种思维方式与文化中的诸多现象（如伊斯兰教、佛教等）的结合，才使得人类行为及其意义摆脱困境并恢复原状。基于此种思考方式，有的学者提出中国法文化的四阶段论：刑法文化阶段—民法文化阶段—法哲学文化阶段—宪法文化阶段。①

我们认为，法文化是社会中存在的、可以通过实证方法调查的、所有与法律有关的价值观、规范、机构、程序规则和行为规则的总称。在这一定义中，法文化包括了法律和法律生活的所有表现形态，所有这些表现之间都存在相互联系，可以将它们视为一个整体，而且，该整体又与其他社会领域存在联系，并相互影响。

（二）满族法文化

由于"多元性"是法文化的一个普遍特征，因而从民族多元性的角度研究法文化就成为一个非常方便的命题，很多学者提出了"民族法文化""民族法"以及"法的民族性"的概念，都是一种希望民族，尤其是少数民族这一概念使法文化的多元性更加具体化。少数民族法文化从三个方面丰富了法文化传统：一是历代王朝都是多民族统一的国家，都是在考虑当时的民族构成和特点的基础上，根据族际关系的实际需要，制定了既有共同性又有民族性特点的法律制度；二是各少数民族曾经建立过很多大大小小的政权，其所建立的法律制度既是学习引进汉族法文化的过程，也是对汉族法文化的丰富和发展；三是在某一地域内，具有一定权威性的组织与机构处理本民族人与人之间关系以及调整统治民族与被统治民族关系的习惯法规范。因此，对这些方面不加以研究，就不能了解中国传统法文化的全貌，更不能深入制度背后的民族观念因素和社会历史因素。

然而，民族的法文化与法文化的民族性是一个剪不断理还乱的问题，如

---

① 桑保军："中国法文化四阶段分析"，载《甘肃政法学院学报》2005年第11期。

萨维尼所言:"通过人类的普遍理性制定人类普遍适用的法典,这一设想是幻想,是荒诞不经的,自古以来,法律就像语言、风俗、政制一样,具有民族性,是民族的共同意识,世世代代不可分割的联系,它随着民族的成长而成长,民族的壮大而壮大,当这一民族丧失其个性时则趋于消亡。"所以,我们面临的第一个问题是研究对象的确定:是民族的法文化还是法文化的民族性?还是在不做明确区分的情况下先做一种"姑且性"的研究?对此,我们的观点是:从法的历史形成角度看,民族性与法文化具有某种同一性,但从研究问题的角度分析,民族的法文化与法文化的民族性无疑为我们提供了两种不同的研究路径,前者从民族历史、心理、习俗、行为模式、组织形态入手逐渐展现一个实证法的世界,也可以说,这是一种借助民族学为手段的法文化研究,是一个通过民族来研究法的路径;后者是从一个实证法的角度,利用法学、法哲学以及法社会学的研究展现一个特定民族的世界,是一个通过法来研究民族的路径。我们的选择是前者,因为这既可以将民族学、社会学的研究方法引入法文化的研究领域,实现方法上的革新;同时,通过民族来研究法的路径,可以将一切与民族相关的隐性要素纳入到法的研究视野,这将有可能在更大的范围内建立起一种民族与法之间关联性的全景成像。

在我国,有的学者选择研究西南少数民族法文化,有的学者选择研究回疆少数民族法文化,有的学者选择研究藏族法文化。而我们对上述研究提出某种质疑:我们应该选择什么样的民族进行研究才能体现对民族法文化研究的典型性、系统性和大历史观呢?我们认为,对于一个多民族融合的国家而言,对其民族法文化的研究不能是一种随机式的抽取,那么,如何从众多民族中选择典型的研究样本呢?我们认为:第一,这种文化在本质上必须是汉族文化的异质文化。将汉族文化本身或者与汉族同质的文化排除在外的理由是:汉族法文化在某种意义上就是多民族文化融合后的结果,它本身就是一个复杂的民族综合体,这使我们失去了对其形成过程进行研究的可能性,使我们对法文化的研究变成了某种意义上的静态研究,而不是一种动态研究。所以,我们应该把研究的重点放在民族性更强的少数民族法文化的研究上。第二,在对少数民族法文化研究中,我们应该选择一个曾经在全国范围内建立过政权,制定过官方法的少数民族。中国历史上只有两个由少数民族建立的全国政权，一个是成吉思汗及其后代建立的蒙古人占统治地位的元朝；另一个就是满族建立的清朝。与元朝不到百年的短暂统治相比，大清帝国跨越了三个世纪。之所以提出这样的要求是因为：法文化作为一种复杂的多面体，如果能够从多层次及不同角度对一个典型的法文化样本进行研究那将是极好的，在全国范围内制定过国家法的少数民族为我们提供了这样一个伟大的样本，而一个始终偏居一隅的少数民族，它的影响力和典型性就差了很多。第三，被选择的少数民族法文化最好到目前为止完整地经历过产生—发展—兴盛—衰落的全过程，因为只有在无限延绵的历史长河中，我们才有机会发现那若隐若现的涟漪。基于上述理由我们选择了满族法文化作为我们的研究对象。

（三）活态

什么是有关满族法文化的"活态"？我们通常使用的法律概念仅仅是指制定法，但对于法社会学家埃里希来说，这并不能满足其开展研究的需要，他提出了"活着的法"的概念，并将法分为社会法、法律人法和国家法三类。其中，社会法是在某一人类团体中行之有效的规则，是该团体的"内在秩序"。埃里希认为，整个人类社会由无数个团体组成，团体的组织建立在规则之上，也就是说，这些规则也是对该团体的每个成员有约束力的行为规则。大部分法律都是为这一目的服务的，这也就是组织法。埃里希在这里采用了广义的团体概念，一切可区分的生活关系，例如，家庭、邻居关系、国民经济和世界经济皆可以纳入其中。即使是通常的交换合同和借贷合同，也被视为组织法，因为这些合同调整着经济交易。所以，其目的并不仅仅在于确定合同当事人之间的法律关系，而且还规范着包括超越合同主体的经济团体内部的货物分配关系。在埃里希看来，人类团体的内部秩序，也即社会生活秩序，这些秩序不仅是法的最初形式，而且到目前为止也是法的基本形式，同时它们也是法的最初表现形态。适用于社会团体的规则主要是由相关的团体自身创建的，并使之与团体的构建和活动相适应。因此，每一次社会和经济的变迁都会带来组织规则的相应变化。从历史上看，多数组织规则没有通过书面形式固定下来，它们主要是通过遵循规则的传统和长期的适用逐步培养成员遵守规则的意识，因此，促使人们遵守社会规则的手段常常不是拥有强制工具的国家权力。① 我们所研究的满族法文化的"活态"包括两层含义：其一，与历史相比较而言，活态是指一种现有的、现存的、仍然发挥着某种效力的法文化形态；其二，我们采用了埃里希"活着的法"的概念，认为法不仅仅是制定法，而是一种"广义的社会团体"的"内在秩序"，是那些常常不是拥有国家强制力的组织规则。

---

① ［德］托马斯·莱塞尔：《法社会学导论》，高旭军等译，上海人民出版社2008年版，第72页。

第二章 族 群

一、家族制约下的婚姻

（一）概说

《昏义》说："婚姻者合二姓之好，上以事宗庙，下以继后世。"可见，婚姻的目的在于宗族的延续以及祖先的祭祀。完全是以家族为中心的，不是个人的，也不是社会的。① 因此，对于婚姻的理解，我们认为无法脱离对整个社会的基本组织形态（即家、家族或宗族）的理解。

满语 hala（哈拉）通常被译为"氏族""姓"，是大的血缘集团。mukun（穆昆）被译为"宗族""族"，是血缘关系较近，其成员往往居住在同一地域，彼此之间的联系和家族内部的约束力比氏族要强，是哈拉的分支。然而，征战和迁徙逐渐打破了女真社会原来的血缘关系，地域和政治因素日益成为社会中组织集结的主导因素，穆昆组织原来那种单纯的血缘关系也松动了。古老的氏族组织解体或者分化为宗族组织，满族有些姓氏是古老的氏族名称，例如 gioro（觉罗）为一个古老的 hala，后来又分为 aisin gioro（爱新觉罗）、irgen gioro（伊尔根觉罗）、sirin gioro（西林觉罗）、ayan gioro（阿颜觉罗）、aha gioro（阿哈觉罗）、hule gioro（呼伦觉罗）等穆昆。由于穆昆的结成并不是以血缘姓氏为主导的，所以，同一哈拉的人不一定是同族；而不同哈拉的人倒可能是同宗。② 当然，满族穆昆组织并不是一成不变的，而是随着满族

---

① 瞿同祖：《瞿同祖法学论著集》，中国政法大学出版社2004年版，第106页。
② 鲍明：《满族文化模式——满族社会组织和观念体系研究》，辽宁民族出版社2005年版，第98页。

社会的变迁演化为不同形态，其功能也随之发生相应的变化。在女真各部统一前后，该社会群体整体上处于氏族社会末期，哈拉氏族濒于解体，但是由于女真社会发展的不平衡性，其社会组织的演进也处于不同水平：一些地处偏远的野人女真各部，血缘哈拉仍然普遍存在；一些哈拉内部则开始出现穆坤组织，有的学者将这种中间状态称为"哈拉穆昆或者穆昆哈拉"；而强盛的海西女真已经用以地域和政治因素为主导的穆昆组织完全取代了以血缘关系为主导的哈拉，穆坤组织成为后来牛录八旗制度的基础。①

婚姻作为家、家族以及宗族扩大和延绵的基本手段，它制约着家、家族以及宗族的发展，同时，家、家族或宗族基本结构也制约着婚姻的特点，两者在历史的变迁中相互塑造。

(二) 家族制约下满族婚姻的特点

1. 收继婚制

满族先人时期有寡妇守节的情况。后世女真人实行收继婚制。辽代女真人"父死则妻其母（指后母，或父之妾），兄死则妻其嫂，叔伯死则侄亦如之"。努尔哈赤时期，女真人中仍存在着同族之间不同辈分的婚姻关系，如子侄可以娶继母、伯母为妻。皇太极即位后，认为娶族中妇女与禽兽无异，禁止同族嫁娶，取消了"妻母报嫂"的习俗，寡妇只能嫁于外姓人。雍正、乾隆以后，为安定出征疆场的将士之心，开始在旗人中为寡妇立贞节牌坊，不再鼓励寡妇再婚。收继婚制的存在有利于家族的延续和血统的纯正，但是，随着以地缘因素为主导的穆昆制度的建立，这种收继婚制逐渐消亡，这与女真族不断征伐过程中与异族杂居同化，尤其是汉化过程有非常密切的关系。例如，古代汉族婚姻就存在这方面的禁忌：首先，同姓不婚。姓的起源原是血属的一种标志，在最初，同姓者都有血统关系，所以在此团体之内，禁止性关系的发生。明、清时凡是同姓为婚者各杖六十，离异。但自从姓氏失去原来的意义，同姓并不一定是同血统的标志时，这一禁忌就失去了原义，逐渐成为历史的陈迹了。其次，外亲中有服属而又尊卑辈分不同者，舅与外甥女，姨与姨甥自在禁忌之列。最后，中国是一个极端注重伦常的社会，亲属

---

① 苑杰："满族穆坤在部落国家时代的演变"，载《满族研究》2007年第2期。

的妻妾与其夫家亲属之间的性关系是绝对不允许的。当然，事实上兄收弟妻或弟收兄嫂是相当普遍的习惯。从明清遗留的案牍中我们可以知道与兄弟之妻为婚虽未法律所不容许，在民间，尤其是较为穷苦的人家，因经济的原因，确有此习惯。①

2. 早婚

满洲旧俗尚早婚，娶长妇，一般在小儿时期就定亲结婚。女真人"女十岁前，男家约婚"。而且，在满族社会中多以年少之男娶年长之女，即十三四岁的男子，必须娶十七八岁的女子。

3. 一夫多妻

明末清初，满族社会是一夫一妻的个体婚。随着社会的发展和男子社会地位的不断提高，一夫多妻的现象在满族社会得到发展，其实，满族先民也早有此俗，女真人妻有大妇、小妇、侍婢之分。

4. 世婚

清与蒙古科尔沁莽古恩部从万历四十年开始结亲，至崇德九年的32年间，共结亲四世21次；与翁甲岱一系从天命十年开始，至崇德七年，共结亲二世21次；与喀尔喀部自天命二年，至崇德八年，26年间共结亲二世共7次。通过世婚导致两大集团之的关系非常紧密。②

5. 满族的婚姻自主权

满族的婚姻自主权也不是一成不变的，它随着家族的发展需要不断变化。辽金时，女真平民子女可以在路上自叙家世、妇工（才能），实行自主婚姻。后金时，努尔哈赤仍主张婚姻关系的自主权。天命六年（1621年）2月29日，努尔哈赤针对一件婚姻纠纷案件，明确指出："按律男女情愿，可娶。不愿即作罢。"③ 但在一些大家族中仍然存在一定程度的宗法性限制，比如"旗民不通婚"，如果旗人与平民通婚，就会丧失作为旗人所拥有的特权资格。而且，满族婚姻的自由也以财产作为缔结婚姻的中介。早在明代，女真人在缔结婚姻时，财产便是他们要考虑的重要因素，这主要变现在：满族父

---

① 瞿同祖：《瞿同祖法学论著集》，中国政法大学出版社2004年版，第107~111页。
② 李畅："满族传统婚姻家庭法文化研究"，载《河北法学》2010年第8期。
③ 《满文老档》，太祖皇帝第18册，天命六年闰二月至三月，中华书局1990年版，第173页。

母对女儿的婚嫁，一定要收取男方的聘礼，包括过定礼和过大礼，礼物包括如意、荷包、金银首饰、衣服、布匹以及酒果米肉。男方的聘礼实际上是女方的身价，可以表明女子将来在男方的家族里的地位高低。

6. 旗民不通婚

该政策并不是满族的一贯政策，清初曾经试图在全国范围内推行满汉通婚政策，但是碍于当时的民族矛盾未能全面实施。为了保证八旗在汉族人口中的存在和发展，才开始转向禁止旗民通婚的，该政策始于多尔衮故后，强调于康雍乾时期。择其政策要点主要有四：第一，乾隆二年（1737 年）谕内务府，"向来包衣管领下女子，不准聘与包衣佐领下人；包衣佐领下子女，不准聘与八旗之人"。① 第二，乾隆三十年（1765 年），军机大臣议复"蒙古、锡伯、巴尔虎、汉军包衣佐领下之女，照满洲例，禁止与汉人结亲"。② 第三，乾隆三十一年（1776 年）议准："宗室之女不得与八旗别载册籍之户结亲云，即开户也。"第四，乾隆五十七年（1792 年）定，"宗室觉罗不得与民人结亲，违者照违制律治罪"。③ 政策的规定和执行往往出入很大，在清代满族贵族中，从皇帝、亲王到满族显贵人物，纳内务府包衣之女、汉军之女，甚至汉人之女者，为数不少。民间两族通婚也非常普遍，在清代满汉通婚中，汉军是两族通婚的桥梁，它既可以与满族通婚，也可以与汉人通婚。满汉通婚大开禁是光绪年间，即"满、蒙、汉民，久已互通婚媾，情同一家"。④ 在 1958 年民族调查中，北京、广州、辽宁凤城的许多满族老人指出，他们的祖母都是光绪年间的汉族女子。

7. 妇女地位

满族受骑射文化的影响，妇女地位与汉族相比高贵得多，家庭中丈夫外出做官或当兵驻防外地时，妻子便可以成为家庭主事者，暂时充当家长的角色。在平时，妻子也可以处理属于家庭内部的事情，如仆役的管理、旗地的经营、子女的教育抚养、银钱的接待等。丈夫一般多参加社会性活动，而不

---

① 《清高宗实录》卷 40，中华书局影印本 1985 年版，第 32 页。
② 《清高宗实录》卷 748，中华书局影印本 1985 年版，第 10 页。
③ [清] 奕赓撰：《东华录缀言》卷 4，燕京大学图书馆 1935 年版，第 7 页。
④ 刘锦藻：《清朝续文献通考》卷 26，浙江古籍出版社 2000 年，第 7775 页。

过多地过问家事。同时，满族尊重女性还体现在未出嫁的姑娘身上，被尊称为姑奶奶。姑娘在娘家时，能当家做主，料理家务。出嫁后，回到娘家，仍被尊为上客，且仍有很大的权威。娘家凡有大事，如祭礼、续谱、移居等，常要扎带棚的彩车把姑奶奶接回来参加。

8. 幼子继承制

从法律上讲，继承是生者对于死者生前享有的权利和承担的义务的承受。我国实行了数千年的集身份继承、主持祭祀祖先权利的继承和财产继承三位一体的继承制度。因此，这种继承制度一般是以嫡长子作为享有继承权的人选。因此，这也是汉族宗法制度的重要组成部分。这种组织是"同姓从宗合族制"的一种结合，由大小宗分别来统率。大宗一系是由承继别子（始封之祖）的嫡长子（大宗宗子）所组成，全族的共同组织，全族的男系后裔，都包括在此宗之内，为全族所共宗，可以说是最综合的、最永久的。其余嫡子及庶子则分别组成无数小宗，有继父宗的，有继祖宗的，有继曾祖宗的，有继高祖的，分别统其同父之群弟、同祖之弟、同曾祖之弟、同高祖之弟。最后则所有小宗都统于大宗，成为"大宗能率小宗，小宗能率群弟"①的情形。因此，嫡长子继承制确立了汉族人"以兄统弟"的宗法原则。

与此不同，满族人则实行父母在世时儿子分家别居，分居的次序是由长及幼，只有幼子才与父母同居。当私有制在满族社会萌生时，一种独特的财产继承法在满族出现，即幼子继承制，其特点是小儿子继承家中财产，包括父母的房屋、牲畜以及家中的生产生活用品，同时担负起照顾父母日常起居的责任。父母会把一定数量的牲畜分给其他已经结婚的男孩，让他们分家单过，而小儿子则留在家中作为财产的继承人享有继承父母财产的权利，获得父母相对较多的财产。女孩在出嫁的时候父母也会给一定的嫁妆，嫁出去之后就不享有继承权。这种继承制度使得满族家族结构不同于汉族的宗法社会，它形成了一种"以父统子"的宗法原则。

有的学者认为，幼子继承制的形成是由于长期游牧的生产、生活方式，然而，对于女真人的经济，我们赞成董万伦先生的考证："建州女真并不是

---

① 瞿同祖：《瞿同祖法学论著集》，中国政法大学出版社2004年版。

单纯的渔猎部族，而是一个以农耕为主兼渔猎的农业部族。"因此，我们认为，满族幼子继承制的形成是受到蒙古族的影响，蒙古人自古流行"幼子守产"的习俗，家庭中正妻所出的幼子叫"斡赤斤"，译为"守炉灶者"。有的学者指出在云南少数民族中也存在幼子继承制，其得以存在的原因是许多少数民族有转房制、走婚制等婚姻制度，因此，女性婚前有很大的性自由，使未婚女子有婚前怀孕的可能，为了保持家族血统的纯正性，一般都认为幼子是亲生的可能性最大，所以财产由幼子继承会让父亲放心。但是，满族从传统上并没有转房制、走婚制的习俗，因此不能猜测满族的幼子继承制是为了保持家族血统的纯正。我们认为满族之所以能长期保持幼子继承制是因为"以父统子"的家族结构，这种结构使得兄弟尊卑不是最重要的家庭伦常，这为幼子继承制的存续留下了空间和余地，而且，幼子在继承财产的同时也负担了照顾父母的义务，权利义务的分配较为公平，可以避免家庭内部的财产纠纷。

二、家、家族与宗族

（一）家、家族或宗族的形成

"满洲人，一个种群，他们主要但并不完全是女真人，在17~20世纪，他们为统治中国的使命而组织起来。满洲人不仅创造了帝国的疆域，而且制定了各种政治制度。出于征服战争的需要，他们面临将自己与各种不同来源的追随者组织起来的历史任务。满洲人不仅利用已有的组织形式，他们还对其进行改革以满足特定的需要，并修正了它的不合理之处。"① 这一种群之所以创造了伟大的帝国，必然在其组织构成上有其优越性，我们认为，满族形成与成功的关键在于独特的家族地位和结构。美国学者柯娇艳和罗友枝认为，19世纪以前的清朝根本不存在民族意义上的满族，只有一个征服贵族集团，满族只是一个模糊、随意、人为创造的政治名词。与此观点相同的还有路康乐教授也认为19世纪之前的满族与日本武士一样，是一个世袭军功阶层。学

---

① 欧立德：《满洲之道：八旗制度和中华民国晚期的族群认同》，Stanford University Press，2001年版。

者欧立德认为满族民族和族性认同在形成过程中有浓厚的政治和人为因素，但自清初起，清统治者就已经开始通过编织祖先神话、编撰部落历史等手段培养民族认同。在随后的两个世纪中，清统治者通过推崇保存满洲风俗文化、编订世系家谱，力图将民族意识标准化和固定化，通过强化八旗制度，将民族意识落实在制度上。我们认为，清之前的满族其实是一个以家族为核心的部族集团。家族，在满族民族发展的道路上发挥了非常重要的作用。许多学者认为，满族的国家是沿着氏族—部落—部落联盟的途径发展的。然而，有的学者极为深刻地指出："无论从史实上归纳，还是从逻辑上推论，满族国家不是沿着这个途径发展的，也不是建立在氏族部落的废墟之上的，而是沿着氏族部落—宗族部族—部族兼并的路子上发展成为民族和国家的，是建立在宗族部族的基础之上的。"①

满族的先民为明代女真，按其社会发展水平和地理分布，又分为建州女真、海西女真、野人女真三大部分。其土生土长的血缘组织有哈拉、穆昆、乌克孙和包；哈拉在历史上是满——通古斯语各族的氏族名称，也译为姓。不过，在满族形成过程中，多数学者认为，氏族哈拉组织早已解体，穆昆组织已经在新的社会条件下取代了它的职能，并有了新的发展。穆昆，原本是氏族时代的家庭公社，在氏族解体过程中，由于自己有了很多家族（乌克孙）和个体家庭（包）而发展成为宗族。乌克孙（uksun），一般译为"族"，即宗族穆昆下的家族，因为穆昆有很大的伸缩性，大的很大，可以包括很多家族乌克孙，小的很小，甚至只相当一个家族乌克孙；而家族乌克孙所包含的个体家庭都是近亲，一般住在一个村寨，或者同其他家族混居在附近的几个村寨，彼此的关系更加紧密。同时，家族乌克孙也在发展，其中富强的可以自行立宗命氏而形成新的宗族穆昆，所以，家族乌克孙和宗族穆昆都可以译为"族"，古人用这种宽松的概念来概括宗族穆昆和家族乌克孙的伸缩性。当时，在氏族部落瓦解之后，新形成的宗族、家族林立，大多互不统属，整个社会处于无序状态，但宗族穆昆和家族乌克孙却加强了职能，通过"族

---

① 杨茂盛、徐懿姣、徐景化："满族的宗族部族及其民族与国家的形成"，载《北方文物》2002年第4期。

长",对家族内的各个家庭(包)有很大的约束和领导作用。明代女真人的家庭称为"包",年长的诸子由长及次按时别居,独立经营自己的小家庭,唯独留幼子与父母同住。随着同明朝人和朝鲜人的商贸往来以及农业的发展,个体家庭的经济逐渐独立起来,氏族内的个体家庭只是消费单位,没有能力外迁,也不容许外氏族的人迁入,如果要吸收外氏族的人,要由整个氏族认可,并要举行一定的仪式才行。而宗族之内的个体家庭是独立的经济单位,有能力外迁,宗族既允许本族人外迁也允许外族人迁入,还允许个体家庭把外族人变成奴隶,可以说是一种血缘关系兼地缘关系的组织。

满族的氏族哈拉早已经解体,并被穆昆所取代,这是研究满族史的多数学者公认的。但仍有不少学者认为部落仍然存在,那是因为他们把宗族穆昆误认为是氏族的缘故。穆昆不是氏族,而是适应私有制发展的包含家族和个体家庭的宗族。而部族是在氏族部落瓦解之后,民族形成之前,由某个富强的宗族或家族为核心,由不同宗族、家族、个体家庭以及奴隶组成,具有共同的地域、语言、经济和文化等特征而又不是很稳定的共同体。一个民族最初可以有许多部族,最初的部族比部落大不了多少,但它已经不是纯粹的血缘组织,而是已经向地缘关系迈出了关键的一步,可以说部族是地缘关系大杂居和血缘关系小聚居的共同体,或者说是一种以地缘关系为主和以血缘关系为辅的族体。所谓部落联盟是原始社会各氏族部落为了共同对外而结成的平等联合。而明末女真的各个部,都是军事征服和兼并的产物,其部族完全是在同姓与非同姓的家庭、家族和宗族基础上形成的。这样的部族相互之间称为"国",例如努尔哈赤称扈伦四部为四国,汗或部长以统治宗族或家族为领导核心,有统治和管理部族的公共权力。

原始社会的氏族部落是不能发展为民族和国家的,只有宗族部族通过统一战争这个中介和适当的组织形式,才能发展为民族和国家。努尔哈赤在万历十一年起兵时,哈达部就支持在建州的爪牙谋害他,于是他便同遥远的叶赫部联姻,借以牵制哈达部。他在"结婚北关,以壮声援"的形势下,不仅站稳了脚跟,统一了苏克素护河部,而且只用了六年时间就吞并哲陈部、栋鄂部、完颜部和浑河部,从而统一了建州各部。为了对付最强的叶赫部,努尔哈赤又与哈达部联姻结盟。万历二十一年(1593年),努尔哈赤率军击败了九部联军，随后便依次消灭或招降了长白山三部和扈伦四部，并先后征服或招抚了东海的窝集部、库尔喀部和瓦尔喀部，黑龙江上中游的萨哈连部和索伦部，黑龙江下游的使犬部等，于是明代的建州、海西、野人女真三大部便基本上统一了，这也标志着女真人的宗族部族组织已经形成了民族和国家，不过，在这个民族和国家中，还保留着许多宗族部族脱胎出来而具有一定生命力的机制。这些机制本来是以宗族为本位的，但是因为女真人的宗族穆昆具有很大的分散性，而家族乌克孙则有很大的独立性，加上努尔哈赤起兵时，本宗族成员大多反对他，使得他最终放弃了以宗族为本位的思想，创立了以"家族"为本位的国家机制。主要有：其一，以家族为本位的国家领导核心制；其二，国家领导核心成员的家族世选制；其三，统治家族主要成员的民主议政制；其四，以家族主要成员汗和硕贝勒为旗主的八旗制。[①] 满族的个体家庭（包）虽然也是以血缘关系为纽带，但是一旦上升到家族或宗族的层面时，地缘关系就成为主导力量，使得其家族或宗族的含义具有明显的开放性和模糊性，这一点与汉人的家和家族有明显的区别。古代汉人的家，是指同居的共同生活的亲属团体而言，范围较小，通常只包括二个或者三个世代的人口，一般人家，尤其是耕作人家，因农地亩数的限制，大概一个家庭只包括祖父母，以及已婚的儿子和未婚的孙儿女，祖父母去世则同辈兄弟分居，家庭只包括父母及其子女。历史上自然也有累世同居的义门，包括数百人口的大家，在这种情形下，同居范围便扩大及于族，家族不分了。但是，这样庞大的家实为例外，只有看重孝悌伦理及拥有大量田地的极少数仕宦人家才办得到，教育的原动力及经济支持力缺一不可，一般人家都不容易做到。一般的情形是，家是家，族是族。前者为经济单位，是一个共同生活团体。后者则为家的结合体，为一个血缘单位，每一个家自为一个经济单位。[②] 可见，在家族层面上，满族人的家族是一个地缘概念，而汉族的家族不仅罕见，而且还是一个血缘概念。满语中的宗族与汉族中的宗法制度中的"宗"有实质的区别。汉族的宗法制度，是"以兄统弟"的，大宗是百世不迁的，同时也

---

① 杨茂盛、徐懿妓、徐景化："满族的宗族部族及其民族与国家的形成"，载《北方文物》2002年第4期。

② 瞿同祖：《瞿同祖法学论著集》，中国政法大学出版社2004年版，第68页。

是百世不易其宗的，凡是始祖的后裔都包括在此宗之内，都以大宗宗子为宗主，所以，大宗的体系是综合的，也是最永久的。若小宗是以高祖为始，五世则迁，祖迁于上则宗易于下。祖迁于上影响祭礼的变动，宗易于下则影响宗体及统率关系的变动，所以，小宗的范围不仅是较小的，而且是随时变动的，不是永久的。宗法原是封建贵族的亲属组织，封建制度破坏后，宗法组织也随之瓦解。封建时代爵位封邑都只限于一个人，所以分别大宗小宗，封建既废，此种分别也没有必要了。所以，宗法组织已经成为历史上的遗迹。后代虽好以长房为大宗，次房以下当小宗，实在是似是而非，后世并没有百世不迁永远一系相承的支系，"房断"不可与"宗"混为一谈。而且，严格言之，宗道兄道也，宗法的中心组织在于以兄统弟。①

（二）族长

满族是一个"以父统子"为基本原则的家族群，因此，父权在满族组织中占有非常重要的地位。族是家的综合体，族居的大家族需要一人来统治全族的人口，即族长。即使不是族居的团体，族只代表一种亲属关系的，族长仍是需要的。一是有许多属于家族的事务需要他来处理，例如族祭、祖墓、族产管理等；二是每一个家虽然有家长统治，但是家际之间需要有一个共同的法律，一个最高的主权，来处理和调整家际之间的社会关系，尤其是在有冲突发生时。族长权在族内的行使可以说是父权的延伸。族长的权力一般包括：

第一，族不一定是同居的生活共同体，许多时候每一个家是各自分居的，在这种情形之下，每一单位家务的处理仍然由每一单位的家长自行处理，族长是不干预的，他所过问的是家际之间的公务，例如族田、族祠、族学的管理。

第二，族长皆有宗教功能。为族祭的主祭人。一般习惯，家祠私祭由家长主祭，只有家内人口参加，岁时的族祭则于族祠进行，由族长主祭，全族的人都要参加。

第三，族长最重要的任务是处断族内纠纷。族长是全族的执法者及仲裁

---

① 瞿同祖：《瞿同祖法学论著集》，中国政法大学出版社2004年版，第75页。

者，族长在这方面的权威是至高的，族内的纠纷往往经他一言而决，其效力不下于法官。有的权力甚至被法律承认。

第四，对于违反族规并不服仲裁的族人，族长是有惩罚权的。许多宗族都有法律，有时是成文的。

第五，家长族长有身体惩罚权，在中国家族史上是极为重要的。有时族长甚至下令将犯过错的族人处死。

三、猛安谋克

如果说"家族"是氏族组织解体后早期女真贵族统辖本族成员的主要手段，那么，猛安谋克制度就是女真贵族在征战过程中统辖异族的最初手段。猛安即部落，谋克即氏族，每一个猛安包括一定数量的谋克。为适应对外战争和统治征服区的需要，这种氏族部落的原始组织逐渐扩大为地域性的军事组织，从而出现了一种族权与军权相结合的一种组织形式，其实质是一种军事奴隶制。建立金朝后，这种组织形式又和封建地方行政组织结合起来，成为既是维护地方治安的军事组织，又是地方行政组织和生产单位。[①]

猛安谋克制度是女真族军政合一的社会组织，金初创立，《金史·太祖本纪》记载"初命诸路以三百户为谋克，十谋克为猛安"，这一社会组织一直存续到金亡，尽管期间有很大变化，但却一直是金代的重要制度。金初女真统治者用这一制度统治境内的契丹、渤海等主要民族，在反辽战争中这一制度被用作招降和笼络契丹人的主要手段，随着反辽战争的节节胜利，女真统治者把猛安谋克制度继续向新占领的地区推行，金军占领辽东、辽西后，普遍设置猛安谋克制度，以统治渤海、契丹、奚、汉等各族人民。这些猛安谋克长官拥有很大的权力，集政治、军事、经济权力于一身，而且还可以世袭，这种优待使很多契丹将领愿意为金效力。熙宗、海陵、世宗时期金代异族的猛安谋克组织发生了很大的变化。熙宗时期，汉人、渤海人的猛安谋克组织被废除了，契丹人的猛安谋克组织被保留下来。对此，有的学者认为，太祖、太宗时设立猛安谋克，其长官具有领兵治民的权力，且世代相袭，不

[①] 曾凡贞："论我国少数民族宗法文化发展形态的共同规律"，载《学术论坛》2006年第4期。

利于女真统治者建立中央集权的国家,因此,开始对各族猛安谋克组织进行改革。但是,为什么只罢汉人、渤海人的猛安谋克,而独留契丹人的猛安谋克,学者们争论不一。有人认为,这是契丹人在金朝受到较高待遇的表现,另外,当时契丹猛安谋克还拥有集团势力,他们对金朝还有特殊的作用,就是其习惯沙漠作战,而沙漠作战又是女真族的弱点,所以,金朝保留了契丹的猛安谋克组织,让他们为金朝守卫西北边疆,抵抗蒙古族的进攻。但是,有的学者认为,防御西北边疆的多是契丹等族的部族组织,少有猛安谋克组织,并且在熙宗时期已经有许多契丹猛安谋克被迁居华北,如果上述学说成立,那么迁居中原的契丹猛安谋克就应该在废除之列,但事实却并非如此。并进一步认为,汉人是金朝统治下文明最发达的,渤海在唐朝时期就已经建立,长期受到汉文化的影响,其汉化水平很高,而猛安谋克制度具有政治、军事、生产三位一体的特点,非常不适合农耕文明,且长官有世袭的权力,这种极强的人身依附性关系引起了百姓极大的反感,不利于社会的安定。而猛安谋克制度却很适合半农半耕的契丹人,所以就保留下来。①

四、八旗制度

(一)八旗制度的创立

八旗制度是满族的社会组织形式,清朝的重要制度。明万历四十三年(1615年),清王朝的奠基人努尔哈赤,在统一女真各部的基础上,对牛录制度进行了相应形式的改造,创立了八旗制度。第一阶段,1583年至1588年,努尔哈赤基本完成了建州五部的统一,掠取的资源越来越多,兵力也不断强大。在这一时期,他应用氏族部落旧制牛录建制。第二阶段,1601年至1613年,灭乌拉。在这期间,他正式将牛录旧制应用到军事制度上,并对其进行整编和改革,重新编设牛录,设立牛录额真,划定旗帜颜色,据《满洲实录》卷四记载,乙卯年(1615年)"太祖削平各处,于是每三百人立一牛录额真,五牛录立一甲喇额真,五甲喇立一固山额真,固山额真左右立梅勒额真。原旗有黄、白、蓝、红四色,将此四色镶之为八色成八固山"。《清太祖

---

① 夏宇旭:"初探近代契丹人猛安谋克组织",载《吉林师范大学学报》2008年第8期。

武皇帝实录》卷二记载："八旗之始，起于牛录额真，牛录额真之始，起于十人之总领。"满族人出猎开围之际，各出箭一支，十人中立一总领，属九人而行，各照方向，不许错乱，此总领呼为牛录额真，于是以牛录额真为额名。① 第三阶段，1615年创建八旗到1642年八旗制创设完毕。1615年，由于人口增长，清太祖打破了五个甲喇编一个固山的限制，在原有四旗的基础上又增设了镶黄、镶白、镶红、镶蓝四旗，合称八旗。之后皇太极又建立了蒙古八旗、汉军八旗，至此，建立了完整的八旗制度。

在清朝前期又对八旗制度进行了改组和扩大：第一，分给八旗兵丁份地。清朝在近京五百里内圈占了田地十六万余顷，设立皇庄、王庄，赐给八旗官员庄田，分给兵丁份地，一丁三十亩。这批土地都免除了赋税。而入关前，则是要计丁征收田赋的。第二，发给八旗士卒兵饷。入关前八旗没有月饷，遇到出征作战时，才给一点"行粮"。入关以后，清朝建立了正规的兵饷制度。第三，厉行比丁制度，增编大批佐领。清朝规定，所有旗人都必须隶属八旗各佐领，三年比丁一次，年满十五岁或身及五尺的壮丁都要编入丁册，不许户下奴仆冒充正身旗人混入丁册。所有旗人都必须为国效力，披甲当差。第四，扩大都统权限，加强佐领职责。为了削弱下五旗王公势力，增强清帝对八旗的统治，从顺治帝开始，不断扩大都统权限，使其归属清帝指挥。满洲八旗各设都统一人，副都统二人。都统之下，设参领五人，"掌颁都统、副都统之政令，以达于佐领"。参领之下为佐领，佐领就是原来的牛录，是旗的基层组织，"掌稽所治人户、田宅、兵籍，以时颁其职掌"。

（二）八旗制度的性质和职能

八旗制度是一种综合性的制度，无所不包，它不是单纯的军事组织，而是行政、民政、家族、经济以及各种制度的综合体，从八旗的高级长官旗主到小单位的牛录额真，他们战时领兵，平时则忙于登记户籍、勘查土地、分配财物、收纳税赋、解决民刑、摊派劳役、指导畜牧、监督生产、办理婚丧以及控制宗教等活动。《满族老档》记载："出而为兵，入即民也。所来之兵，皆可修造军械，办理家务，监视耕耘田地。"

---

① 陈佳华："八旗制度研究述略"，载《社会科学辑刊》1984年第5期。

1. 八旗首先是军事组织

八旗分为京师八旗和驻防八旗。1644年，清定都北京后，留大部分旗兵守卫北京。京师八旗，以紫禁城为中心，分左右两翼，环皇宫驻扎。左翼自北而东，自东而南：镶黄旗在安定门内，正白旗在东直门内，镶白旗在朝阳门内，正蓝旗在崇文门内。右翼自北而西、自西而南：正黄旗在德胜门内，正红旗在西直门内，镶红旗在阜成门内，镶蓝旗在玄武门内。京师八旗兵，分为郎卫和兵卫。郎卫是天子亲军，是专门警卫皇帝的军队，一般选镶黄、正黄、正白上三旗的子弟组成。兵卫即北京的卫戍部队。此外，还有专门演习枪炮的火器营；专门演习各种兵器和阵法的神机营；专供皇帝游玩宴乐时表演摔跤和骑射的善扑营。

清朝在统一全国过程中，每攻一城得一地，便留一定数量的旗兵驻守，这样便形成了驻防八旗。首先，凡是全国重镇要塞、边疆沿海，都有八旗兵驻守。各省省会一般设将军一人，以统领全省的旗兵。其次，各省重镇一般设有都统、副都统，以统辖该地旗兵。最后，各地军事关隘要地，设有城守卫、骁骑校等官，以领兵守关。这就形成了对全国的严密军事控制网。

2. 八旗也是行政组织

八旗的组织大致分为三级，即旗、参领、佐领。各旗都统"掌满洲、蒙古、汉军八旗之政令，稽其户口，经其教养，序其官爵，简其军赋，以赞上理旗务"。为办理这些事务，各旗设立都统衙署，署内设印房、俸饷房、银库、派差房、督催房、户口房、马挡房、档案库、米局，以分办各项事务。雍正元年，在京师还设有值月旗，以办理八旗的共同事务。乾隆时改为值年旗。八旗的户口，是以佐领为单位编审的。各佐领的人数，历有变化。八旗初设时，规定每三百壮丁编一佐领。不久又改为二百壮丁编一佐领。康熙十三年改为一百三壮丁编一佐领。乾隆时，仍以三百人为一佐领。到清末时，每一百五十人编一佐领。编审户口，每三年进行一次。凡是八旗官兵，生有子女，满月后需要报佐领入册。凡是八旗下家奴、投充人，只能注于本户主名下，叫"户下"。户下家奴，立有军功或技艺出众的，可批准入册为"另户"，叫"开户"。严禁民人混入旗籍。

3. 八旗是生产组织

清入关前，土地为八固山所共有，由各牛录组织生产。据《满文老档》记载，1613年，努尔哈赤"命各牛录各出男丁十人，更牛四只，垦荒屯田，庶民额手称庆，而粮储转丰，于是建仓廪以容之"。以后随着归并的土地和人口日益增多，就组织起田庄进行生产。清入关后，曾实行大规模的圈地运动，将圈占的土地，分给皇室王公以及八旗官兵，因而形成了大量的庄地。例如，皇庄一项，清末时，在直隶就有373处，在盛京有64处，在锦州有284处，在热河有132处，在归化城有13处。另外还有吉林打牲乌拉庄5处，驻马口外庄15处。内务府粮庄以十丁为单位，选其中一人为庄头，给田一百三十垧，牛八头，并给房屋、口粮等生产和生活资料。内务府菜园的编制，以五壮丁为单位，选一人为园头，给菜田十九垧，牛二头，口粮田各五垧。清入关后，一般旗人的庄田，多是租给佃户耕种，"民人轮租自种，旗人坐收其租，一地两养，彼此相安"。①

（三）八旗制度的作用

简单说，八旗制度的作用在于"以旗统人、以旗统兵、以旗统族"，融合了满汉以及其他各民族的关系。民间有一谚语叫做"不分满、汉，但问民、旗"。八旗组织中满、汉、蒙成员相互交错。清中叶后，"八旗满洲"中的多民族成分，嘉庆时，满洲佐领681个中，蒙古佐领有35个，新满洲（指鄂温克、达斡尔族等）佐领12个，俄罗斯佐领1个，藏族佐领1个。满洲旗分中有汉族成员，据记载："乾隆五年十二月初八日奏定蒙古、高丽、尼堪、台尼堪、抚顺尼堪等人员，从前入满洲内年代久远者，注明伊等情由，附于满洲姓氏之后。"尼堪为满语，汉人的意思，台尼堪是充当台丁的汉人，抚顺尼堪是原住在抚顺地方的汉人。可见，不少汉人被编入满洲旗分之中，这些汉人因同处八旗组织之中，年代久远，其精神面貌、生活习惯和心理状态与满族没有多大区别。蒙古和汉军旗分中也有满族成员。《通谱·凡例》记载："汉军、蒙古旗分内有满洲姓氏，实系满洲者，仍编入满洲姓中。""改旗"和"抬旗"制度也使得八旗组织内满、蒙、汉等各族成员相互交错，改

---

① 《皇朝经世文编》卷35。

旗分为两种情况：一种是同等旗分内的成员相互调动；另一种是不同旗分之间成员的相互调动。后者影响到民族成分的变化，例如，原先八旗旗分内不同民族的佐领之间的改隶，不同旗分之间的改隶，如蒙古旗分改隶满族旗分。"抬旗"，是指"建立功勋，或者上承恩眷，则有由内务府旗下抬入八旗者；有由下五旗抬入上三旗者"。按照清制，凡后族（母家的意思）无论蒙古和汉军，都可以抬入上三旗的满洲旗分中。

八旗制度将"汉人满化""满人汉化"，主要表现在八旗汉军旗和汉姓包衣之中。八旗中汉军旗的建立始于1631年，此时汉军仅有一旗，招抚的重点主要集中在汉族上层的降官降将上，皇太极时期开始大量收编辽东往投的官兵，借助汉族军队在军事上的优势。1633年皇太极下令，在八旗满族佐领内分出汉人1580户，编汉军为一旗。1637年，分汉军为两旗，1639年"分二旗官属兵丁为四旗"。1642年编为八旗，"旗色官制与满洲、蒙古八旗同"。所谓汉姓包衣是指本为汉人出身，隶属于八旗满洲的人。这些包衣汉姓人，原为满洲家内奴隶，八旗制度建立后，随其主一同被编入满洲中，受组织管辖，具有平民权利。包衣与汉军的不同之处在于其所具有的双重身份，既是奴仆，又是旗人。而包衣内部又存在不同等级：隶属皇帝、皇室的包衣旗人，编入内务府三旗。下五旗则由五旗王公府属。这些汉姓包衣，尤其是上三旗包衣，由于是皇室家奴，往往职位显赫，权势较大。曹雪芹家族，其祖就是曾任江南织造的曹锡远，是出身于内务府正白旗的包衣。八旗制度下的汉人无论在服饰、语言文字，还是信仰、心理状态都受到不同程度的"满族化"。清代实行旗民分治，旗人、民人分别由不同的政府管理，隶属明确。但旗民官员并非老死不相往来，实际上，由于旗、民的行政区交错相间，旗人、民人杂居，导致旗民官员在地方事务，特别是在旗民交涉案件上的司法合作成为必然。清朝统治者利用八旗制度，把分散的满洲人组织起来，使得军事力量得以加强，社会生产力得以提高；同时，把蒙古人、汉人和其他各族人都吸纳进八旗制度，对于处理族际关系，控制全国各族人民起到了重要作用。

（四）八旗制度的没落

八旗制度的没落大致可以分为两个阶段：第一阶段是从康熙年间到道光中叶。入关以后，由于生活条件的变化以及统治者给予八旗的种种特权，致使八旗子弟的尚武精神迅速消失，好逸恶劳的现象到处蔓延，直接导致八旗官兵体能和军事素质的全面下降，整个八旗社会风气日趋腐化，主要表现在：抛弃了以往淳朴简约的社会风尚；军事训练形同虚设；装备残缺废损。按照军制规定，八旗官兵出征作战时应自备兵器粮草，清军各级组织对官兵自备兵器的残缺废损情况平时要定期检查，但从乾隆年间开始，相当一批八旗官兵的自备兵器已经是徒存名目。第二阶段是自道光中叶至同治末年，是八旗加剧没落时期。第一次鸦片战争席卷了东南沿海地区，广州、乍浦、京口旗营处于战区之内，被道光帝任命为"靖逆将军"的满清宗室奕山无力作战，向英军求和，交纳了赎城费600万银圆；此后，英军攻破了八旗军驻防的乍浦、镇江，接着进逼八旗军驻防的南京，屡战屡败的清军不得不议和。第二次鸦片战争主要战场在广州和京津地区，英法联军攻克了八旗驻防点广州，后进占八旗驻防点天津，再侵入八旗驻防兵力雄厚的北京，咸丰帝逃往热河。鸦片战争中八旗军损失惨重，八旗制兵之劣袒露无疑。民主革命爆发后，清帝被迫宣布退位，剩下的八旗军一部分改练成新军，一部分重编纳入袁世凯麾下。

五、传统满族族群组织融合与消解的法文化分析

（一）满族民族体的强国家权力黏着性是融合与消解的法文化原因之一

满族的猛安谋克制度和八旗制度使得满族家族没有形成独立的家族社会，而是把所有家族都整合进了与国家权力唇齿相依的军政集团之中。

金代的猛安谋克是一种军事编制，初始于古代出猎制度的生产组织，是从氏族组织形式演化而来，猛安谋克组织按围猎中的伍什进位制进行编制，故有伍长、什长、谋克（百夫长）、猛安（千夫长）。猛安谋克最初是单纯的出猎组织，后来为平时涉猎、战时作战的经济军事组织，再后来成为常设的军事组织，再进一步变革，变成为军政合一的地方组织，这样，猛安谋克便拥有了经济、军事、行政等功能。女真人的猛安谋克中，上有皇帝，中有猛安、谋克，下有兵民、奴仆。满族人的八旗中，上有汗（皇帝）、主旗贝勒，中有固山额真（固山章京）、梅勒额真（梅勒章京）、牛录额真（牛录章京），下有旗兵、苏拉，最后还有包衣人、壮丁、站丁、驿丁、台丁，一级管一级，八旗牛录组织成为清代管理满族的地方行政机构。整个满族社会处于严格的行政官僚体系的管理之中，形成强烈的行政组织意识和国家意识。①

清代的八旗组织实际上是一个多功能的行政组织，其功能包括：经济功能、军事功能、行政功能、社会福利保障功能和教育功能。如在经济上，八旗组织具有组织大规模的狩猎活动、分配共同获得的财物、救济贫困等社会福利政策。满族八旗官学、八旗义学、同文馆实施中外语言、军事、理学和算术等教育，传承文化、培养官吏。清代八旗中的封建关系主要体现为旗主（主旗贝勒）与旗内之人的关系，当经过康熙雍正两朝的旗务整顿，已经不复存在。也就是说，封建主与属民的关系变为臣民与皇帝的关系，即全体属民、臣子都变为皇帝的臣民了，而不再属于原来的封建主。

中国封建社会的上层组织是以皇权为中心的高度中央集权的官僚机构，这一点几乎在所有民族中都是一样的。但是，以汉族为主要力量的中国封建社会的中层组织方式是县以下的地主乡绅自治。由于地主对农村的统治常常造成封建割据，但是，中国的乡绅不仅不同政府对抗，相反，是与政府合作，帮助政府执行管理农村。中国封建社会的地主乡绅不是一般的地主，他们大多是接受了儒家意识形态的知识分子，不少人饱读诗书，甚至有低级功名，有的本人就是退休官员。缙绅阶级按照儒家意识形态原则行事，保证了他们和政府的有效合作。在政府管理基层各类事务中，如征收赋税、调解民事纠纷、承办公共工程等，地主缙绅都扮演着地方领袖的角色。中国封建社会在农村存在一个信仰儒家意识形态的地主阶级，他们"官于朝，绅于乡"，实现乡绅自治，使得社会组织中层和上层官僚机构有效地衔接整合，起到勾通官府与民间的作用。宗法家族和家庭是中国社会最基础的组织，本来，它与国家组织存在天然的矛盾。但中国宗法家族组织已经不是简单的血缘团体，而是以儒家伦理为组织原则建立起来的基础单位。儒家意识形态以伦理为本位，把国家看作家庭的同构体，有效地消解了宗法家族组织与国家组织的对抗。一方面，汉族的宗法组织内部俨然是一个小社会，族长、家长握有支配

---

① 鲍明：《满族文化模式——满族社会组织和观念体系研究》，辽宁民族出版社2005年版，第204页。

财产、执行族规家法、决定同族人公共事务的大权,正所谓"国法不如家法",形象地刻画了宗法组织在基层对每个人的控制。另一方面,宗法组织也能够和政府管理衔接,宗法族长往往把监督族人完税、服役、承办官府事务作为自己的要务,宗法族长往往由本族中辈分高又识字的人担当。中国封建社会组织机制的特征是:儒家意识形态分别是社会上、中、下三个层次权威的合法性来源,从而把三个层次联成一体,使三者能相互协调。①

通过以上描述,我们可以看到满族人的宗族是主干家庭的延伸,以血缘为纽带,它与上层社会组织的联系是依靠独特的非亲属组织,即猛安谋克和八旗来实现的,而猛安谋克与八旗是等级森严的、一级管辖一级的行政组织;而汉族的宗族虽也要求血缘关系,但也强调"在场"性,其与上层社会组织的联系是依靠以伦理为原则的儒家意识形态,满族宗族的社会联系是一种"硬连接";汉族宗族的社会联系是一种"软连接"。所以汉族宗族能在一定程度上实现自治,它与国家权力的关联主要依靠柔性的儒家意识形态,汉族宗族的生命力取决于儒家意识形态的消解;满族的社会联系是一种刚性的行政组织,它强有力地黏着于国家权力之上,所以,满族宗族的生命力取决于国家权力或一个中央权力的存在和强弱。在面对重大的历史变迁和国家权力的分崩离析时,只要儒家意识形态不被完全消解,存在于汉族宗族中的文化形态就不会消失;而存在于满族宗族中的文化就极容易受到国家权力分化、更迭的影响,因为与行政权力的过渡结合,满族法文化在动荡的社会中会成为一种脆性文化。

"民族国家"这一组合词语也表明民族的命运与国家之间息息相关,有的民族与国家权力之间保持一种疏离关系;有的民族与国家权力之间保持一种紧密关系;有的民族与国家权力之间若即若离;满族族群的强国家权力(或者也可以说是行政权力)黏着性,决定了它的自治空间非常小,难以形成相对独立的法文化,结果很容易出现"一荣俱荣,一损俱损"的局面;所以,当今的满族族群对于现代国家权力的冲击是没有多少抵抗能力的,当年

---

① 金观涛、刘青峰:《开放中的变迁——再论中国社会超稳定结构》,法律出版社2011年版,第10页。

官居四品的捕鱼人是何等的荣宠，而今的鲟鳇鱼和萨满菜已经成为招揽游人的招牌而已。

(二) 强大的国家制定法是其民族体融合与消解的法文化原因之二

法律本身是承载一个民族法文化的最主要载体，我们认为，满族法文化的消解与其强势的国家制定法有着很深的渊源。罗马人和英国人都坚持同一个理念，即法律是有待于"发现"的东西，而不是可以任意人为地"制定"或"颁布"的东西。社会中的任何人都不可能如此强大，以至于可以将自己的意志等同于国家的法律。在这两个国家，"发现"法律的任务被授予了法学家和法官——这两类人，在某种意义上相当于今天的科学专家。"如果一个法律体系以'立法之法'为核心，那就意味着他人（那些立法者）可能会任意干涉我们的日常生活，也意味着他们可能天天会干涉我们生活的方式。如果真是如此，人们就无法自由地决定自己该干什么，同时也不可能预料到自己的日常行为会产生怎样的法律后果。"[①] 从社会学的角度来理解法律，法律的主要功能并不在于变革，而在于建立和保持一种可以大致确定的预期，以便利人们的相互交往和行为。从这个意义上法律从来都是社会中一种比较保守的力量，而不是一种变革的力量。如果法律经常变化、朝令夕改，即使法律再公正，条文再细密完全，机构再健全，执法人员素质再高，还是等于无法，因为在这种变法中，人们往往无所适从。并不是只有现代的成文法才能确立这种大致确定的预期，各种习惯和惯例都起到这种作用。因此，每个社会中，即使没有国家正式颁布的法律，由于社会生活的需要，也总是形成一些习惯，实际上起到法律的作用。而且在比较简单的社会中，这些习惯甚至比成文法律更为便利和有效，它降低了经济学上的交易成本。许多法律往往只是社会生活中通行的习惯惯例的确认、总结、概况或升华。从这个角度看，国家制定法的出现和增加只是由于社会生活、特别是经济生活方式变化而引起的制度变迁之一。当然，国家制定法有国家强制力的支持，似乎容易得以有效贯彻；其实，真正能得到贯彻执行的法律，恰恰是那些与通行习惯惯例相一致的规定，哈耶克曾指出，在一个传统和惯例使人们的行为在很大

---

① [意] 布鲁诺·莱奥尼：《自由与法律》，湖南教育出版社2008年版，第11页。

程度上都可以预期的社会中,强制力可以降低到最低限度。①

女真族首领完颜阿骨打于公元1115年建立了以女真族为主体的少数民族政权,女真族建国前无成文法律,主要遵循长期形成的习惯法。在灭亡辽及北宋后,女真族进入中原地区,因此不得不兼用辽宋法规,以弥补习惯法的不足,但仍然没有进行制定成文法典的活动。在章宗完颜璟统治时期,社会经济发展较快、政治日趋稳定、民族进一步融合,是金朝的极盛时期,这时女真人已经普遍接受了汉文化,章宗总结70年的立国经验,引进唐宋法律,形成了金代最辉煌的法制文明,其中《泰和律令》是金朝条例中最完备的法典。1616年,清太祖努尔哈赤建立后金政权,肯定制定和执行法令的重要性,在此期间,他所发布的一系列"谕令"具有最高的法律效力,也是重要的法律形式。1636年,皇太极登基后,颁布了《崇德会典》,主要目的是提高皇权,压制诸王贝勒,以适应政治上的实际需要。颁布了《离主条例》,规定了女仆可以在一定条件下控告其主的规定,同时加大了对八旗大小权贵的控制力度。清入关前,在不断借鉴汉族法律文化的基础上,其法制发展很快,到入关之初,满洲社会的法律体系已经具有相当规模,在行政体制方面,以《崇德会典》为中心,形成了一整套国家行政机关设置、职权范围,国家官员选拔、任免、考核和奖惩等行政法规;在民事制度方面,逐渐形成了"计丁授田"的土地制度,禁止高利贷、禁止主奴之间发生债务关系等一系列民事规范;在刑事立法方面,满族社会已经形成了"犯上""叛逃""通敌""逃人及容隐逃人""欺诳""奸情""盗窃""失职""杀人"等一系列罪名,在崇德元年,还进一步吸收借鉴了汉族的"十恶"制度来惩罚危害皇帝和国家统治的罪行。②

清入关后,清初暂用明律。顺治三年颁布的《大清律集解附例》,是令法司会同廷臣"详译明律、参以国制、增损裁量"的。实际上仅仅删去钞法的三条,增加一条(《边远充军》),将《公式》门的《信牌》移入《职制》门,《泄漏军情》移入《军政》门,其余没有变动。雍正三年修订、五年颁

---

① 苏力:《法治及其本土资源》,中国政法大学出版社1996年版,第9~10页。
② 朱兆亮:《清入关前立法定律研究》,哈尔滨师范大学硕士学位论文。

布的《大清律集解》，也是根据明律纂修的。这部法典删去明律七条，制定新律四条。清条例虽多于明，但应指出有相当多的条例是采用明例原文，或者根据明例加以修改补充的。应当着重指出的是例在法律中的作用。明清律颁布以后虽然不再修订，但两朝都因时制宜，随时纂例，有的是皇帝下旨定位条例的，有的是内外官吏条奏，经议决纂为条例的。康熙以前累朝旧例321条，康熙例290条，雍正例815条，乾隆例1049条，嘉庆例1573条，同治例1892条。条例之所以越来越多是由于这样一种指导思想：古人认为罚必当罪，各种情况，各种身份，特别是服制，必须加以区别，而定罪名，力求确切不移，情罪相当，以便执法者依照律例判罪，不致有出入分歧，不采取概况主义，而采取列举主义。清朝乾隆四十四年（1779年）部议明确规定"既有定例，则用例不用律"，成为制度，因此，例在清朝法律上处于优先的地位，是清代法律的一大特点。然而，尽管有这些变化，延续性仍然占据主导地位。条例虽多，主要的目的在于针对不同情况，区别犯罪者不同身份，尤其是服制，加以补充规定，以期罚当其罪。为了多打十板，少打十板，死刑是立决还是监候，往往斤斤计较，定一条例。但法律的基本精神和传统，即儒家的礼教思想，并无所改变。此种延续性直到清末变法，光绪二十八年（1902年）令沈家本、伍廷芳"按照交涉情形，参酌各国法律，悉心考订，妥为拟议，务期中外通行"，修订法律，借此收回领事裁判权，才有所突破。宣统二年（1910年）颁布的《清现行刑律》，删除了《良贱为婚姻》以及有关奴婢的各条罪名，打破了传统法律上所谓"良贱之异"，取消了奴婢在法律上的不平等地位，由日本人起草，以日本和欧洲大陆法律为蓝本而编订的《刑律草案》，无论从体制上还是内容上，都与中国法律传统完全不同。①

满族法律发展史的回顾，让我们看到满族的法律发展史实际上是一个被不断双重消解的过程，一方面，在统治者的政权不断扩张的进程中，满族自身的习惯法，由于政治、经济和军事的需要，不断被国家制定法所取代；另一方面，制定法取代习惯法的过程同时也是汉化的过程。这样，具有满族特

---

① 瞿同祖："清律的继承和变化"，载《历史研究》1980年第4期。

色的习惯法文化就在内容和形式上随着历史的发展被双重消解,直到满清入关后,直接沿用明律。所以,随着社会的大变迁,当满族人退出统治者的舞台后,其作为一个民族的法文化也随着政权的消解而消解。

如果统辖一个民族的律法能内化为民族习惯,甚至于内化为宗教教义,其生命力以及对于现代制定法的抵抗能力就会大大提高,而满族的法制为"强势制定法",依赖制定法所建立起来的法律文化权威很容易受到政治权力更迭的影响而被削弱。而且满族的宗教,即萨满教是一种自然原始的多神教,存在各种各样的自然神,萨满不是神,而是作为某种"先知"而存在的,先知是传达来自神的信息的人,先知可以有多个,传达的讯息也可能完全不同,这就导致满族法文化很难依靠宗教教义形成一个统一的权威律法,随着历史的发展,一旦自然神在人们心目中的地位被取代,萨满的宗教祭祀也就成为一个没有灵魂的躯壳,其严格的祭祀规则以及神词就会逐渐被遗忘,才会出现前文中所记述的只身拯救神词的义士,这也许是一个民族最后的救赎吧!今日之满族已经悄然发生了变化,家规族约已经被现代法制取代,族长的权威也让位于现代社会的管理机构,来自于家族的惩戒权一旦消失,家规族约就会泛化为一般性的道德规则,族人们因肉体的规训而产生的那种强烈而感性的归属感就会随之消失,如果家规族约中所宣讲的道德观与主流道德一致,那么,族群就再也不可能成为一个独立又独特的教化场,也许唯一能使族人们产生归属感的就只有在传统名目下的聚会和狂欢,例如前文提到的广州"春茗"节,即使这样,族人们仍然觉得变了味道。

(三) 分裂的民族心理是传统满族民族体融合与消解的法文化原则之三

一种分裂的、矛盾的民族文化心理深深地植根于满族的统治者以及满族族胞的内心深处,至今为止,在很多满族人身上我们依然能看到这种分裂的文化心理的变形。几乎所有的民族都面临着一个如何在心理上处理与其他民族关系的问题,即如何在保持民族特定的基础上还能获得发展?因独特的历史命运使然,满族族人的文化心理是一种悖论:如果选择改变,同时意味着放弃;"患得患失"就成为一种基本状态,就民族法文化而言,感情层面的坚定信仰比理性层面的睿智选择更加重要,在这种心理状态下很容易发生"失而不得,得而复失"的局面。

美国学者孔飞力在其著作《叫魂——1768年中国妖术大恐慌》中描述了乾隆皇帝深深的困惑：

"既勇敢又富有生气，既诚实又不吝豪华，这就是满族上层人士宣称自己作为征服者而具有的美德，也是经精心加工后征服者在被征服者心中应有的形象。这些品质不仅在作战中是制胜的因素，而且也适用于统治这个被败亡的明朝搞得一团糟的大帝国。然而，为了要统治这个大帝国，满人却又不能不借用汉人的制度并获得汉人的协助，这又使得上面这种似乎无懈可击的说法产生了漏洞。在满人还没有越过长城之时，满人贵族的内部斗争便促使满清朝廷采纳汉人施政及中央集权的种种措施。在那以后，为了赋予征服者的政权以一种上承天命的合法性，使其以天命继承者的身份出现，满清朝廷需要对官化的儒家意识形态予以推广，根据这种意识形态，合法性统治的基础在于德行而非种族特性。但与此同时，它又必须保持满族本身的特质。征服者没有与被征服者同处，也没有被腐化，这一点必须保持下去。但在这样的情况下，征服者又怎样能将一种异质文化与他们自己的文化嫁接在一起呢？这是一个无法解决的难题。"

满族人挣扎在儒家意识形态和民族特性的夹缝中，一方面，作为征服者要保持自己优良的民族特性；另一方面，又必须借助儒家意识形态进行统治，这就有被汉族腐化的危险。"我们是征服者还是被征服者？"——是所有满族人心中最大的分裂。这种分裂心理使他们在重大的社会变迁中，尤其是当儒家意识形态本身被消解时，突然感到如释重负，欣喜若狂地奔向自己的民族特性，但那里已经所剩无几，甚至荡然无存！也许只剩下空虚的狂欢！

六、新型满族族群组织形态的生成与展望

（一）满族文化传播的产业化

作为一种文化产业，满族文化传播要具有自身的产品和服务项目，同时配合大规模的商业运作，并通过这种运作实现自身的生产和再生产。与此同时，满族文化传播在形成产业化的发展过程中，要求以追求商业利润、提升产业竞争力为企业的核心内容，需要通过各种完善的策划活动来实现。大力发展富有满族风情的旅游业，开发满族艺术品产业及文化娱乐产业，例如举

办满族风情的娱乐庆典、颁金节纪念活动等。① 以辽宁省为例：辽宁省有"清初三陵"（福陵、昭陵、清永陵），"七寺四塔"（七寺：广慈寺、法论寺、长宁寺、永光寺、实胜寺、玛哈噶啦喇楼、延寿寺；四塔：东塔、西塔、南塔、北塔）、辽宁博物馆、本溪博物馆、沈阳故宫、满族博物馆等公益性的文化产业，同时，也有很多商业性的满族文化产业，如满族本溪县满族民俗文化产业园区（天龙洞）、辽宁宽甸满族自治县产业园区、本溪剪纸文化创意产业园、辽宁岫岩满族文化风情园等。

（二）各种满族文化研究机构的成立

1993年3月24日，北京满学会在北京成立。它是群众性学术团体，以联络满学研究力量、开展学术交流、提高研究水平、增强民族团结、促进满学发展为宗旨。2012年5月，沈阳大学满族文化研究所成立，该所致力于满族美学理论研究，该领域的研究至今基本上是空白，同时，积极组织研究人员学习满语，建立辽宁满语学习基地，并在学习满语的基础上，进行满族文学的原生态研究，用满族语言研究满族文学。

（三）满学热

满语是阿尔泰语系通古斯语族满语支，是清初在蒙古文的基础上创制而成的，清代时被定位为国语。经过二百多年的演变，目前在全国只有黑龙江省富裕县友谊乡三家子村的少数老人和部分语言专家还能使用这种语言。满族是我国目前第二大少数民族，人口已经超过1000万人，但目前从事满族书面语翻译成汉文工作的不到50人，精通书面语的不到20人，属于濒危的少数民族语种，目前对满族的保护和传承可以说是抢救性。全世界有满文档案500多万件，我国现存满文档案史料200多万件，黑龙江省档案馆就有满文档案4.38万件，重达60余吨。如果15个人来翻译，仅仅整理黑龙江省这些满文档案就需要60年。伊通满族自治县成立于1988年8月30日，是至今为止吉林省唯一的满族自治县，全县共有14个民族，包括汉族、满族、回族、朝鲜族、蒙古族等，全县总人口481998人，其中，满族18万人。从2011年起全县20余所中心校抽调青年教师在假期到进修学校进行满语学习，在小学

---

① 吴勃："满族文化传播产业化发展探析"，载《满族研究》2010年第2期。

五年级开设了满语课程,并定期举办满语大赛,鼓励大家对于满语学习的兴趣。第二次世界大战结束后,外国的满学研究日益兴盛,日本、韩国、美国、德国、法国、意大利、波兰、丹麦等国,都有一批满学专家,并产生了不少研究成果。

我们大胆认为一种全新的民族组织形态已经基本形成,这是一种不同于传统满族民族体的松散型民族体,这种民族体的表现形态是很多元化的,有的是以传承民族文化为使命的公益性团体,有的是以开发民族文化资源为重点的经济性公司单位,有的团体可以两者兼具;有的是具有一定官方背景的公法人,有的是具有民间团体性质的私法人;有的虽然保持着紧密型民族体的组织形态和地域性特点,但是已经变得更为松散,其组织管理功能已经削弱;虽然性质、功能不同,但是他们都具有明显的民族色彩,并以民族文化的传承为使命,他们之间也逐渐地形成或强或弱的联系,从而建立了一种松散性的关联。

(四)对满族民族未来发展的展望和建议

第一,公共权力机关的建立与民间权威的整合。虽然我国制定了关于少数民族自治地方相关变通的法律,以迎合当地少数民族的风俗习惯,但是,这种自治条例往往适用的范围很大,而且都过于笼统。关键的问题是:要在一个更小的范围之内,在族群特点浓厚的地区,建立一个被政府机构和族群团体共同认可的公共管理机构,这一机构不仅是人员上的调配,必须是文化上的调配,要考虑到族群中原有的权威产生方法和状态,要考虑到在现有的族群中习惯法的保留程度与认同程度。

第二,习惯法、国家法、民间团体组织法的同时调整。我们认为习惯法在各地区、各民族中的保留情况是非常不同的,需要我们根据不同地区、不同民族的习惯法保留状态来制定相关的国家法,也就是说,在少数民族聚居的、民族色彩较浓的地区应该根据习惯法来制定官方法,因为习惯法来自人们的生活行为,而人们也主要是根据行为来把握法律的。在习惯法与管理民族问题的国家法外,由于新的民族组织形态的出现,本文认为一种针对民族的民间团体组织法将走上历史的舞台,他通过自己的章程和规定,来调整那些具有典型民族文化色彩、以民族文化的传承为使命、以民族文化资源经济为开发重点的民间团体或者公司单位。

第三，成员权会成为民族体内部成员的主要权利状态，这将是一种从公权向私权的演变。民事权利体系可分为五大类：人格权、亲属权、财产权、知识产权、社员权。其中，成员权属于社员权，是以成员资格为前提，成员所享有的一种概况性的权利。其特点是：第一，成员权以成员资格为发生基础；第二，成员权是一种复合权利，包括经济性的权利和非经济性的权利；第三，成员权的取得和实现有时不同步，在某种意义上，成员权是一种期待权，而不是既得权；第四，成员权是一种有限制的私权；第五，成员权具有专属性，可随着成员资格的转移而转移，但是一般不能继承。①

---

① 吴兴国："集体组织成员资格及成员权研究"，载《法学杂志》2006年第2期。

第三章 家 祭

"以礼入法、礼法融合"是中国传统法文化的重要特征,"礼"本身即源于古代氏族社会求神祈福的祭祀习俗。祭祀是传统礼法文化的典型表现形态,也曾是满族生活中的重要仪式和生活方式。满族素有尊祖敬宗的传统,祭祀风俗源远流长。早在氏族部落时期,原始萨满教祭祀就是人们社会生活中的重要活动,自然崇拜、天神崇拜、祖先崇拜、英雄崇拜等是满族先民精神信仰的重要内容。在明末女真社会,各个部落在他们居住的城寨内建筑"堂子",作为专门的萨满教祭祀场所。在清入关之前,伴随着努尔哈赤统一女真各部的战争和皇太极一统称帝后对萨满教所做的一系列重要改革,严厉禁止萨满教野祭,确立堂子祭的国祭地位,极大地改变了满族萨满祭祀的历史面貌,使满族野祭衰落,堂子祭和家祭得到延续和发展。清入关以后,清朝初期对祭祀活动不断改造、规范,既保留满族固有的祭祀特点,又吸收传统的中原文化,祭祀仪礼渐趋完备。至乾隆年间颁行《满洲祭神祭天典礼》,对满族祭祀活动和清宫萨满祭祀进行了总结和规制,并对民间满族家祭起到示范作用。随着清朝灭亡,清宫萨满祭祀逐渐消失,民间满族家祭和族祭活动也日渐衰落。特别是在"文革"期间,在政治压力之下,祭祀活动已在满族的日常生活中销声匿迹,满族的祭祀礼俗也逐渐模糊。直到20世纪80年代,以市场经济为主导的社会转型引起了一系列社会文化政策改革,民族地区在尊重国家意识形态的前提下,可以保持自己的价值观和民族习俗。政府意识形态和文化政策的变化,为满族萨满信仰的复兴提供了合法的空间。①

---

① 于洋:"满族石姓家族壬辰龙年办谱烧香活动的观察与思考",载《满族研究》2012年第4期。

满族的家祭、祭祖、办谱等活动也重新回到了人们的生活当中。

一、满族家祭活动的渊源

满学研究者富育光先生认为,满族的家祭是指满族内各姓氏以血缘族姓联系为单位举行的阖族祭祀祖先神的一种萨满教祭祀活动。它是以原始氏族、部落社会的原始萨满教祭祀为蓝本的,经过清初历朝统治者的不断改造、规范,将原始的各部为一系的祭祀,规划成全民族为一系但仍以血族姓氏为单位举行的祭祀。[①] 以氏族部落时期原始萨满教祭祀为始点,满族的祭祖活动有着悠久的历史渊源。

(一)氏族部落时期的原始萨满教祭祀

有学者指出,从满族的萨满祭祀来看,虽不能说与满族的源流一样古老,但亦不应相差太远。它经历了自然崇拜的萨满野祭到以天神、祖先宗崇为主的萨满氏族祭以至家祭的历史发展阶段。[②] 在氏族部落时期,萨满教信仰的基本单位是氏族,各氏族的萨满教以相对独立、自成体系的形态来传承,各氏族之间尽管有影响、干扰,但都没打破氏族独立性。满族先民以游猎为生,各族姓将祖先神偶、影像、神册、神器等放入罐中或由桦皮、木、柳、骨等材料制作的神匣内,随人迁徙,以便择时祭祀。[③] 在原始的萨满教信仰中,世界充满神灵,人们崇拜天地日月,信奉虎鹿马豹,对它们虔诚地顶礼膜拜。自然崇拜、祖先崇拜、英雄崇拜是萨满教常见的信仰内容,因此,满族祭祀中供奉的神祇极为丰富。

(二)明末女真社会的"堂子祭"

有学者指出,在明代的女真社会,萨满教仍是人们精神生活的重要内容,各种祭祀活动是他们调和人与自然关系的主要方法。1483年,朝鲜人李世佐询问前往朝鲜的女真人赵伊时哈等八人,"有祭祀之礼乎?"答曰:"祭天则前后斋戒,杀牛以祭。又于月望,祭七星。然此非常行之事,若有疾病,祈

[①] 富育光、孟慧英:"满族的家祭",载《满族研究》1989年第3期。
[②] 姜相顺:"清宫萨满祭祀及其历史演变",载《清史研究》1994年第1期。
[③] 富育光、孟慧英:"满族的萨满教变迁",载《黑龙江民族丛刊》1988年第4期。

祷则有之耳。亲死则殡于家，亦杀牛以祭，三日后择向阳处葬之。其葬之日，当时所服之物并葬之，且杀其所乘之马，去其肉而葬其皮。"① 由此可知，女真人的祭祀活动包括杀牛祭天、月望祭七星，以及疾病祈祷和丧葬祭祀等。女真人丧葬祭祀的情况在《李朝实录》中也有所记载："亏知哈则父母死，编其发，其末系二铃以为孝服。置其尸于大树，就其下宰马而食其肉，张皮鬣尾脚挂之，垂置生时所佩弓、箭，不忌食肉。但百日之内，不食禽兽。头目女真则火葬，皮冠顶上缀白粗布，前蔽面目，后垂于肩，仍穿直身衣。每遇七七日，杀牛或马，煮肉以祭，彻而食之。"② 这表明女真人的祭祀存在着等级差别，部落首领的祭祀更为隆重，祭祀次数和献祭的牺牲更多。

在这一时期，女真各部落在他们居住的城寨内建筑"堂子"，作为专门的萨满教祭祀场所。在努尔哈赤所居的赫图阿拉城中，"奴酋之所居五里许，立一堂宇，缭以垣墙，为礼天之所。凡于战斗往来，奴酋及诸将胡必往礼之"。③ 此外，其他各部也设有堂子，在富育光先生搜集的满族长篇说部《两世罕王传》中记载，著名的扈伦四部之一哈达部首领万罕，为其母董尔吉妈妈操办八十寿辰之际，扈伦四部首领及建州左卫与右卫众首领率众先拜"侠倡唐舍"，后为万罕母拜寿。"侠倡唐舍"便是万罕族中的"堂子"。又如建州右卫首领王杲曾借兵于东海窝稽，其部酋引王杲先谒"堂涩"，后将女许杲为妻。④ 可见，堂子作为供奉神灵的场所，出征打仗要祭拜堂子以求神灵的保佑，出访他部则要先拜其部堂子以示尊重，从某种意义上说，堂子已成为各部落政权的象征。⑤

（三）清入关前的祭祀改革

努尔哈赤时期对萨满教的改革是在统一女真各部的战争中完成的。富育

---

① 王钟翰："朝鲜李朝实录中的女真史料选编"，辽宁大学历史系，1979年，第135页。转引自姜小莉："清朝入关前的萨满教改革研析"，载《通化师范学院学报》2008年第1期。

② 王钟翰："朝鲜李朝实录中的女真史料选编"，辽宁大学历史系，1979年，第135页。转引自姜小莉："清朝入关前的萨满教改革研析"，载《通化师范学院学报》2008年第1期。

③ ［朝鲜］李民寏："建州闻见录"，辽宁大学历史系，1978年，第43页。转引自姜小莉："清朝入关前的萨满教改革研析"，载《通化师范学院学报》2008年第1期。

④ 富育光、孟慧英：《满族萨满教研究》，北京大学出版社1991年版，第51页。

⑤ 姜小莉："清朝入关前的萨满教改革研析"，载《通化师范学院学报》2008年第1期。

光先生搜集的满族长篇说部《两世罕王传》中记载：努尔哈赤起兵攻占哈达、朱舍里、长白山、辉发、叶赫、董鄂、乌拉、斐攸等部时，兵马先破"堂色"（即堂子），"掠祖像神器于贝勒马前"。① 公然摧毁和践踏神灵的场所与偶像，这无疑是对传统萨满教的一次重大挑战，也是对萨满教进行改革的开端。经过战争中人为的摧毁，其他诸多部落的萨满教信仰体系都受到了极大的破坏，这使得传统萨满教在分布状态上发生了很大改变。同时对其他部落的堂子和神像、神器等加以摧毁，既彻底推翻了该部落首领的权威，也打击了部落民众的心理防线，使他们丧失了对本部落的精神寄托，在根本上破坏了萨满教对部落体制的维护功能，有力地推进了女真各部的统一进程。

皇太极即位以后，对萨满教的改革继续深入。首先，垄断堂子祭祀权。在女真民族的传统观念中，堂子一度是部落政权的标志。因此继努尔哈赤在战争中毁灭其他部落堂子之后，皇太极时期又对堂子做了进一步规定。崇德元年下令："凡官员庶民等，设立堂子致祭者，永行停止。"此禁令颁布，其他姓氏虽然可以供奉神灵，但却只能人神同室，作为政权象征的堂子只有最高统治者才有权设立。这就垄断了设立堂子祭祀的权力，将爱新觉罗氏的堂子抬高到国祀的位置，从而在传统宗教领域进一步确立了爱新觉罗家族的领袖地位。终清之世，满族萨满教中便只存在爱新觉罗一姓的堂子。其次，严控祭祀耗费。萨满教频繁的祭祀活动，需要杀掉大量牲畜献祭，这造成严重的浪费和生产力的破坏，而皇太极时期正是要求发展社会生产以为政治扩张做准备的时期，因此对萨满教的这一弊端进行了严格的治理。崇德元年规定："凡人祭神、还愿、娶亲、死人、上坟，杀死货卖宰杀牛、马、骡、驴，永革不许。……今后许绵羊、山羊、猪、鹅、鸡、鸭还愿，祭神、娶亲、死人、上坟宰杀买卖。母猪不许杀，若杀卖者问应得之罪，仍赔猪入官。"此条规定，禁止宰杀牛马骡驴等可用于发展生产的大牲畜献祭，鲜明地体现了保护生产的宗旨。对祭祀规模的控制，导致祭祀内容和仪式发生了变化，祭祀用牲的改变和减少使得祭祀环节相应简化。有清一代，满族诸姓多以公猪献祭，此规定应是从这一时期开始的。再次，禁止萨满巫术。萨满巫术妄言祸福，

---

① 富育光、孟慧英："满族的萨满教变迁"，载《黑龙江民族丛刊》1988 年第 4 期。

诅咒生事，严重扰乱社会安定，对此皇太极曾屡令禁止。天聪五年谕，"凡巫觋星士，妄言吉凶，蛊惑妇女，诱取财物者，必杀无赦。该管佐领、领催，及本主，各坐应得之罪，其信用之人亦坐罪"。崇德元年又规定："满洲、蒙古、汉人端公道士，永不许与人家跳神拿邪、妄言祸福，蛊惑人心。若不遵者杀之，用端公道士之家，出人赔偿。"这些禁令颁布以后，在满族群体内部严厉打击了萨满巫术跳神活动。从萨满教的根本性质来说，萨满一向被认为是沟通人神的中介，预言祸福是萨满的主要职能之一，满族萨满教的野神祭中，更是将神灵降临萨满身体作为祭祀成功的标志。皇太极时期严令禁止萨满巫术，将那些自称能够通灵的萨满处死，使得萨满的这一神职功能逐渐萎缩，从而使一些姓氏的野神祭无法进行，转向以家祭为主，这是满族萨满教发展史上的一个重要转折点。① 另有学者指出，皇太极对萨满祭祀的改革，除堂子祭祀以外，包括清宁宫的建筑，内部神位的设置、供器供品的摆放制作，萨满祭神祭天的种类、程序、祷词、歌舞都是皇太极时期奠定模式的。②

（四）清朝初期的祭祀仪礼

学者在考证清宫萨满祭祀时指出，清定都北京后，清宫萨满祭祀仍然保存下来，仿盛京的堂子结构在紫禁城建堂子，仿盛京清宁宫改建坤宁宫，并颁布了一系列有关清宫萨满祭祀的规定。坤宁宫成为清宫萨满祭祀经常进行的固定场所。③

顺治初年，清统治者在完成坤宁宫改建和在北京启建堂子后对清宫萨满祭祀做了全面的安排，其中包括如下各项：④ 第一，明确规定清宫萨满祭祀堂子立杆大祭时间和礼仪。"顺治二年定，每年三月初一日、九月初一日俱立竿，皇帝亲诣致祭。"⑤ "祭日卤簿大驾全设。内掌仪司官设皇帝行礼坐褥于堂子正殿内一，前圆殿一。皇帝具礼服乘辇出，王以下，入八分公以上在午门内金水桥两翼排跪，候驾过，随行。未入八分公以下及文武官员俱在午

---

① 姜小莉："清朝入关前的萨满教改革研析"，载《通化师范学院学报》2008年第1期。
② 姜相顺："清宫萨满祭祀及其历史演变"，载《清史研究》1994年第1期。
③ 姜相顺："清宫萨满祭祀及其历史演变"，载《清史研究》1994年第1期。
④ 姜相顺："清宫萨满祭祀及其历史演变"，载《清史研究》1994年第1期。
⑤ 雍正《大清会典》卷九十二。

门外排班跪送。皇帝降辇,入至殿中,向东坐于所设褥上。王、贝勒等在丹陛上坐。贝子、入八分公等在丹墀内坐。皇帝于正殿及圆殿两处行一跪三叩头礼。诸王大臣俱排立,不随行礼。祭毕,皇帝在丹陛上西旁正坐,公等以上亦在丹陛上分翼排坐,进福胙、饮福酒。毕,皇帝升辇,作乐还宫。午门外齐集各官排班跪迎。王、贝勒、贝子、入八分公以上随至太和门,候皇帝还宫,俱退。"① 第二,堂子月祭、堂子浴佛等活动沿袭了清入关前的旧制。第三,堂子守卫员役规制。"顺治二年定守卫堂子员役,设七品官二人,八品官二人(今八品官六人,共八人,分八旗选补),由礼部选补"。② 顺治初年,看守堂子员役"由礼部选补",反映了堂子国祭性质很重的情况。堂子设品官专门负责,反映了清宫萨满祭祀规制的加强。第四,坤宁宫祭神之制,顺治初年虽没有明确规定,但沿袭盛京清宁宫旧制则十分明显:"西大炕供朝祭神位,北炕供夕祭神位,廷立神杆以祭天。"③ 第四,坤宁宫日祭。顺治初年对每日朝、夕祭的时间,用牲数、供糕、果数做了明确的规定:"顺治初年定:大内每日祭神二次,晨以丑寅时,晚以未申时。均用猪二。月朔皆陈时果九碟。余日陈糕十盘。"④ 第五,坤宁宫月祭、坤宁宫月祭翌日祭天、坤宁宫报祭、坤宁宫大祭、坤宁宫背灯祭等均仿入关前盛京清宁宫之制按时进行。总而言之,顺治年间一系列规定使清宫萨满祭祀在北京固定下来并付诸全面施行,以求福佑。

学者总结出清朝初期清宫祭祀礼仪的显著特点:⑤ 其一,经常化,如坤宁宫日祭的出现;其二,庙堂化、典制化,各种类型的萨满祭祀和祭祀程序完全与皇家礼仪相交染,古老的萨满祭祀习俗以典制确定下来;其三,祭祀神职人员的职官化,他们不但是专门的神职人员,而且在朝廷中有官位和俸禄;其四,太监参与清宫萨满祭祀,清宫萨满祭祀中有大量太监服务于神职,不但参与在坤宁宫祭神祭天,而且在堂子也有他们的职司。这些特点,终清

---

① 雍正《大清会典》卷九十二。
② 嘉庆《大清会典事例》卷八百九十二。
③ 嘉庆《大清会典事例》卷八百九十四。
④ 嘉庆《大清会典事例》卷八百九十四。
⑤ 姜相顺:"清宫萨满祭祀及其历史演变",载《清史研究》1994年第1期。

之世，少有变化。

（五）乾隆朝《钦定满洲祭神祭天典礼》的颁行

清宫堂祭历经几代创建和发展，至北京堂祭到顶点。以此堂子祭祀的内容、礼序为基础制定了《钦定满洲祭神祭天典礼》祭祀法规。①《钦定满洲祭神祭天典礼》共六卷，就所祀神祇、祭祀种类、各祭祭注、神辞、神器都做了明确规定。

正如富育光先生所说，《钦定满洲祭神祭天典礼》对祭典的规范绝非回到原始形态之中，而是对其改造后的规一，是一种新形态的萨满教模式，即庙堂形态的萨满教。它具有民族宗教的独特性。尽管《钦定满洲祭神祭天典礼》在形式方面的某些要求上向汉庙堂文化靠拢，但在精神实质方面仍然保持民族传统文化。清宫堂子祭神中虽然加入释迦牟尼、观世音菩萨、关圣帝君等客神，但是所祭神之种类仍以源于自身文化的神祇为主，如堂子立杆大祭、求福祭、马祭、月祭、常祭诸种，均有独特的文化传承个性；各祭的朝祭、夕祭、背灯祭之三大祭序，也是萨满教独有的祭式；夕祭与背灯祭诸神也是古老的萨满教神灵；祭神之器皿、神具，以及萨满之神帽、腰铃种种装饰，同样是萨满教独具的。因此，从总体上和实质上说，《钦定满洲祭神祭天典礼》是就满族萨满教祭祀规定的民族宗教法规。除清宫中增设的朝祭诸客神外，其余祭礼与民间祭礼基本一致。从总体运动上看，乾隆朝至清末，《钦定满洲祭神祭天典礼》所行定制，在满族诸姓中已成常规，成为民族习惯。②

二、满族家祭活动的形式

清乾隆十二年（1747年）颁布的《钦定满洲祭神祭天典礼》，使宫廷萨满祭礼臻于完备，使民间的萨满信仰有所遵循。有学者研究指出，《钦定满洲祭神祭天典礼》并不仅属于爱新觉罗家族，确切地讲，《钦定满洲祭神祭天典礼》是整个觉罗氏萨满信仰礼俗的总结，进而成为爱新觉罗氏亦即宗室觉罗与其他觉罗姓氏共同参与宫廷萨满祭祀的法典和规制。《钦定满洲祭神

---

① 富育光、孟慧英：《满族的萨满教变迁》，载《黑龙江民族丛刊》1988年第4期。
② 同上。

祭天典礼》虽未能将觉罗氏以外的满族诸姓萨满信仰和祭祀礼仪作出规范、定型和划一，但是《钦定满洲祭神祭天典礼》的作用和价值恰恰在于它承认"姓氏各殊，礼皆随俗"这一萨满教的现实和特性，总结和宣扬了包括爱新觉罗氏在内的整个觉罗氏的萨满信仰习俗，保留了许多觉罗氏原始崇拜意识观念，客观上对民间萨满信仰起到了示范作用。《钦定满洲祭神祭天典礼》的颁布，影响巨大，满族民间各个姓氏纷纷效仿，开始总结和编纂适合本姓氏的萨满祭祀礼仪和神辞，诸如《邺河（叶赫）伊拉里氏跳神典礼》以及《赫舍里氏祭祀规条》等。① 《钦定满洲祭神祭天典礼》对宫廷祭祀的神位、礼仪、祝辞等做了详细的规定，客观上对民间祭祀起到了示范作用，被视为满族民间祭祀程式的蓝本。民间效仿皇室的祭祀仪式，但与宫廷并不完全相同，而是根据不同地区、不同家族的实际情况，形成民间祭祖的不同形式。如宁安满族关氏家族认为，他们的家祭礼俗是自《钦定满洲祭神祭天典礼》颁布之后，在兼收并蓄的基础上，形成的一套较为规范的家祭礼法，但是在具体环节上，关氏家祭仍保留了本家族的一些祭祀特点。②

此外，有关满族家祭和祭祖活动的形式，也见于地方县志和满族各姓氏家族流传下来的祭祀规条、神本、家训及族谱中。如：

《呼兰府志》载："满洲人家祭，预诹吉日，是日黎明，恭迎祖宗匣于前，祭祀者之家，祭器有哈马刀、轰务、抬鼓、单环鼓、札板、裙子、盅匙箸碗碟、几架、槽盆诸类。是日，同族咸莅襄助祭礼祀。正堂西房炕上，设几安架，恭悬先像。家萨满二人捧香碟，烧年期香讫。萨满系腰铃，持哈马刀，族人击单环鼓。童男二人，击札板相与乐神。萨满歌乐三章，每章毕，主祭、助祭者，咸行叩首礼。礼毕，乃宰豕去皮，盛以槽盆，萨满手摇轰务，歌乐词三章，主祭、助祭者，行礼如前，朝祭讫，食福胙，亲友毕至，方盘代几，实肉其中，盆下藉以油纸，不设几案。"③

《宁安县志》载："满族则每年举行两次家祭，祭时于上屋西炕排列木人或各色绫条以代表祖先，祭之前一日，以黍米煮熟捣作饼曰打糕，粘后以食。

---

① 刘厚生、陈思玲："《钦定满洲祭神祭天典礼》评析"，载《清史研究》1994 年第 1 期。
② 邱广军："宁安满族关氏家祭礼俗探源"，载《黑龙江民族丛刊》2006 年第 3 期。
③ 黄维翰：《呼兰府志》，黑龙江呼兰县志编委会编，1983 年版。

戚族又于族中择一人为察玛，戴神帽系裙摇铃持鼓跳舞，口诵吉词，众人击鼓相和，曰跳家神。祭用豕，割豕肉置盎内供于神前，名阿玛、尊肉至碗，复献牲如晨礼，晚间撤灯而祭，名曰避灯。祭神之肉不得出门，惟避灯肉可以馈亲友。"①

再如吉林省永吉县乌街满族乡韩屯村正白旗肇姓跳肉神神辞，也描述了家祭的形式："哈苏里哈拉，本家肇氏，男子属鸡，家居吉林，乞望阖家得太平。推举族长和执事，上求丰收备神僖。奉献祭品八样碗，九种馔食作大供。烧酒放置贴近处，甜酒摆在眼巴前。焚香要烧富哈香，杀猪要宰自家猪，生猪废命作祭肉，按节行刀摆件子。锅头亲手作酒食，备置九供献堂前。清水洒道迎神灵，祭完喜神祭福神。千变万化有神佑，不怕鬼魅祸害人。绿鬼作祟不可怕，门闩将它挡门外。四方神祇来保佑，依恃祖宗赐福祉。百年无灾六十年无病，白头到老享安宁。祈望神祇常体恤，摆供奉祀求恩惠。"②

再如《赫舍里王氏族谱全书》中关于宗祠规式和祀先仪文的记载。"宗祠规式"部分："盖宗祠即俗称之祖先也。满族不供神龛，惟于屋之西墙北墙两处，不用钉钉，斜鱼两具，上横铺六分厚平板，长一尺六寸，宽八寸，富者亦能雕刻花样，各贴黄白纸，刻满字样彩挂一章[张]，上供香碟，西三份，北五份，用铅锡制成长方形，高一寸六分，宽一寸四分，长须[需]三寸，以便焚满香之细末。于院内大门东竖碌红色索罗竿一根，上安铅锡碗子。此满族之宗祠也。""祀先仪文"部分："夫祭祀，满汉原自不同，汉俗用当鼓，满俗用伯[博]役，俗称'神将'，即深通遗注之人也。俗谓祭祀为烧香，又名使用猪，其节目繁杂，姑约略述之。香，用满香，俗名'鞑子香'，到处皆有，生在山岗[冈]，可作柴薪，不能成树，当春开粉红花最早，其叶尖长，如用，须于白露节采割，令其阴乾，摘叶压为细末，缕在香碟，用火引着，别有清香气味，甚佳美也。酒，用米酒，不知其米如何酿成，大半类似黄酒，现今无能酿者，尽以烧酒代之。供，用打糕，用黄米淘净蒸熟，在打糕石上用木棒槌打成糕，其后俱用干面撒糕，现今无供糕者，尽以

---

① 宁安县志编纂委员会编：《宁安县志卷四》，黑龙江人民出版社1989年版。
② 石光伟、刘厚生：《满族萨满跳神研究》，吉林文史出版社1992年版，第101页。

白面馒首代之。猪，用三蹄，有椎杀、籤杀、剝皮之别，及于有生记事，只用两蹄，盖从俭耳。其背灯供献仅以鸡代之。祭祀节目，必先择日，临时先在西首摆设木架，挂以黄绢帐幔，名曰蒙子。相传西墙所供系外神，一佛二菩萨，予以无从研究，存以待考。前设供桌，旁设小凳，上铺黄褥，香碟移在桌上，旁列烛台，斟酒三盃，摆馒首十二供。剪白纸钱两份，挂在帐外。于晚夕前后焚香叩首。祝毕，捉猪，待至五更，添香换酒，焚化白钱一份，将猪浇领［牲］，即在屋内退解，割成八件：猪头一件，脖圈一件，腰骨通长一件，胸叉一件，四腿分四件，并心、肝、肺、小肠入锅煮熟，在桌前设摆槽盆，添香换酒，将八件摆成整猪，名曰'摆件子'。又用小木盘三具，将每件割下三片，于每盘各装一片，少浇盐水，西、北各供一盘，余一盘供灶君。随［遂］在槽盆前设一桌，上摆小木盘十二具，将每腿割成三小件，腰骨截成十二节，肋骨割开十二根，每盘各色，一件一盘，即是三件，此名全猪十二件。添香换酒，叩首毕，即将肉在槽盆内切碎，盛在木盘，浇上盐水，不用桌张磁［瓷］器，均用木质碗盘。将炕铺上油纸。现无箭杆，即用秫秸梢为箸，捧上木盘，大家胡乱抢食，名曰'抢宴'。食毕，将猪骨聚在一处，焚化白钱一份，送在大门东竿子下西首。祭毕，将蒙子移在北首，酒供照样换齐。待至戌刻，将鸡煮熟供献，添香换酒，息［熄］灯，叩首，如是三次，名曰'背灯祭'。祭毕，撤供。明晨，在院内设香案，清酒三盃，馒首三供，将索罗竿撮在桌后，锡碗供在桌案，南向跪祝。将猪浇领［牲］，宰杀。随［遂］用竿尖染血，预于院内安锅，将猪剝皮，割下拱嘴、锁骨、尾巴、蹄甲，吹胞［泡］，放在案上，回手割下脂油一方，肋骨两根，腿骨一节，一同心、肺、肠、肚、血块入锅煮熟，向西跪切，随［遂］［将］各件切碎，盛两木盘，并小米饭两碗，供在桌上，南向跪齐，伯［博］役旁立，将碎肉、小米饭，并吹胞［泡］、蹄甲装入锡碗内，猪尾安在碗下，拱嘴、锁骨安在竿顶，令人持竿树竖，伯［博］役手撒小米，口唱祝文，从先俱系汉语，而今满汉参半。予未读满书，亦无可较［校］正，俗曰'么［吆］喝竿子'。余揣［猜］其祝文，大半是主祭者某姓名，系某旗某佐领充差，现属某府某县某村落，今择于某年某月某日［某］时，谨备清酒乌猪之仪，致祭于宗祠之前。惟祝默佑家业兴盛，后裔繁昌，祖先有灵，来格来飨，

第三章 家 祭

等语。但须皆用满语，方合旧规。不然皆用［证］。汉语，亦是本色。惟满汉参［掺］杂，未免贻笑大方，姑仍之以待考正［证］唱毕叩首，爰将碎肉、小米饭，入锅煮成汤饭，俗曰'鞑子饭'。亦不设桌凳，随［遂］互相抢食。食毕，将猪皮烤焦洗净，以备宴客。至此，祭祀已毕。午后，始置筵宴客，至晚方散。"①

根据满学研究者们对满族各姓家祭的考察和总结，整个家祭过程大致有如下形式②：

一是家祭准备。家祭之家在祭祀前要净庭院。此祭期内祭家门上悬一束谷草作标识，严禁僧丐、衣孝、衣狗皮者入内。开祀前三四天或五六天或一二天不等，祭祖之家会同族长，到上次祭祀之家将祖宗匣子请来，祭祀家用年期香净扫炕地院落，叩首迎接，放在净桌之上。祭日和迎祖宗匣日，皆预诹吉日，恭迎祖宗神际常是黎明时分。平时祖宗匣子不许任何人开启，匣内藏物各姓不等。祖宗匣内主要是祭器和祭祀中需安放的神位。祖宗匣请入后，祭家于供桌设祭品。

二是祭饽饽神（打糕祭神）和白天肉神。打糕祭神是满族家祭的第一项内容，它的整个程式包括淘米、镇米、做糕或饽饽、敬神；然后领牲、杀猪摆件子、敬神，最后阖族分享神赐的阿木孙肉，即祭白天肉神。祭糕的整个制作过程是在祭祀的前夜进行，其间对制作者有各种戒规，宗旨是必须保证参与者身体洁净，严格除秽去邪。所谓镇米就是敲响神鼓，驱除邪秽，保护神粮圣洁。这期间还要做祭酒。祭日早晨本姓穆昆和萨满开祖匣请神然后供糕。以后要将神刀、扎板、均摆神桌前，次弟叩礼，礼毕，老萨满率年青萨满动响器，老萨满先起念祝文，余者接声，互相替念。每念一遍，行叩首礼

---

① 本溪市党史地方志办公室编：《辽东满族家谱选编》，辽宁民族出版社2012年版，第136~138页。
② 富育光、孟慧英："满族的家祭"，载《满族研究》1989年第3期；刘明新："满族的民间祭祀管窥"，载《中央民族大学学报（人文社会科学版）》2001年第4期；谭玉秀、崔婷婷："从八旗谱牒看满族萨满教与祭祀的关系"，载《吉林师范大学学报（人文社会科学版）》2008年第4期；赵聆实："打牲乌拉伊尔根觉罗家族祭祀"，载《东北史地》2013年第6期；邵凤丽："当代乌拉街满族春节祭祖仪式现状及其价值"，载《广西师范大学学报（哲学社会科学版）》2013年第4期；于洋："吉林九台满族石姓家族萨满野祭仪式调查"，载《满族研究》2013年第2期。

一次，连念三遍为止。其后便开始抓猪祭神。抓猪祭神紧接打糕供祀，一般在祭祀第一日的白天进行，因此称祭白天肉神。其中重要的仪式是领牲。领牲就是向神祖献牲。根据萨满教灵魂观念，祖宗的游魂能依附着动物的耳朵回来，水灌进了猪耳朵，猪耳朵动了，就意味着神祖已经领了后辈族人的供品，阖族欢欣，外族人为之贺喜。若猪耳朵不动，不是萨满本身不净、神器不洁，就是族人不敬，得反复念神词灌水，一直到猪耳朵动了为止。此祭中另一件重要而严肃的工作就是摆件子。锅头将猪肉煮好放在糟盆内，把猪的各个部位摆成一个整猪，即为摆件子。人们用全猪敬祖来表达族人对神祖的虔诚和希冀。全猪敬祖，鼓声紧急震耳，俗称叫鼓，族人拜鼓，向众神行礼，其后阖族分享神赐的阿木孙肉，即祭肉。

三是背灯祭。背灯祭是在祭日当夜近十二点左右举行，祭时最大特点是背灯，即黑暗中祭祀，另外背灯喜猪肉外姓人不得吃，背灯祭结束便撤供，萨满将祭祖的神器请回祖宗匣子，将它安置于西墙祖宗板上。背灯祭中门窗紧闭，族人不得有半点声响，而神刀、腰铃、卡拉器却奏出沉重和谐的音响，象征着众夜神在风里行走的脚步声，萨满祝辞也多至三或四次。主祭人诵满语祭文，率同族人叩首毕，而主祭人扎束腰铃子裙子，手持鼓。甩腰铃，手打鼓环绕三匝。将窗门遮蔽（名曰背灯），此时不准人出入院内，着妥人看守。不准到门口，如有外人来时，亦不许进屋。设备齐全，仍行叩首。此时用一人打抬鼓，三人横坐于地打扎板。供桌前设二木凳，乃系主祭人之座位。将腰铃放于地下，灯光吹灭，手拿羴孜，口诵祭文，至第四位，将腰铃乱振，急打抬鼓一阵，仍以三音合一，诵祭文讫。燃灯叩首。燃灯撤供后，阖族男女老少，不分尊卑上下，席地而坐，同饮一坛米尔酒，同吃一个背灯喜猪，还要把喜猪全身各个部位都尝一尝，并将它们给因故没有参加祭祀的族人送去。

四是换锁。院祭是紧接背灯祭的又一祭式，它也叫天祭或祭天祭，即俗称的祭神杆。此祭为家祭中的重要内容，它的突出特征是阖族在祭家院中祭祀神杆。神杆一般长九尺，代表九层天，它取自最高的也是最圣洁的山上。杆名满语蓑龙杆，满族各姓祭杆时，在它的顶端涂上牲血，为了让天神喝到，所献牲身上的任何部位，特别是生殖器，都要缠在神杆上，或供在安置于神杆上的碗里，用以表示人的虔诚，祈佑氏族繁荣、五谷丰登、六畜兴旺。一般祭天用的是整猪，神杆顶端绑的是代表整猪的杂碎，另有些五谷杂粮，用来供祀乌鸦、喜鹊。院祭中萨满要用五谷撒地。院祭祭祀神的除了与其他供祀一样的供品外，又多了一种，即小肉饭，它用肉丝做成。祭毕，阖族共餐。院祭整个过程基本在室外，祭家院中进行。院祭的另一项内容就是换锁。换锁是从西墙神龛处扯出一根彩绳，直绑到室外树起的柳树上，这彩色的布条叫锁线。萨满将锁线上的布条缠在男孩、女孩手上，男孩戴上锁线，长大就会成为一个骁勇威武的巴图鲁（勇士），女孩戴着锁线可以长得健康、俊俏。人们把它视为佛多妈妈赐给的吉祥物，回家放在西炕上，能保佑族中孩子一年平安。而锁线要被收回黄布袋中，挂在西墙神龛下。再到祭日，原来套过的彩线，系在锁线上。也有的族姓在锁绳上挂嘎拉哈、小弓箭，弓箭代表男孩，嘎拉哈代表女孩。有的还用红蓝布条区别男孩和女孩。在绑着锁线的柳树上还挂着密密麻麻的水团子（粘饽饽），象征着人口众多，孩子们都来抢神树上的水团子，以图吉利。换锁仪式旨在祈求人丁兴旺，祛病除灾，也可以说是一种古老的家族续谱活动。院祭吃剩的骨头和肉必须送到高岗上，或撒到江河中。院祭结束，整个家祭就结束了。

三、对壬辰龙年满族家祭活动的观察

满族素有逢龙年、虎年举行续修家谱祭祀祖先活动的传统。该仪式是满族文化的重要承载和传承形式，表达了满族对自然和社会的理解，也表达出对自我和民族的认同。在这一过程中，由穆昆达、萨满、锅头组成活动的组织核心，各司其职。在仪式的过程中，透过仪式组织者，体现出强烈的满族习惯法的文化意涵。壬辰龙年的农历新年，我们对九台莽卡满族乡关氏、杨氏、佟氏等满族世家祭祖修谱活动进行了考察。从该地区所处地理位置和历史发展情况来看，吉林九台地区，一直是满族重要的聚居之地。渤海、辽金时代，满族先民靺鞨、女真即繁衍生息于此地区。明代属海西女真所辖，自清顺治时期在吉林设立打牲乌拉衙门后，吉林市及九台一带成为供应皇族生活资料的重要基地，满族人口回迁逐年增多，今天的满族人多为当年打牲丁或屯田兵的后裔，该地区有着丰厚的满族文化遗存。现九台市境内的满族人

口较为集中分布在以莽卡满族乡为辐射点的九台市东部地区和松花江沿岸，多从事农业。约占全市满族 1/3 的人口聚居在满族乡境内的东哈什玛、塔库、石屯、锦州、三道。此外，其塔木镇的西哈什玛、腰屯、红旗、蓝旗；胡家回族乡的罗古、小韩、周家等地，也是满族聚居的村屯。① 此次关氏、杨氏和佟氏家族举行壬辰龙年祭祖活动的时间各不相同，主要集中在龙年正月初三至正月十五的农历新年期间。各家族祭祀仪式的具体内容也有所不同，主要有震米、祭神、祭天、背灯祭、换锁、修谱等。

（一）震米

关氏家族的震米仪式在壬辰龙年农历正月初七下午举行。参加人员有本村的关姓族人，也有从哈尔滨、沈阳等外地、外村赶回来的关姓族人，还有很多外地慕名而来的观礼者以及学者。震米仪式在神堂②举行。这个场所是关姓族人的共同财产，在困难时期，是关家的老一辈不顾自身安危艰难地保留下来的，所以在改革开放以后，关氏家族一直以此为家族的祭祀场所，象征着对老一辈行为的尊敬。在祭祀神堂外墙上贴着一张"祭礼禁忌"，上面写着："呆、傻、痴、疯、残和身服重孝之人，穿戴狗皮帽子、套袖的人禁入；女子身子不洁、寡妇、孕妇、产妇禁入；不准在祭祀场地打闹、大笑、骂人、讨账要债；祭天时，忌白、黄、刘姓之人，谢绝入场。"祭祀神堂大概可以容纳百人。外间是厨房，用于锅头③准备祭祀的供品。走进屋子，在西面的炕上供奉着祖宗板，即供神板。满族人通常在西墙上设个支架，上面搭上木板，板上放有祖宗匣子，里面放着罗关家族的谱单、谱书。板的一侧挂着"佛多妈妈口袋"，是一个盛着本家族子孙绳的布袋。在祖宗板下面还摆放着传承下来的祭祀器具。关氏家族的器具大部分从清代传承下来的，器具的摆放和年息香的制作大多都保留延续着以前祭祀的习惯。在西面的炕上供奉着"金奎妈妈"，是对关家有恩的一位老人。神堂东墙右侧挂有关氏家

---

① 刘琦："九台满族的历史沿革"，见冯九川主编：《九台文史资料（第七辑）》，吉林省内部资料出版物 2012 年版，第 6 页。
② 满族在祭祀跳神时，置放"窝辙库"（满语 weceku 音译，神主）的房舍是祭祀的中心场所，也即"神堂"。
③ 锅头是在萨满祭祀期间，专门从事一系列祭品、宰牲、供品等的准备和制作活动及炊事工作的专职人员。

族历史渊源的介绍。在门的左侧还挂着一块巨大的"功德榜",上面详细记录了所有族人捐款的数额。

下午4:10左右,祭祀开始,两名萨满手持"抓鼓",边击鼓边舞蹈。和着鼓点甩腰铃,前进后退,微闭双眼,沉浸其中。随后,锅头及三个徒弟跪在祖宗前磕头以示尊敬。稍后,锅头将中间摆放着一个圆形器具的桌子抬进来,置于屋子中央,之后由锅头轮番向盆中倒入江米。萨满们站在祖宗神龛前面的空地上,绕着桌子敲打神谷,开始"震米"。此时,在桌子的周围有散落的米粒,经族人介绍说散落出来的米粒越多越好,预示着今年会五谷丰登。过了五分钟左右,由锅头将米舀出,拿到厨房蒸了起来,叫作蒸米。在蒸米的同时,有一个关家的女孩跪于门口,恭敬地端着一杯酒,由萨满们在她身后敲打神鼓,唱诵神歌,这是请神的过程。随后,蒸熟后的米被拿到祭祀大厅。热气腾腾的米放在石盆里,由关氏家族的男子开始用木槌轮番捣了起来,之后由关氏未出嫁的女孩把蒸熟的米做成"打糕"。打糕被摆进碟里,成为供品,前来参加祭礼的人都可以品尝象征着健康福气的"打糕",此时"震米"的仪式完毕。

(二) 祭神

关家的祭祀是猪神祭。祭祀开始时,萨满站于神龛前,在神鼓声中用满语唱诵神歌,并舞动着腰铃前后移动,使整个仪式显得肃穆神秘。将黑色祭猪从院内牵到屋内并捆绑上防止乱动,放倒至堂屋中间事先摆放好的桌子上面。然后有两位萨满围绕祭猪跳舞敲鼓,此时祭猪还未被宰杀,因此又称跳活猪神。跳完后,将生猪放到案子上,头部朝向祖先,开始领牲。领牲过程是在杀猪前向猪右耳灌酒,猪耳动或猪大叫表示祖先已经领牲了。之后,由锅头执刀杀猪,将猪血接至盆中。后将猪煮熟后置于盖有红布的槽盆(木制舟形)中,摆成和活猪一样的形状,称为摆腱(件)子。摆好后开始跳猪神。两位萨满穿上神服,系上腰铃,手持抓鼓,先是面向供奉祖先的方向跳,然后在屋里转着跳,有时二人相对而跳。跳毕,大萨满率族人向猪神跪拜,诵祷告词。在请神之后,大萨满关连富一度晕倒10秒钟左右,由族人搀扶坐于北炕休息。在参加祭礼的人群散去时,萨满关连富用自己原有的声音说:"这次祭祀挺好,人来得挺多,挺热闹,就是没有酒。"接着大家开始议论纷纷,说萨满神上身了,族人则忙着给神灵倒酒。萨满晕倒到说话的过程,将整个祭祀活动推向戏剧性的高潮。

祭神树是关、杨、佟氏三家族中,杨氏所特有的祭祀仪式。祭神树活动是在野外进行,神树是一棵年久的老榆树。据杨家人介绍,此树大概有一百多年的历史,该村和附近村庄的村民遇到什么难事都会来求神树保佑,因此此树受万人香火,不只杨族供奉此树。杨氏家族的人在祭祀活动之前到达,焚烧神树附近的杂草,这样做是为了将神树周围清理干净,以示对神灵的尊重。杨家人在神树的正前方摆了供品,由老穆坤燃三炷香,向祖先祈求保佑杨氏后人,磕三个头。之后,由新穆坤向祖先祈求保佑族人,磕三个头。接着,由大萨满和四位栽力向供品前撒酒,之后三叩首。继而,杨族人轮流向祖先三叩首。叩首完毕,杨氏家族的成员每人手持一个红布条,绑在神树的树枝上,有人还爬到树上,争取将红布条挂在最高的位置,红布系的越高,意味着得到祖先的保佑越多。祭拜神树后,老穆坤将供品分发给大家以沾喜气。

排神是杨家此次祭祖活动中最为重要和最为盛大的环节,杨家预计请20位神。排神开始前,在屋外杨家租借来临时搭建的棚子里已经摆好了神位、神案、神器、供品等。由大萨满带领栽力们开始进行狂舞、唱神歌等,排神正式开始。大萨满每请一位神,便会休息几分钟,以便恢复体力,再继续请下一位神。排神仪式从晚上8点左右一直持续到11点半,因大萨满的体力消耗过大,并没有将预计的20位神全部请来。在排神仪式之后,杀猪。

(三)背灯祭

"背灯祭"是满族跳家神时在晚上进行的一种祭祀,也是祭祀活动中最具神秘色彩的一项。夜幕降临后,神鼓开始敲响,由主持祭祀的大萨满郑重地指挥族人将祭祀房间的门锸插上,将窗帘拉上,开始背灯祭。屋里的灯被熄灭,一片漆黑,族人和观礼者在屋内不准出声讲话。

背灯祭之后,在室外的院子中央支起篝火,萨满面朝南面,面对篝火,颂唱神歌,舞动腰铃,关氏家族肃穆地跪于篝火之后。锅头在不断律动的鼓声中牵出一头祭猪,同祭猪神一样的方式摆腱子。在黑暗中只有一处火光,萨满开始用满语唱神歌,祈求太平。结束后,参加祭祀礼的所有人围绕着篝火烤肉，跳舞，不亦乐乎，不止在家族内部是一次分享喜悦的聚会，也使外来的客人们感受到了族人的淳朴热情。

（四）祭天

"祭天"也称院祭，是在露天的庭院里进行。在"祭天"仪式之前，将沾满祭品鲜血的神杆（索罗杆）立在院子当中。索罗杆子又称通天树，是萨满与天界各神联系沟通的重要途径。之后在萨满的指挥下，开始领牲。祭猪刚一被宰杀，族人们就把尖头的神杆插进猪的胸膛，沾上淋漓的鲜血。然后再往神杆"尖头"上挂猪的内脏器官。同时在院子中摆放桌子，上面放着猪的内脏和五谷杂粮，象征着祈求五谷丰登。在院中立好神杆之后，由一名萨满唱诵神歌，族人恭敬地跪于地面，向祖先跪拜。

祭祀结束后，庭院中心支起一口大铁锅，将猪肉切成小碎块与小米一起放进锅里煮。煮熟后，就成了"小肉饭"。接近中午时分，所有人就聚集在院子里分吃"小肉饭"。众多族人在寒风中，手捧大碗、用树枝等往嘴里"划拉"着吃"小肉饭"，场面极为壮观。据族人介绍，吃"小肉饭"时不能用筷子，只能用树枝或草棍等，而且要在露天吃，这是依照先祖的生活习惯进行的。"小肉饭"代表着福气，吃得越多，意味着福气就越多。

（五）换锁

"换锁"仪式，表达的是满族人对后辈成长的期盼，换锁的寓意是将琐碎的事情换下去、换走，保佑子孙后代平安、幸福。换锁时，各家如果有年龄比较小的孩子，可以由德高望重的长者给他象征性地"换锁"，暗示他会茁壮成长。

在换锁仪式前，从西屋"佛多妈妈口袋"中取出子孙绳，延伸出来并固定好，在固定点的垂直上方安置柳枝。同时，由族长带领几位族人在西屋捻制换锁的绳线。绳线是把黑、白、蓝三种颜色的线捻在一起，长约半米多，待换锁时戴在族人的脖子上。

换锁仪式正式开始后，族人按照辈分排行站好，在西屋外等待。无论男女，只要是家族子孙均可参加换锁仪式，向祖宗磕头、拜祭祖先。穆坤按照顺序分别往每个人的脖子上挂上三色彩线，并向祖宗神位大声说祈求祖先保佑吉祥的话语。话语完毕，族人向祖先神位磕三个头之后起身退出。

杨氏家族在换锁之后开始打年糕，寓意为子孙团结在一起，象征着团圆。打年糕用的是黄米，由家族男丁用木制的大棒槌轮流击打。每打几下，锅头就要向石碗里淋几滴水，将石碗里的黄米和两下，之后再打。打好的黄米由杨家的媳妇们负责做成年糕并蒸熟，之后取出一小部分由族人团成二十几个约手指甲大小的圆团按在上文提到的柳树枝上，其余的年糕供大家围坐在一起做午饭食用。吃完年糕之后，族人将自己脖子上的彩线拿下，挂在子孙绳上。在换锁仪式中，还需要在子孙绳上为新出生的子孙挂上小弓箭或小布条（男孩挂弓箭，女孩挂布条），小弓箭是削好的竹条弯曲后用白色的线缠绕而成，寄予了长辈对子孙的期望。

（六）修谱

修谱由穆坤达主持，安排写字好、有文化的人填谱。修家谱前有请谱仪式，族人向祖先进香后，从祖匣中将谱单请出。之后由执笔人用红笔将12年中没上谱的儿孙、媳妇的名字续写在谱书上，将故去的人的名字用黑笔描黑。

佟氏家族在续谱后的第二天，举行了晒谱仪式。在身穿彩裙的萨满击鼓、舞蹈之后，由萨满和穆坤将谱匣从西屋请出。上明烛、点高香，之后将续制后的谱单从谱匣中取出，悬挂在院内。此后由穿着民族服装、佩戴民族头饰的家族女性，将36种供品摆在供桌之上。在穆坤达和族人代表讲话之后，佟氏族人按照辈分次序向族谱磕头，表达对先祖的敬意，并祈求先祖的佑护。在晒谱仪式结束后，把家谱重新放回祖宗匣子内，供在原先的地方。收谱后，修谱祭祖活动结束。

（七）新老穆坤交接

佟家除了此次祭祖和修家谱的活动之外，在祭祖仪式上，还完成了家族内部新老穆坤的交接。在家祭活动前，已在家族内推举出三名新的穆坤，此次壬辰龙年的家祭活动就是由新老穆坤共同组织的。新穆坤由热心家族事务，在家族内被公认为品德好、口碑好、有能力的中年男性担任。三个穆坤分别掌管佟氏家族公共的财务、文书和管理日常事务。在祭祖仪式上，老穆坤在讲话中宣布了新穆坤的当选，之后由新穆坤代表讲话，表达了他们要更好地服务于族人、传承家族光荣传统的决心。

四、满族家祭活动的法文化分析

在一定程度上,外显的文化事项是为了满足人们某种心理上的诉求,满族祭祀活动产生并存在于满族的日常生活当中,也因此而具有一定的功能指向。传统祭祀活动是礼法文化的一部分,对祭祀活动进行严格的规定,也借此规范人们的行为,调整族群成员之间的关系。现代满族家祭活动中,许多传统社会功能已不复存在,如通过祭祀仪式来驱邪惩恶、为族人治病等,但通过祭祖活动,彰显满族传统文化、增强家族凝聚力和民族认同感,以及实现伦理道德教化等功能逐渐凸显出来。

(一) 彰显文化价值

祭祀在历史上具有丰富的文化内涵,表征着文化传统。特别是满族祭祖活动,是由一系列程式化的烦琐仪式所组成,这些仪式充满着象征意义,萨满文化也被学者们称为是人类早期文明的"活化石"。满族的祭祀活动,"以一种鲜活的文化形态、形象地记录了北方人类童年时代心灵与情感的发展轨迹,反映了祖先对世界的认识过程,表达了他们与自然斗争的意志与力量,也揭示了他们的迷惘与失误"。[1] 因此,满族代代相传、留存至今的祭祀仪式,具有重要的民族文化价值。

有研究者称,萨满文化景观的核心是史前神话,这种神话充满了英雄主义,凝聚着族人的理想、愿望、憧憬,规范着人们的道德、行为,实际上它是原始时期氏族部落宪章。[2] 延续至今日,在满族祭祖的活动中,仍然能够表现出满族的一些传统观念,如崇尚祖先、重视仪式、重视孝道等。这些观念在日常生活中引导着满族人的行为,对满族人起到规范的作用。一定意义上而言,文化观念所起到的引导和规范作用,与广泛的法的精神和作用也是一致的。

此外,在满族祭祖活动中,萨满、栽力等神职人员是活动的中心人物。萨满被认为是氏族的精神、智慧和力量的综合,继承着民族精神文化的全部

---

[1] 蒋蕾、荆宏:"宁安市满族关姓家族萨满祭祀调查",载《满族研究》2006年第1期。
[2] 同上。

遗产。萨满的祭祀神器，如神鼓、腰铃等；萨满的服饰，如神帽、神衣、神裙等；萨满祭祀时的舞蹈以及音乐；萨满的神歌、神词、神谕（满语称为"渥车库乌勒本"）等，都具有重要的民俗文化价值。

（二）传承家族传统

壬辰龙年举行祭祖修谱活动的家族，皆为满族世家，先祖或有显赫战功，或有光荣业绩，在清代时为官人数众多，有族人引以为傲的优良传统。杨姓（莽卡杨），"尼玛查氏"，隶属打牲乌拉总管衙门佛满洲正白旗，清代为官者近百人。关姓（罗关），"瓜尔佳氏（或瓜勒佳氏）"，隶属打牲乌拉总管衙门佛满洲镶蓝旗。佟姓（佟赵），"佟佳氏"，隶属打牲乌拉总管衙门佛满洲正白旗。有清一代，佟佳一族被誉为"佟半朝"，是满族"八大姓"之一，不仅是名门望族，而且是皇亲国戚之后族，高官和微官者数以百计。[①] 在祭祖修谱活动中，族人聆听祖先的来历和光荣业绩，对先祖进行虔诚叩拜，并由年长者对后辈族人提出殷切的希望与期盼，这本身就是对家族传统的延续以及对家族意识的认同。

此外，满族祭祖修谱活动，也是凝聚族人的一种最佳方式。"满族家祭在潜移默化中对于密切家族成员之间的感情与交流，调节家族成员的关系，提高家族的凝聚力，团结族人都起到了无可替代的作用。"[②] 人们把祭祖修谱活动当成一次隆重的庆典，全族上下无论男女老少都参与到活动中来，一些家族成员和同姓亲戚还专门从外地赶来参加。通过举行祭祖修谱活动，加强了家族成员之间的交往联系，增强了家族的向心力和凝聚力。

（三）增强民族认同

第一，满族祭祖活动有助于确认本族身份。在当下满、汉文化趋同的情况下，定期举行家祭活动，对于增强民族认同和确认民族身份起到重要作用。同时，祭祖作为缅怀祖先的重要仪式，在祭祀过程中，将本民族的历史起源、神话传说、民族知识以及伦理规则等直观生动地传授给青年一代，也有助于

---

① 尹郁山：" 谱牒文化"，见冯九川主编：《九台文史资料（第七辑）》，吉林省内部资料出版物2012年版，第65~74页。

② 徐立艳："论宁安满族关氏家祭的特点和社会影响"，载《满族研究》2008年第2期。

满族文化的传承。

第二，满族祭祖活动有助于增强认同心理。语言和服饰是一个民族文化的重要特征，也是体现民族意识的重要载体，满族也是如此。在祭祖的过程中，萨满唱诵神歌、祷祝神词，都是使用满语。很多满族人在祭祀祖先时都穿上了满族的传统服饰旗袍。这些民族特征强化了民族意识，增强了民族的认同心理和内聚性。

第三，满族祭祖活动有助于加强民族文化保护意识。由于历史原因，满族家祭活动一度中断，祭祀仪式的传统流失严重。随着人们对满族传统文化认识的不断深入，满族人对本族文化的认同感增强，逐渐形成开发和保护本族文化的意识。祭祖活动从以前的封闭状态到现在的欢迎甚至渴望被外界所认知就明显地表现了这一点。满族祭祀活动是满族活态民俗文化的重要表现形式和重要资源，倡导对其进行保护，是满族民族认同和民族意识的表现。

（四）实现道德教化

祭祖活动从起源之初，就承担着对人们进行道德教化的功能。通过祭祖的一系列拜祭活动，缅怀先辈的历史功绩，以光荣的祖先作为感召后人的榜样，教育后辈要传承优良的传统，继往开来，潜移默化地实现着教育的功能。这种教育功能，将一个家族的道德准则和行为规范，引入到新成员的生活和精神中，从而实现家族传统教育的代际传承。

同时，满族祭祖的过程，也是培养家族成员社会角色，帮助家族成员完成其在家族内部角色习得的过程。祭祀活动是满族集体性的活动，每个人都在其中担任着一定的社会角色。通过祭祀的各种仪式和家族成员的集体活动，个人逐渐了解自己在家族关系网中的地位和与其他成员的关系，了解仪式中的禁忌、学习社会角色的分工以及遵从其他家族成员对自己的要求和期待。通过祭祀活动，使家族成员能够辨识，何种行为符合共同体的生活秩序和伦理要求，告诉家族成员"理想的社会成员应当具备什么条件，从而在所有成员中树立起一种行为的标准模式，强化他们的社会角色意识，并通过言传身教和集体活动进行角色培养"。[①] 这种角色习得的过程，也是个人社会化的过

---

① 虎有泽："东乡族习惯法概论"，载《当代法学》2011年第6期。

程,是个人自觉接受从"自然人"转向"社会人"的教育过程。

五、满族家祭活动的变化

(一)祭祀活动的功能多元化

无论是传统的满族祭祀活动还是家族祭祖活动,都是产生和存在于满族的日常生活当中,并根植于满族的文化当中,是满族人日常生活的重要部分和传统文化的表现形式。20世纪50年代中期到80年代,满族祭祖活动曾一度中断,濒于失传状态。20世纪80年代以后,随着国家民族政策的落实,和人们对满族传统文化认识的深入,在文化大发展、大繁荣的契机下,满族祭祀活动又重新得以恢复并发展起来。但是这种祭祀活动又体现出不同于传统祭祀活动的特征,而具有鲜明的时代性,重要表现就是祭祀活动的功能多元化。

传统家族祭祖活动,是家族内部的活动,由家族组成成员参与。现在的家族祭祖活动,对家族成员内部而言,仍然是重要的家族活动,但是对家族成员以外的外界来说,是向媒体、学者、社会展现和宣传满族传统文化表现形式的一种活动,带有一定的展出和表演性质。家族祭祖活动已经从封闭的家族内部活动转向面对公众开放性质的展演活动。满族龙年祭祖活动中,几个家族都邀请了当地政府官员、研究机构学者以及新闻媒体的参与,就充分地体现了这一点。家族祭祖活动不再单纯地是家族内部的盛事,也需要获得政府和社会的认可,并对家族进行宣传。特别是满族的祭祀活动在一些以满族为主题的民俗村和风情园里,还成了重要的旅游参观项目,就更体现了这种展演性质。表演活动带有明显的功利性,使其朝着获取更大的经济效益的方向演变,成为传统文化与现代社会经济文化相结合的产物。但是,需要注意的是,从本质上而言,这种展演性质的祭祀活动,和传统的祭祀活动相比,是有着根本区别的。以展演性质而存在的祭祀活动,因为脱离了满族日常生活的土壤,已经不再是满族文化活态的表现形式,而成为满族文化的展现形式或者保存形式,在一定程度上会冲击满族文化的原生性。

正如学者所说,"今天或许应该正视的是,我们处在一个文化交融的时代里,在这个时代里既有传统的影子,也有现代性的追求。这样的多元交错的格局并非今天所独有，只是在今天表现得更为突出而已"。①

（二）穆坤作用发生变化

在家族祭祖活动中，由于此时家族成员能够比较集中，有的家族利用这个机会完成家族内部新老穆坤的交接。

明清时期，满族人聚族而居，延续至今，形成了满族共同血缘同姓聚居的形式。在满族聚居的地方，存在有家族族长，在满语里称为穆坤达。穆坤达的产生，既非官方任命也非世袭，通常是由本姓族众公选推举族中德高望重的年长者担任，一般没有确定的任期，除非是年事已高、体力不济或是万不得已的情况下才可召集本穆坤的人重新选举。一般的满族穆坤，除推选正族长外，还推选一、二名副族长，协助族长的工作。②《吉林他塔拉氏家谱》曾记载："吾族所居，均在厂北、南、江上、拉法沟等处。仿照选举法，于厂北、厂南各举穆坤一人，拉法沟举穆坤二人，又复选总穆坤一人。凡祭祀祠墓、判事析理，各穆坤议之，总穆坤主之，移驻者，办法与上同。"这里的"穆坤"在家谱中明确注为"族长"。③ 在社会日常生活中，穆坤达在处理宗族事务中具有至高的权威，其职能包括主持家族祭祀，过问族人的婚姻、立嗣，调解族人纠纷，管理族人丧葬事宜，主管族中的公共财物等。④ 特别是在执行族法族规方面，对违反族规的族人，视其行为的轻重，分别惩处。对待有严重违反族规的行为，穆坤达可以直接按族规执法严格惩处，如扭至祠堂或者祖先坟前，进行严惩，表示在祖宗前严加管教不肖子孙等，有非常严格和严厉的责罚措施。穆坤达在宗族内部执行族法族规的做法一直到新中国成立以后在部分地区仍然存在。

随着中国法制建设的推进，普法宣传和法制教育的推广，法制观念逐渐深入人心。族法族规中的强制性规定，逐渐失去了效力，被国家正式的法律制度所替代。与此同时，改革开放也给人们的生活方式带来了重大转变，越

---

① 赵旭东：《法律与文化——法律人类学研究与中国经验》，北京大学出版社2011年版，第56页。
② 何海龙："清代满族民间宗法制度基本形态浅析"，载《满族研究》2002年第4期。
③ "吉林他塔拉氏家谱"，见何海龙："清代满族民间宗法制度基本形态浅析"，载《满族研究》2002年第4期。
④ 何海龙："清代满族民间宗法制度基本形态浅析"，载《满族研究》2002年第4期。

来越多的人离开原来的住地，家族成员逐渐分散。因此，穆坤达的职能也由此产生了变化。主要集中于定期主持家族祭祀活动，调解邻里纠纷，帮助处理与本民族有关的事务等方面。不再具有执行家法家规等职能。以团结族人、服务族人为主要宗旨。

（三）禁忌逐渐松弛

祭祖的各项仪式加强了祭祖活动的感染力和仪式感，但同时，一些繁杂的仪式被简化甚至省略，森严的禁忌逐渐松弛。祭祖活动是满族重要的传统文化表现形式。乾隆年间颁行《满洲祭神祭天典礼》，对满族传统的祭祀活动加以规范，规定只允许举行家祭，清代宫廷祭祀按规定行事。民间仿效皇室的祭祀仪式，根据不同地区、不同家族的实际情况，形成了民间祭祀的不同形式。[①] 满族家祭活动的一度中断，也使这项活动濒于失传。虽然近年来逐渐恢复了家祭活动，以及随着民族民间文化调查与研究的深入展开，祭祖习俗作为活态的民俗文化进行保护和传承，但是很多仪式及其代表的内涵已经流失和不为人知。很多仪式也大大简化、省略和变通。在祭祖过程中，人们少了敬畏的情绪和神秘的色彩，更多是对祖先表达怀念之情，禁忌也相对减少。

如背灯祭是满族家祭中禁忌最多的，据记载：夕则司祝束腰铃，执手鼓，跄步诵神歌，以祷鼓、拍板和之，亦进牲。撤香灶灯火，展背灯青幕，众退出，阖户。司祝振铃诵歌四次致祷，所谓背灯祭也。[②] "背灯"最大的特点是"夜间举祭，且无任何灯火，届时还要闭门遮窗，外姓人不得入神堂，参加祭祀的人亦不可随意走动、喧哗"。[③] 但是在龙年祭祖的活动中，在背灯祭中，来访者并没有作为外姓人被请出屋子，只是不许走动喧哗，要遵守仪式要求。

其他活动中也体现了程式简化和变通的特点。如办家谱的活动，据佟氏上家谱的穆坤介绍，原来是在祭祖活动的当天，在穆坤达的主持下，安排写

---

① 徐立艳："论宁安满族关氏家祭的特点和社会影响"，载《满族研究》2008 年第 2 期。
② （清）吴振棫：《养吉斋丛录》，浙江古籍出版社 1985 年版，第 67 页。
③ 徐立艳："论宁安满族关氏家祭的特点和社会影响"，载《满族研究》2008 年第 2 期。

字好、有文化的人，在请谱、亮谱仪式之后，由执笔人用毛笔填谱。但现在是在祭祖仪式的前一天晚上，安排续谱，在祭祖仪式当天将已续好的家谱举行亮（晒）谱仪式，不在现场进行填谱活动。续谱前举行相对简略的请谱仪式。

（四）家族功能的转变

在中国传统社会中，家族在很长时间里都是最基本的社会结构单元，对于国家而言，家族是其基层治理的统治方式，对于民众而言，家族是其日常生活的组织形式。"新中国诞生以后，通过高度集中的行政管理体制对农村社会实行直接控制，消除了家族组织的权威体系，通过土地改革和合作化运动将家族组织赖以存续的物质要素如族田、宗祠、家庙等予以化解，通过破旧立新的文化运动将家族组织的符号象征如家谱、族旗、楹联等予以销毁，家族不复拥有其作为乡村社区生活核心的支配作用。"[1]但更为确切地说，这种消亡是具有显性功能的家族组织的消亡，而具有隐形功能的家族组织并没有就此瓦解，在为家族成员提供情感、寄托和实际关怀上，仍然维系着家族关系的紧密存在。特别是在满族聚居地区，具有相同血缘的同姓家族成员之间的关系，仍然稳定牢固。

在现代社会中，由于生产方式的改变，人口流动和迁移在一定程度上打破了家族的稳定性和地域性，民众对于家族的需求，也从组织形式转向更为现实的功利性目的。[2] 满族祭祖活动就表明了这一点。随着现代生活方式的转变，人们不再囿于世代居住的小村落，很多年轻人外出打工，父母随子女也迁居他处。但是，每逢家族祭祖活动，人们都不辞辛苦地从四面八方赶回来。族人对于家族祭祖活动的功能需求，并不是在寻求一种严密的组织形式，而是期望在人与人之间关系相对松散的现代社会，依托不会改变的家族血缘性联系，建立起功能性的关系网络。期望通过家祭活动，为家族内部成员之间提供更为密切的联系。传统社会的家族功能在向现代社会的家族功能转变，

---

[1] 唐军：《仪式性的消减与事件性的加强——当代华北村落家族生长的理性化》，载《中国社会科学》2000年第6期。

[2] 同上。

作为组织形式而存在的家族功能在向满足功利性需求的家族功能转变。家族以新的面貌在家族群体的生活世界中发挥作用，形成了新的家族观念和成员之间的关系模式。

对满族祭祖活动现状的考察，表明满族祭祖仪式的内容及其功能也随着时代在发生变化，满族自身的文化也在迎合社会的发展和需求中，逐渐形成了新的传统。满族的民间祭祖习俗，既有对过去满族祭祖习俗的继承，带有原始宗教信仰色彩，也有随着社会生活的不断发展和人们生活环境、生活水平及思想观念的变化而出现的在祭祖形式和内容上的新的发展和变化，这种变化使祭祖习俗得以生存延续。

第四章 家 规

家规又称家约，顾名思义，是"适用于宗族、家族内部、调整族属成员之间权利义务关系的法律规范"。① 从历史的范畴看，家规是伴随着家族的产生而产生的。无论在东方还是在西方，在人类社会产生的初期，组成社会的基本单位不是个人，而是"个人的集合"，② 我们称这种个人的集合为氏族，而后发展为宗族和家族。中国古代的家族具有早熟性和相当的稳定性，它先于国家而产生，而且随着国家的产生，宗族和家族不但没有解体，反而日渐稳固下来，成为一个在国家和国法之外相当具有独立性的自治体。用以调整这一自治体的规范，即是家规。随着国家和国家法的发展壮大，其规制和调整的范围越来越广泛，但在中国传统社会中，国法始终让渡出空间允许家规的存在，在不与国法相抵触的前提下，家规逐渐发展，且深刻地烙印出每一个时代的特色与价值取向。

满族作为中华大家庭中的一员，其家规的产生也具有上述共通的属性。并且由于满族特有的民族文化和价值诉求，满族家规同时也呈现出不同于汉族和其他少数民族家规的内容和特点。不仅如此，满族家规在满族社会中具有相当重要的作用，满族家族往往人口众多，聚族而居，势必需要一种全体家族成员均接受和认可的行为规范予以调整其内部关系。满族家规对全体家族成员具有普遍的约束力，在传统满族社会中，它甚至具有相当的强制性，违反它的家族成员将会受到全体家族成员的否定性评价，乃至遭受人身、财产甚至生命的处罚。在传统的满族社会，满族家规与国法一样，调整着满族

---

① 张晋藩："从晚清修律官'固有民法论'所想到的"，载《当代法学》2011年第4期。
② [英]梅因：《古代法》，商务印书馆1984年版，第73页。

社会成员的社会关系，规范其行为，正因为家规所发挥的重要作用，所以一般的满族家族都会在修谱过程中修订本家族成文或不成文的家规。

一、满族姓氏与家族修谱

满族姓氏形成于氏族社会，是氏族这一血缘集团的称号。满族这种血缘集团称为"哈拉"（hala），即血亲氏族，最初一个哈拉就是一个氏族。随着氏族内部人口日益增多，新增加的人口脱离本氏族，外出谋生，于是，一个氏族分裂为两个或两个以上的氏族，这种分裂出来的氏族子系分支称为"穆昆"，也可理解为原氏族下的小家族。原氏族"哈拉"本身既有自己的名称，这种称谓也被叫作"哈拉"，即氏族姓氏。当本氏族的"穆昆"分裂出去以后，为了与原氏族进行区分，会在原有氏族姓氏的前面或后面添加专署名词，由此产生更多新的氏族姓氏。这些氏族如今也作为单个的氏族而存在。由于氏族组织的不断分裂，在漫长的历史发展中，满族姓氏不断增加。再到后来一些分化出来的远亲支系与原始的宗亲已经相当疏远，于是便自行更改创造出新的姓氏。乾隆五十七年由大学士阿桂、和珅修订《钦定八旗氏族通谱辑要》中明确记载了满族姓氏的渊源："缘满族先世散居于长白山一带地方，溯其得姓之始，或从所居山川为姓，或遇事务有可纪祥者，因以为姓。厥后虽迁徙不常，均世世谨守。罔敢改易……亦有直以国语、蒙古语为姓者，此满洲姓氏渊源之大凡也。"满族有的以地名为姓，如宁古塔；有的以图腾动物为姓，如钮祜禄（满语"狼"的意思）；有的是以天象季节为姓，如阿克占；也有的是来源于汉族和蒙古族的姓氏。根据《八旗氏族通谱》与《皇朝通志·氏族略》等文献记录，满族姓氏有650个左右。清代官修族谱《八旗满洲氏族通谱》中记载满族姓氏达1114个。新中国成立以后随着社科学术界的研究发现，加上脱谱姓氏与外来姓氏在内，满族的姓氏可多达700个左右。

满族家族修谱的历史是从清朝入关以后开始的。从康熙年间开始，一些名门望族即开始修谱。雍正十三年（1735年），敕修《八旗满洲氏族通谱》，历时近十年，于乾隆九年（1744年）完成，致使满族修谱风气更盛。有学者指出，"满族纷纷仿照《通谱》，修纂族谱，几乎一族一谱。满族重视修谱程度超过了汉族,而且有清一代经久不衰"。① 满族人修家谱是一件十分重要的事情。一般选择在"龙虎年"进行。届时,族人相聚,杀猪宰羊,祭祖、祭天,隆重而热烈。满族家谱也成为家族历史、人物、传统传承的重要载体。

一些满族家族在修谱的同时,也将家规写入其中,因此满族家谱是研究家规的重要文献资料。

二、满族家规的来源

满族家规的首要来源是满族人民在长期的家庭共同生产与交往过程中自发形成的行为规范。自古以来,满族人喜聚族而居,长期的共同生活,逐渐形成了普遍遵守的习惯。这些习惯,对调整满族族群的社会关系,维护家族内部的和谐稳定,保证生产的顺利进行均具有重要作用。女真人自古以渔猎、采集为主要生产方式,入主中原后农业生产开始成为最主要的生产方式。无论是渔猎,还是农业生产,个体劳动均是不适宜的,而必须以群体劳动为主,这个天然的群体就是以血缘关系为纽带的家族,因此所有有劳动能力的家族成员,特别是男性家族成员,结成了一种稳定的、团结的人际关系。一些满族家族的家谱中也记录了这一段历史,不少家族的家规中都特别强调亲邻和睦,勤劳务农。如辽宁《白氏家谱》(满姓巴雅拉氏,正黄旗)记载:"我族原是以放牧、狩猎、采集为重要职业的民族。素有骁勇善斗、注重感情、讲究忠诚、信义的民族性格。……教诲子孙……亲后九族,和睦乡里,务农勤劳……"② 再如辽宁《海城黄氏宗谱》的"族规篇"中记载有黄氏的家训诗,其中有诗云:"女勤蚕织士勤耕,节俭由来可养生;……淡饭粗衣安本分,自无烦脑(恼)自无争。"③ 黄氏的家训中描绘了一个男耕女织,勤俭持家,粗茶淡饭,亦无烦恼纷争的治家理念。满族特有的一些风俗习惯,如不交产,不吃狗肉,不穿戴狗皮制品,以及在婚丧嫁娶和生育等方面的习俗,都对家规的内容产生了重要影响。

满族家规同时也深受汉族文化的影响。满族入关后,迅速吸收了汉族的

---

① 李林:《满族宗谱研究》,辽宁民族出版社2006年版,第2页。
② 辽宁新宾满族正黄旗巴雅拉氏《白氏家谱》,白洁撰写,1996年,第16页。
③ 黄其伦编纂:《海城黄氏宗谱》,内蒙古人民出版社2004年版,第19页。

传统文化，使得满族传统习俗发生了重要变化。以丧葬为例，满族先民早期实行过树葬、风葬、兽葬、火葬等葬法，即使使用土葬，方法也极为简单，无棺椁，无须停尸，无丧服之制，甚至没有棺椁。满族先民的丧葬习俗与同一时期的汉族相比较为原始野蛮，直至努尔哈赤、皇太极时还保留有殉葬的习俗，根据《三朝北盟会编》记载："生焚所宠奴婢、所乘鞍马以殉"，即以妃嫔、奴婢、和牲畜殉葬。满族入关后，这一习俗逐渐消失。满族的丧葬习俗与其生产生活方式和原始信仰息息相关。在渔猎游牧的生产方式下，尸体很难携带，只能就地处理。满族入关后，深受汉族文化和佛教的影响，加之生产方式的转变，葬俗、葬仪开始变得复杂起来，满族人也十分重视死后的归处，甚至将其写入谱书家规之中，要求后世子孙遵行，不得随意处理亲人死后的遗体。例如满族入关后也如汉人实行土葬，且须备有棺椁，以至砍伐了大量的林木。辽宁凤城镶红旗关（瓜尔佳）氏在光绪二年（1876年）第三次修订的宗谱中就对关氏茔林进行了保护性规定，如规定"死人之家不准砍罚（伐）坟树制作棺椁""自行选葬树群内指碍为由，任意砍伐，亦照私砍例办理"等。关氏族人在1994年第四次修订族谱中记录了关氏祖先丧葬的习俗，如棺材须起脊；百日内，孝男不剃头、不刮脸，孝女不穿红挂绿、不抹胭脂、不戴花；过年不贴年画、对联；孝男穿孝服但不戴孝帽子，孝妇用白带缠头，只穿孝衫，不系腰带；须向亲友报丧等。① 仅从关氏这一族看，禁忌和葬俗还是较为烦琐。

  儒家伦理思想对满族家规也产生了特别深刻的影响。儒家伦理思想核心——三纲五常所倡导的尊君、孝父思想在满族家规中有非常重要的体现。这一思想有利于维护满族贵族的统治，实现"君君臣臣，父父子子"的政治统治秩序。如辽宁凤城陈氏本属蒙古翁牛特部，于康熙二十六年（1687年）由京城拨往沈阳驻防，此时凤城设治，于是定居凤城至今。民国十五年（1926年）陈氏族人陈尧三修纂的《陈氏谱书》于家规族训中明确规定："人生天地之间，居于三光之下，必要三纲、全五常。三纲者，君为臣纲，父为子纲，夫为妻纲。君臣有忠爱之义，父子有天性之亲，夫妇有和顺之义，

---

① 辽宁凤城镶红旗《关氏宗谱》，1994年，第238页。

正此三纲之道也。诚能君政于朝，臣正于国，夫正于室，父正于家，君圣臣良，父慈子孝，夫和妻顺，宇宙清宁，邦国平康矣。"① 吉林《杨氏谱书》族训家约篇中记载清代嘉庆七年的祖训，也以维护纲常伦理为其内核，言："一曰振纲常则名分不乖，二曰敦伦风则上下和睦，三曰正大体则内外严肃，四曰谨型仪则端方不苟，五曰戒偏私则尊卑服从。"② 不仅如此，中国传统法律儒家化的一大表现是"准五服以制罪"，即服制（代表亲等）越近，以尊犯卑处罚越轻，以卑犯尊处罚越重；反之亦然。这种以服制即亲等关系定罪量刑的原则在满族家规中也有体现，《吉林他塔喇氏家谱》③ 第五篇《家训篇》中规定若子犯父母，孙犯祖父母，媳犯翁姑，孙媳犯祖翁姑，男女皆重责，严重者还要送官究办。但是如果"有服尊长，无故欺凌卑幼，总穆坤及各穆坤辩明，酌罚充公"，即在五服范围内的尊长无故欺凌卑幼，最多即处罚钱物。但若属于无服尊长，比照有服尊长的处罚就要加重，"无服者加重议罚。若不遵，公同送惩"，体现的是服制越远，处罚越重。此外，满族家规还将传统儒家思想中的中庸之道、耕读治家等思想吸收其中，教导后世子孙做人谦和，团结邻里亲友，安身保命，或农或官，有维生之计。在不少大家族的家规中还有家规教导子孙要勤读诗书，行圣贤之事，为官清廉，泽惠万民等。

三、满族家规的主要内容

满族有文字可考的家规主要是从入关后开始的，从这些家规中，我们可以看到，在历史变迁中，满族家规的内容和其中所反映的满族人民的价值诉求也在不断发生变化。

---

① 辽宁凤城《陈氏谱书》，1926年，家规族训篇。原文即是如此，忠实摘录。
② 该谱书为清末抗俄名将杨凤翔家谱。杨氏祖居山东省登州府莱阳县，康熙二十年（1681年）迁至吉林省永吉定居。后因耕种官地，经吉林将军副都统奏请"将所有耕种官地应交五年额粮，尽数完纳者准入旗当差"，杨氏遂入吉林鸟枪营镶黄旗汉军管下，从此杨氏族人加入汉军镶黄旗。参见吉林《杨氏谱书》，第328页。
③ 《吉林他塔喇氏家谱》也称为齐齐哈尔《唐氏家谱》，满语"他塔喇氏"的汉姓为"唐氏"。齐齐哈尔唐氏自吉林迁徙而来，原隶属于萨布素麾下。

(一) 清代满族家规的主要内容

满族入关后,随着修谱之风的兴起,一些家族也纷纷修订家规、家训以传后世。这些家规、家训既保留了满族传统文化习俗的内容,也深受儒家宗法思想的影响。我们以满军旗和汉军旗家族具有代表性的家规为例,探讨这一时期满族家规的主要内容。

1. 吉林他塔喇氏家规(满军旗)

他塔喇氏本为瓦尔喀部安楚拉库内河人,其先祖穆昆达罗屯曾率八百人众归附努尔哈赤,于康熙十年(1671年)迁居于吉林,后又迁居于齐齐哈尔,隶属于萨布素麾下,为满洲正白旗。后改汉姓为唐氏。

《他塔喇氏家谱》[①] 最早修订于嘉庆十五年(1810年),其序原为满文写成;第二次修订于道光十八年(1838年);第三次修订于光绪六年(1880年);光绪二十六年(1900年)庚子事变爆发,八国联军攻陷北京,俄国全面入侵东北,他塔喇氏族人感旗族之式微,世道变幻无常,恐族人离散,于光绪三十二年(1906年)第四次修订家谱,其中专设有《家训》一篇。

家 训

婚姻:

——嫁娶期限,宜确遵婚律,不得过早。

——凡议婚姻,先察其男女之性行及家法,不得苟慕富贵,贻终身之悔

——族人结婚,因由两姓主持,然仍须通知穆坤(国话族长也),以定可否,不许论财。

嗣绪:

——无后为大不孝,如嫡室艰于生育,不妨远置侧室以冀嗣音。倘侧室仍无嗣出,则于近支择亲且贤者,以为之后。

——无子立嗣,直遵宗法,先于同父周亲内序立,无则准于从

---

① 金启孮:《满族的历史与生活——三家子屯调查报告》,黑龙江人民出版社1981年版,后附《唐氏家谱》,原名《吉林他塔喇氏家谱》。

堂兄弟之子择立。若序立择立均无人，亦准兼祧。

——一子兼嗣两房，谓之兼祧。但其人如有双丁，可以分承。若其子又系单传，则难乎为继。除仍愿分承听之外，其不愿分承者，此子尽所亲无子者，可以另继。

——异性乱宗，例禁綦严，如有抱养异姓之子为嗣者，除将抱养之子勒令归宗，不准冒姓外，抱养之父母仍各从重惩以家法，以为乱宗者戒。

——无论自生过继之子孙，尽有嘉名可锡，何必故犯祖讳。乃前此每多音义从同，殊失尊敬之义。以后子孙凡遇命名，均应细查谱图，无论支派亲疏，已往之讳，一概敬避。

丧葬：

——族有丧，不拘亲疏，如无事故，得耗均应赴吊，临丧举哀。有服者领孝与奠，尊长唁否，听之。

——族人吊唁，主人待之礼，不设酒肉，外客不在此例。

——葬必择地防水泉、风蚁，并异日耕犁所及与城郭道路相窒碍，惟坟域不必修大，宜仿族葬法，祖孙父子生同居，死同域。子孙祭扫，毕萃于斯；否则另选无风水之地亦可。

——古者丧葬自天子以至庶人，各有定期，今人亲亡往往惑于风水择诹，迁延岁月，致破棺暴骨，不孝之罪，莫此为甚。吾族亲亡除殡殓一切仍遵旧制外，其葬期无论合葬新茔不准过三个月。即殁于冬腊之交，地冻不能启土，亦不得过四个月，远者以不孝论，即由总穆坤（即总族长）照家法从重责惩，一面仍行勒令安葬。

——若膺差异地，或谋生他乡因而身故者，子孙无论有力无力，均应早日扶木亲到籍，俾正邱首，不以三月四月之例限之。

——已葬各坟，有力之子孙固应勤加修葺。无力者，每年亦修葺一次。

——无嗣各坟，永远责成承受遗产之子孙，岁时修葺。如敢任其坍陷，即由总穆坤及各穆坤，知会各族，将该承受遗产之子孙，扭至坟前，照家法从重鞭责，勒令修葺。

——无嗣而有产,归于祭田。无嗣又无产各坟,应由祭田项下酌给修费,责成佐近各穆坤,督同稍近各支,三年修葺一次,不得虚应故事。

——近日盗墓之风甚炽,虽若辈无良,亦厚葬者有以诲之也。吾族每于亲死,附身附棺,备极丰美。男则顶珠、翎管、朝珠、带钩;女则钗钏、耳环、纽扣,或珊瑚,或金、石、珠、玉,甚或手握金锞,棺垫银宝。实属执迷已极。查南人殓法甚善,吾族宜仿之。

——修筑坟墓。有力者宜用三合泥筑法,其次亦宜力求坚固,使无或有水泉、蝼蚁之患。

——祖茔须人护守。应由穆坤选相当族人司之。年给养身地亩。不得听人畜作践,损伤茔树。遇有在茔内割草、放牲、聚赌、酗斗,即行呵逐。

祭祀:

——家祭:每岁富者宜按季一举;中人之家,岁二三举;即贫者,亦应岁一举。他村酌量前去,同村而居者,必举族以往。其无故不至者,穆坤得严词以责之,以尽敦睦之谊。

——家祭每祀必涓吉。祀前数日先通知各族主祭之家,宜洒扫西室,虔备祭品。届时主祭之人固宜诚敬,与祭者与执事亦须恪恭将事,各穆坤及尊长有纠察之责。

——祭田。现在所捐无多。此后凡吾族富而有力者或量力捐助,或绝产尽数拨归,庶几集腋成裘,堪资修祠、设塾、祭礼及族中一切公益之事。

——始迁祖原住北大唐家屯,葬屯八里雅通河。宜修祠堂于大唐家屯,庶祠祭、墓祭得以同时并举。

——祠祭以冬至日为期,始迁祖之墓及同域各墓即以祠祭之次日为祭期。其余同高曾祖称各墓,以清明、七月望、十月朔、岁腊四日拜扫。

——祠祭始迁祖,墓祭各费,均由祭田租粮项下供备,不准迟误潦草。

——祭田款项，拣族中公正一人司之。各穆坤轮流稽查之。

——每年祭田租粮项下，除办祭祀及杂项公用外，所余钱项，即添置祭田，不许多存。若有应办之事需用甚多，始准预存。

——祭田如有余资，即作为族中婚嫁、丧葬、恤贫、存寡、奖善、旌贤等费，以资补助。

——冬至祭祠之日，族众来祠时应立簿三份。一备有生子者，以其所生年月日时登簿。一备有娶妻者，以其配氏、旗分、里居登簿。一备有身故者，以其卒葬行事登簿。按年轮记，至修谱时，载人谱表，事省而益大。各穆坤亦直仿立三份，随时登注，以免歧误。

——冬至祭祠之日，由总穆坤演说，俾族人听之，油然而生孝悌之心。

和族：

——吾族所居，均在厂北、南，上江，拉法沟等处。仿照选举法，于厂北、厂南各举穆坤一人，拉法沟举穆坤二人。又复选总穆坤一人。凡祭祀祠墓、判事析理，各穆坤议之，总穆坤主之。移驻者，办法与上同。

——族中有事或犯禁戒，必先由佐近穆坤评论是非，以期了息。若不遵赴穆坤前，公平照家法究治，或在祠堂，或在茔墓均可。以期改过自新，彼此心服，仍敦和好。若理曲者桀骜不驯，总穆坤即令佐近穆坤，送官惩治。

——族中有事，若不先请穆坤及总穆坤评论，而遽讼之于官者，总穆坤即令佐近穆坤扭至本支祖坟或祠堂前，责后再论是非，照家法办理。若讼官之人系族人主唆，查明后将主唆之人重责。若系外姓主唆，听唆之人亦重责。

——若子犯父母，孙犯祖父母，媳犯翁姑，孙媳犯祖翁姑，但有不顺，致被投诉，男女皆重责。若实系忤逆不孝，男则送官由伊父母、祖父母酌定。女则通知伊母家送官究办。

——妇人不遵丈夫约束，被丈夫投诉，实系不敬，即通知伊母家，令其重处。

——子侄辈不约束妻妾，致妻妾有犯尊长，除将妻妾惩以家法外，仍将子侄责处。

——子媳平等相处，或处期亲尊长，致被投诉者，分别责罚。

——有服尊长，无故欺凌卑幼总穆坤及各穆坤辩明，酌罚充公。无服者加重议罚。若不遵，公同送惩。

——族问若有引诱同姓幼愚子弟，赌博游荡、吸烟酗酒、无理取闹、为非招祸者，一经父兄投诉，查有实迹，即将引诱之人重责。

——族有不肖子弟，不遵约束，胆敢凶横欺凌乡党，经人投诉，立即扭至祠、坟前，重责不贷。

他塔喇氏家训分为婚姻、嗣绪、丧葬、祭祀、和族五个部分，对家族生活的主要方面进行了规范。

在婚姻方面，设立家规3条，要求族人应遵守国法，不得早婚。家长为子女订立婚姻时，应充分考虑男女双方的人品、性格，不得贪求富贵。族人结婚应通知穆昆，须经其同意。

在嗣绪（即继承）方面，设立家规5条，主要规定了三方面的内容。(1) 若正妻无子嗣，可娶侧室，若侧室仍无所出，从近亲中选择贤者，立之为后。(2) 关于无子立嗣的问题。其基本原则是禁止收养异姓为子嗣，否则以家法重惩，所抱养之子仍须返回本宗。无子立嗣的顺序为首先从同父之兄弟之子中选择，若无同父之兄弟之子，则从堂兄弟之子中选择，若均无，允许一子兼嗣两房。但仍应尽量避免一子兼嗣两房的情况发生，若该子家有双丁，可以分承两房；若该子为单传，或不愿分承者，可另选他人立嗣。(3) 关于子孙取名的禁忌，禁止触犯祖宗名讳。凡子孙取名，必须细查家谱，无论是本支还是他支，一律予以避讳。

在丧葬方面，设立家规11条，主要规定以下几方面的内容：(1) 关于丧礼。要求族人必须参加亲族的丧礼，不分亲疏远近，有服者须着丧服参与吊唁，尊长可自行决定是否前往吊唁卑幼。(2) 关于葬制。一是坟地的选择，须选择防水泉、风蚁之地，不宜选择耕地及与城郭道路临近之地，坟域不宜奢侈过大。二是关于合葬，祖孙父子可合葬，便于后世子孙祭扫，否则可另选无风水之地。三是关于葬期,无论合葬还是设立新坟不准超过三个月。即使殁于冬季,地冻不能启土,下葬亦不得超过四个月,不得因选取风水地而延误葬期,否则以不孝论处,由总穆昆(总族长)依家法严惩。四是关于归葬,族人身死他乡,子孙均应将其归葬,不以三四个月为限。五是关于陪葬,要求族人不得过于奢侈。(3)关于坟墓的修葺和管理。条件允许的,宜使用三合泥筑法;没有条件的,也应当力求兼顾,以防水、蚁之患。已葬各坟,子孙至少每年修葺一次。无子嗣者,责成继承其遗产之子孙每年修葺一次,若任其塌陷,由总穆昆及各支穆昆,将该承受遗产之子孙,扭至坟前,照家法从重鞭责,勒令修葺。无嗣又无继承者死亡后,其田产归于祭田,作为家族丧葬公用。无嗣又无产者死亡后,其坟墓修葺的费用由祭田项下拨付,责成穆昆办理,三年修葺一次。祖茔须由穆昆选派族人守护,并给付其一定的报酬。

在祭祀方面,设立11条家规,主要规定:(1)家祭。要求族人富裕者每年按季度祭祀,中人之家每年祭祀二至三次,贫者亦应每年祭祀一次。同村居住的族人必须前往,无故不到者,穆昆以严词责之。家祭前数日先通知各族主祭之家,打扫西屋,筹备祭品。主祭人、祭者及执事者均应诚敬,由各穆昆和尊长监督。(2)祠祭。设立祠堂,每年冬至日举行祠祭,次日举行墓祭,祭祀始迁祖之墓及同域各墓,其余同高曾祖各墓,以清明、七月望、十月朔、岁腊四日拜扫。祠祭时,总穆昆发表演说,同时对族人进行家族事务的登记,包括登记生子、娶妻和死亡情况,至修谱时,载入家谱中。各穆昆应仿立三份,随时登记族人事务。(3)祭田。鼓励族人捐献祭田,用于修祠、设塾、祭礼及族中一切公益之事。祠祭、墓祭的费用,均由祭田之收入拨付。祭田的账目,选派族中公正者管理,各穆昆轮流监督。每年祭田的收入,除去公用外,所余款项应添置新的祭田。祭田如有余额,作为族中婚嫁、丧葬、恤贫、存寡、奖善、旌贤等补助费用。

在和族方面,设立10条家规,主要是穆昆的职责和家族事务的管理规定。(1)穆昆的选举方法。他塔喇氏家族所居住的四地各选举穆昆一至二人,选举总穆昆一人。(2)穆昆的职责。穆昆主持全族祭祀、审判事务。族中有纠纷或犯禁者,由穆昆评判是非。若不由穆昆主持,按照家法,在嗣倘或祖先墓前以公平为原则处置亦可。过错一方若不服从改正，则由穆昆送官惩治。族中纠纷若不经穆昆而直接诉于官府，须将族人扭送至祖坟或祠堂前，责后再予以评判，依照家法处理。送官之事若由族人教唆，重责教唆之族人；若由外人教唆，被教唆之族人亦重责。(3) 亲属相犯的处理。子犯父母、孙犯祖父母、媳犯翁姑、孙媳犯祖翁姑，男女皆重责。若属忤逆不孝，男子由其父母、祖父母酌定送官府，女子则通知其母家送官究办。妻子不服从丈夫，属不敬，通知其母家，令其重处。子侄不管束妻妾，致妻妾犯尊长，妻妾惩以家法，子侄亦须责罚。夫妻之间应平等相处，若发生告诉，分别责罚。有服尊长无故欺凌卑幼，由总穆昆、穆昆评判，予以处罚；无服者加重处罚。不接受处罚者，送官府究办。引诱同姓年幼子弟赌博游荡、吸烟酗酒、无理取闹、为非招祸者，一经父兄投诉，查有实迹，即将引诱之人重责。(4) 对不肖子弟的处理。族有不肖子弟，不遵家法，横行乡里，经人投诉，立即扭至祠、坟前重责。

2. 辽东海州（今辽宁海城）尚氏家规（汉军旗）

辽东海州尚氏是康熙年间平南王尚可喜家族。尚可喜本为汉人，祖籍山西洪洞，后至河北衡水，公元1576年其祖父尚继官举家迁往辽东海州（今辽宁海城）。尚可喜本于明末效命于东江总兵毛文龙帐下，官至广鹿岛副将，后被同僚陷害而投金，皇太极亲赐尚可喜部名"天助兵"，隶汉军镶蓝旗。顺治六年（1649年），尚可喜被封为平南王，进军广东，此后一直驻守于广州，并协助清政府平定了吴三桂的叛乱。

康熙十四年（1675年）尚可喜已届72岁高龄，亲立《尚氏宗谱》。此后在300多年间，《尚氏宗谱》共编修六次。第二次编修于康熙五十三年（1714年），第三次编修于乾隆十七年（1752年），第四次编修于乾隆五十六年（1791年），第五次编修于1939年，第六次编修于1994年开始的，于1998年完成。《尚氏宗谱》从尚可喜开始，完整记录了尚氏家族16代人的世系关系。尚可喜在修立宗谱时，亲笔书写了尚氏家训。家训分为《先王定训》和《先王遗嘱》两部分[①]。其中《先王定训》13条，是创立家谱时所

---

① 收录于辽宁海城《尚氏宗谱》，第293页。

定,《先王遗嘱》是康熙十五年（1676年）尚可喜临终前所定。

先王定训

一、王庙祭祀及生辰、祀辰，悉遵家礼。所设祭品、席面，如家礼未载，听祖（主）祭者自便，其行礼仪节，悉照会典。

二、茔庙设立正家长二名、副家长二名，经营茔庙、祭器、祭田，出入账目，凡遇收放，正副四人到齐，始命书记登写薄内，以便稽查销算，庶免浸渔。

三、命名所以辨代，恐世远居分，难以稽考，今定十六字派，以祖讳为始字，曰：继学可之，崇玉维政，宗昌其久，世德尔祖。将来用完，仍以继字起，祖字止，绵绵轮转，虽百世之后，便以察考，不致错乱也。

四、后世子孙繁衍，妻有被黜，或夫死适人者，本夫之下俱不书义绝也。但于其子名下书曰，嫁母某氏出某氏所出，以子不绝母也。

五、衣食务以节俭为本，身居仕宦，各有定制，或闲居在家，古人以五簋为约，即再增一二，便为丰厚。倘非大礼大宾，不得演戏作乐。定居，内外衣服务在温暖，亦不得滥用罗锦，暴殄天物。嫁娶寿日、进学登科、授官升职，置酒悉前例。

六、世远人繁，或有素行不端，玷辱祖宗遗训者，送家庙，家长戒责，使其自新，如再不法，削谱除名。

七、后世子孙众多，须宜立志读书，或工韬略，各守一业，为农为商，随安生，不作游荡之徒。虽世有盛衰，而风声雅韵。正所以超出凡庸，而不改故家望族之称职，此义也。

八、居三年之丧内，有大祥小祥之分，礼不易服，万不得已而遇吉祥喜事，可避即避，不可避而易成礼，亦须内著素衣，外著青服皂帽。此外，不许擅易，故违作不孝论。

遵旧例，凡无嗣者，俱于总图名下注一无嗣字样，其谱内履历，概不重修。

九、孝子顺孙、义夫节妇，事关风化，若行谊可称者，各为立传，昭示子孙，以为后世劝。

十、子孙分析各居者，图传例书始迁之地，后世会谱，易得稽考用焉，亲亲之义。

十一、坟墓散在各乡，世远祭疏，易致迷失，须开写葬在某省某府某县某乡某山某名某数若干，四至界限明白，及某座向某，俾后世有述焉。

十二、嫁娶，书地书名，或其祖、父有世爵缙绅显荣者，许与并书谱内。

十三、无子立继，论亲不论爱，乞养异姓，勒令归宗，自是礼法。如有行第不正而私相抱养者，皆乱宗之首，一体改正。

……

故喜以不才之身，亦得蒙被恩宠……此吾谱之作，所以彰显前人之功烈，而使我子孙推求原本，上报朝廷，下延宗祀……

先王遗嘱

嘱曰：予恭承祖训，忠厚传家，汗马疆场五十余年，恭授亲王爵秩，位极人臣，一生修己，唯是建文庙、捐饥赈、济乘舆、筑道路，仰副朝廷雨露之恩，以答天地生成之德。奈年老病多，今年七十四岁，兹当与尔等永别。尔辈兄弟三十余人，姊妹二十余人，及宫眷人口，兹予生息救养，以至今日。予辞世之后，各宜养体，恪守家训。

二位母妃在堂，各已年高，尔等勿宜竭力孝顺，早晚慰问。知尔等素有孝名，毋庸多嘱。尔等兄弟众多，贤愚不一，凡有过失，尚委长男之信、次男之孝为领袖，即将所犯，传齐尔辈弟兄，带赴家庙祝告，公同询问。如事稍轻，谅情薄罚；如事稍重，许用竹板，为同议明责其多寡，以戒将来。平常喜庆各事，弟兄长幼，务极和气往来，刻刻以父母为念。其尚有弟妹未曾婚嫁者，尔等共同选择人家，禀明二位母妃，与之完配，悉照旧例而行，不可失礼，不可过奢，以成俭德惜福之美。至于男女内外，予家法素严，非奉呼唤，毋得辄自行走，倘有败伦伤化，事关异常者，尔等照前执赴家庙，公同密审，务要对证确实，方许公验勒死。但不许擅行杀戮，有干天和。

予一生劳碌创作如此，唯愿尔等齐心竭力，成人立业，宽知谦谨，光大家声。予在九泉，亦得瞑目。特书遗言，用为永最。

在这两部分家训中，主要包含了四部分内容。一是确立了尚氏家族的基本价值观，即孝悌之道和忠君爱国。孝，指孝顺父母；悌，指尊敬兄长。尚可喜教导子孙要孝顺二位在堂母妃，要早晚慰问。在为未曾婚嫁的弟妹婚配时，虽由兄长公议决定，但也要告知二位母妃。同时，尚可喜还赋予长子尚之信、次子尚之孝以教导家族成员的权利，对于犯有重大过错者，可用竹板加以责罚。尚可喜戎马一生，感沐圣恩，要求后世子孙也要勿忘祖先遗训，报效朝廷。

二是对家族事务的管理规定。从《先王遗嘱》中可见，尚可喜育有30多个儿子，20多个女儿，尚氏家族可谓大家族，事务繁杂，因此要确立家族重要事务管理的规则。主要包括：（1）祭祀，要求遵从祖制和国法，按照家礼和《大清会典》的有关规定祭祀王庙。（2）丧葬，要求尚氏子孙服丧期间内，即使遇到喜事也不得轻易脱掉丧服。此外，对于葬在他地的尚氏子孙，须写明具体埋葬地点，以防时间久远而查找不到。（3）庙产管理，要求设立专人经营庙产，管理祭器、祭田和相关账目，避免有人从中渔利。

三是日常生活习俗。要求（1）勤俭持家。尚可喜被封为平南王，在其告老后，康熙帝加封其长子尚之信为镇南王、平南王次子尚之孝为平南大将，尚氏一族可谓富贵之家，但即使是这样，尚可喜在家训中仍劝诫子孙要勤俭持家，要求子孙无论是入仕还是赋闲，在婚礼、衣食、娱乐等方面均要恪守节俭为本。（2）子孙从业守则。尚可喜已预料到尚氏作为名门望族，有盛有衰，鼓励后世子孙读书立志，亦可以农商为业，不得游手好闲。据传尚可喜第七子尚之隆的后裔尚小云是民国时期与梅兰芳、程砚秋、荀慧生一同被誉为京剧"四大名旦"的京剧大师。尽管其名满天下，但是他到海城老家寻根问祖时，还是不允许踏入家门。其原因就在于《定训》第7条的这一规定，后世子孙务农、经商都可，但不能成为有辱家门的"戏子"。（3）继承。主要是关于无子立继方面，严格限制收养异姓。

四是奖励与处罚。规定对于孝子顺孙、义夫节妇，为其立传，为后世子孙树立楷模；而对于品行不端，有辱族训者，依其情节之轻重，轻者由家长戒责，重者可用竹板施刑，屡教不改者，削谱除名，开除出家族。

（二）民国时期满族家规的主要内容

辛亥革命后，满族人摆脱了八旗制度的束缚，一些满族家族改用汉姓，职业的选择也从以往的为官为兵而发展为更加多样化。这一时期，满族人民修谱的传统仍被保留下来，其家规的内容，既有对以往的继承，也有符合时代要求和特点的发展。

1. 京都吉林宁古塔陈满洲关氏家规

京都吉林宁古塔三地陈满洲关氏与讷殷瓜尔佳（讷殷的意思是满语"讷殷江"，指今吉林省抚松县东南松花江上游）同祖，属镶黄旗。

《京都吉林宁古塔三姓等处镶黄旗陈满洲关姓宗谱书》是在《讷殷瓜尔佳宗谱》的基础上于民国四年（1915年）由族长魁升、恩升二人主持续撰，关氏十四氏孙蕴祥主撰。该谱书现收藏于吉林省关氏族人手中。该谱书中有《关姓亲族规约》，为关氏家规，为民国十九年（1930年）订立。

关姓亲族规约

——本规约不党，不会定名为《亲族规约》。

——本规约以联疏达睦亲族、训诲族众子弟为宗旨。

联疏远

——本族世居宁安二百余年，生齿日繁，枝分派别，应由族众举出族长一人或二人，再由各支各举一人辅助之，均系义务职。

当选资格

——六十岁以上二十岁以下者为合格。

——素孚众望。

——品行端正。

——粗识文字。

——未受刑事处分者。

无当选资格

——受过刑事处分者。

——有精神病者。

——有废疾者。

——不识文字者。

族长职权

——本族长有召集族众指导各个人之行为，纠正有越规约者，训诲该家庭切实教育之，注意生计，遇有犯国家法律者，应即提起公诉。

睦亲族

——各族人①应随时随地劝导各族众领略敦睦亲族、主义②春秋祭享、买祭田、设宗祠，如遇祭享时，各分支派代表与祭，每年两次，以尽联络意义。

——祭扫祖墓，本族众应尽之义务，前代遗传，每修谱时祭墓一次，仍尊前议，其族众各个人之坟墓亦应一律按时祭享之。

训诲子弟

——应注重家教，教育如小儿初学语时毫无知识，为父母亲总要随时领导，使之先知尊卑长幼，讲究卫生，饮食有节，以完成其德行，健康其体格。

——六岁以上之儿童，于族人众多地方设立家塾，或组织小学校，请族人长者教授之，或外请教师，以免失学之虞。

——遇族人鳏寡孤独及废残无养者，大家宜周恤之。

——遇族人婚丧聘娶不能举办者，大家宜酌为帮助之。

——族人子弟遇有欺小犯上、蛮横无理、不听训诲，族长得告诫之，告诫不听，得以族长名义送官拘押，或究办之。

——本规约如有未尽事宜，得召集全体族人修改之。

——本规约自呈准备案之日施行。

---

① 疑此处应为"族长"，而非"族人"。
② 疑此处应为"主持"，而非"主义"。

关氏家规主要包括以下内容：

一是规定族长之选举资格及其职权。规约规定，由关氏族众选举族长一人或二人，再由各支各选举一人辅助族长。族长由二十岁以上、六十岁以下，素负众望、品行端正、粗识文字及未受过刑事处罚的族人担任。受过刑事处罚者、精神病人、身体残疾者及不识文字者无当选资格。族长的职权包括（1）召集族众，指导族人之行为；（2）对违反规约的族众，责令其进行教育，对于违反国家法律的族众，送官查办；（3）劝导族众敦睦亲族，主持春秋祭祀、买祭田、设宗祠。

二是倡导亲族敦睦。要求每年春、秋二祭，各支要派代表参与。每修谱时祭扫祖墓一次，各族众应尽相应义务。对于鳏寡孤独、身体残废无人扶养的族人，族众应共同扶养。对于无力举办婚丧聘娶的族人，族众应尽力帮助。

三是注重对子弟的教育。要求父母要教导幼儿知尊卑长幼之分，讲究卫生，饮食有节，既注重道德品行的培养，又注重健康体格的培育。设立私塾或小学，聘请教师对六岁以上的族人子弟进行教育。族人子弟有欺小犯上、蛮横无理、不听训诲者，由族长对其进行告诫，告诫不听者，送官查办。

2. 吉林乌拉街马氏家规

马氏原籍盛京满洲镶黄旗，顺治元年（1644年）由盛京迁至蒲辉，又迁至和气堡，最后迁居乌拉街，加入打牲乌拉采珠镶黄旗。之后部分人又奉命出征，拨入乌拉驻防协领下镶黄旗。

《马氏宗谱》第一次修纂于乾隆六年（1741年），原谱书已下落不明。现在看到的《马氏宗谱》是马氏后人于民国年间根据第一次修谱续修而成，续谱人不详。此谱书现在收藏在吉林省吉林市马氏族人手中。根据该谱书的记载，马氏一族是普通满洲人，没有高官厚禄者。现存民国版《马氏宗谱》中记载有《马氏家规十条》①，从内容看，这十条家规应是民国年间续谱时对乾隆六年第一次修纂的家规的忠实继承。

---

① 吉林省吉林市《马氏宗谱》，民国年间修谱，具体年份不详。

马氏家规十条

一、本宗修谱始于清乾隆六年，经我先人创办，本为联络各支派永不忘本为宗旨。

二、凡我马氏同姓，无论远支近派，一概不准结婚。

三、本宗规定十二年修一次，每遇休（修）谱之年，应由全族总副户长召集各户长及户首，公同核议修谱事项。所需钱款，均由各户量力分担。竣事后，除化（花）销外，余款公共祭祖一次，以答宗功。

四、全族总副户长及三大支各户长，十二年选举一次，每逢修谱之年，由全族公共选举。

五、本族如有无嗣而产业丰厚者，应由总副户长令其选择昭穆相当者过继为嗣，以资接续，万不可令其个人任意挥霍，户长当然有监督之权。

六、本宗如有年老缺嗣，又不财产并不能自谋生活者，应由总副户长责成其近支收养，以免冻馁。

七、本宗如有孀居，无论有无过度，当然操守妇道。倘有任意胡行，不受（守）马氏家规者，应由户长会同其近支各户酌以相当办法，以儆效尤。

八、本宗如有恃强凌弱者，应由各户长从中调解。倘有不听，则报告总户长核办，或报送官厅惩罚。

九、本宗重修宗谱印刷谱书，规定同宗名次系由马氏第十世起，即以国士文明起、秉宗志兆昌、维纯显毓广、兴庆溥恒祥相传，每一代用一字，均以中间之字普通起篆，无论何支各遵守以昭统系。

十、本宗所印谱书，无论何支请到家中，均应敬谨保存，倘有遗失，声请总副户长核办。

马氏家规十条，其内容主要包括两方面：

一是家族事务的管理规定。（1）家族事务的管理组织。设有总、副户长，族内三支各设户长一人，每12年由全族成员选举一次。（2）修谱及谱书管理。马氏家族每12年修谱一次,由总、副户长召集各户长及户首共同议定修谱事项,所需费用由各家分担。谱书应妥善保管,若有遗失,应通知总、副户长。(3)无子立继、养老。家族成员中有无子嗣而又家产丰厚者,由总、副户长为其选定子嗣过继,不得因无子而任意挥霍家庭财产。年老无子嗣没有生活能力者,由总、副户长责成其近亲奉养。(4)孀居者须恪守妇道,违反家规者由户长查办。(5)禁止恃强凌弱,发生纠纷由户长进行调解,不听从者上报官府。

二是族人的婚姻禁忌。家规明确规定,马氏族人之间无论亲疏远近,禁止同姓为婚。

(三)改革开放后满族家规的主要内容

改革开放后,满族修谱之风再起。在不同的社会形态下,人的行为有不同的价值判断标准。家规是全体家族成员的行为规范,其中所展示的内容和诉求也必然随着社会的发展而不断调适。满族家规也同样如此,在历史和现实巨大的差异之下,其内容也发生了变化。但不可否认的是,某些民族传统和优秀的价值观历经时代的变迁,仍然被保留下来。下面以一些比较完整的具有代表性的家规为例,探讨新时期满族家规的主要内容。

1. 吉林省九台市其塔木镇刘家满族村罗关族家规

罗关氏系满族瓜尔佳氏,九台罗关氏祖先乌胡达在清朝初年来到辉发择得界内窝集口子定居,其后人以打牲为业。对于罗关姓氏的来源,有两种不同的说法,一种说法是瓜尔佳氏起源于拉林河和霍龙河一带的虎伦国,虎伦即呼伦,谐音是呼罗,是族姓;"瓜"字取谐音以汉字"关"为姓,故称罗关。还有一种说法是努尔哈赤统一东北女真后,瓜尔佳氏以关为姓,关姓的祖先娶了带着一个男孩的罗氏媳妇,又生育了关姓男孩,故家族以罗关为姓。目前九台罗关氏家族族人均以"关"为姓。

罗关氏家族的家规记录在《罗族关氏宗谱志》,修订于1994年,其家规分为《族训》和《哈什玛屯"瓜勒佳氏罗关"家(族)规》[①]两部分。

---

① 关云德主编:《罗族关氏宗谱志》,吉林省九台市其塔木镇刘家满族村罗关族谱编委会,1994年版。

族 训

　　祖上以来皆以渔猎耕读为业，勤俭治家，教训子孙，旗营当差，忠心报国。睦族教宗，恤孤济贫，在家以孝悌为本，出外以礼让为先，亲厚九族，和睦乡里。又宣廉耻自操，切勿触犯律条。特定"六要、六勿"，望关氏子孙遵照执行，方觉光耀门庭，则祖上之训教，亦云至亦。

　　要孝亲。劬劳之恩，极罔难报，养生送死，各尽其道。
　　要敬长。长幼有序，详于经典，隅生随行，古训是戒。
　　要祭先。祖德宗功，念昔先人，忌辰是荐，洁乃苾芬。
　　要睦族。叔伯兄弟，皆吾同宗，恩明义正，谆此古风。
　　要耕读。学圃学稼，谆诗悦礼，箕裘相承，克肖家子。
　　要勤俭。生财有道，开源节流，淡泊自由，早夜以求。
　　勿比匪。亲身为恶，君子下人，与之同居，有损无益。
　　勿戏谑。戏言戏动，狎侮必生，积渐成习，是为恶风。
　　勿斗狠。小忿不惩，忘及其身，以危父母，不可为人。
　　勿凶饭。荒饭于酒，废事失时，禹有明训，尚其戒之。
　　勿赌博。终身局戏，仇于家室，千金产业，只在一掷。
　　勿宿娼。无耻娼妓，非人所亲，凡我同姓，漫与为辟。

　　这410字的族训包含了相当广泛的内容。一是确立关氏家族的基本价值观，即孝亲敬老。二是规范关氏子孙的日常生活习俗，包括祭祖、睦族、耕读和勤俭四个方面。三是劝导关氏子孙戒除恶习，包括结交恶匪、言行戏虐、斗狠、酗酒、赌博和嫖娼。除《族训》外，谱书中还专门设有家规部分：

哈什玛屯"瓜勒佳氏罗关"家（族）规

　　一、遵守旧例，每逢龙虎年敬修宗谱一次，以希本固支荣。每次修谱，均将族中大事记载下来。
　　二、凡我关姓，一律延用本族"尊卑歌（诗）"二十个字。依次排行，不得任意命名，以次乱序。

三、凡本族关姓男儿，赶上烧香祭祖（一般十二年一次）均可上谱。如有过继、顶支的，可在续谱时双方到场。

四、各支族长（穆昆）掌管合族兴革事宜及一切事务。

五、定于每年古历正月初十召开各支穆昆会议，若逢寅、辰年可提前开会，布置续谱烧香的准备工作。

六、各屯穆昆、萨满，务于每年的正月初十到祭祖堂子焚香叩拜。本屯罗关家族人在每年的三十晚上，大年初一，都要到祭祖堂子焚香叩拜。平时遵守族训，遵守法纪，扶弱济贫，共同致富。

七、祭祖神器，除非有烧太平香经本族穆昆达同意，方可一用。任何人不准随意乱动。

八、凡我罗关族人，都要参加祭祖仪式。所需费用资财，照拿不误。如有不愿捐款者，可在祭祖时清理门户，开除族籍，不认旗人。不交款者不上谱。

九、凡我罗关族人，不论工作何地回乡探亲祭祖，必须到祖爷前焚香磕头，以表不忘祖宗根基。每到龙虎之年，要和家族联系烧香事宜，届时资助参加。

在这九条家规中，有七条是关于家族祭祖事宜的，规定罗关氏家族每十二年举行一次祭祖仪式，逢龙虎年修谱，届时关氏男儿可上谱。每年除夕夜和大年初一，本屯的罗关族人也都要到祭祖堂拜祭祖先。所有罗关族人都要参加祭祖仪式，并捐献资财，生活在外地族人回乡探亲时也必须拜祭祖先，以示不忘根本。对于祭祖神器，经穆昆达同意方可使用。除关于祭祖事宜外，家规中还规定关氏子孙须使用"尊卑歌"中的二十字命名；家族事务由各支穆昆管理，穆昆于每年正月初十召开会议，商讨家族公共事务。

2. 辽宁省东港市三道林子镇沈氏家规

沈氏祖先为长白山女真朱舍哩部，为满姓塔坦氏，满洲镶红旗。其始祖名为那尔力突，为八旗兵，入关后驻守北京城西部。康熙二十六年（1687年），除长子留在关内外，那尔力突的其余三个儿子三他哈、二各和四各从北京调拨至岫岩城驻防屯垦。二各和四各在岫岩北六十余里的门楼沟驻守，后死于当地；三他哈驻守岫岩南的三道林子、海清房、西沟里、石崮子、二道街、后团山子、撅把沟、红旗沟一带。三他哈的儿子们在这里申领旗地，屯垦戍守，从此以辽东为乡土。

  沈氏原有的家谱，因光绪年间岫岩两次洪水被冲走，现存《户口册》是光绪三十二年（1906年）沈氏长支萨海第九代后人沈世熏从佐领处抄写的，现今保存在萨海后人沈家业手中。根据老家谱的记载，二各、四各在岫岩城北都留有后代，至第六世后没有续写在家谱上，此后二各与四各后代无法寻找，留关内长子之后无法寻找。从第七世开始均记载的是三他哈的后人，并从此以"沈"为姓。2010年，沈氏族人重新修订了《沈氏族谱》，并在其中加入《满洲沈氏四字家训歌》①，以诗歌的形式令家训读起来朗朗上口。

满洲沈氏四字家训歌

通古斯族，肃慎矢坚。人初无姓，部落血缘。
佟关马索，山川近前。齐富那郎，图腾寻元。
兀扎拉谷，乌苏河边。三江口外，舒穆禄迁。
爱新觉罗，布库三仙。穆昆哈喇，自然诸源。
山只昆部，姓之开篇。辽金完颜，沈谷氏现。
彻穆衮氏，音变蒙元。大清代明，申佳脉连。
乌拉初建，缺丁匮员。策马诸部，血溅狼烟。
疾风舞雪，长白掠迁。七道沟泣，海西筑垣。
明违碑誓，七恨告天。遗甲归伍，太祖挥鞭。
女真群雄，建州骁健。顺恩逆威，后金国建。
镶红牛录，富森布焉。塔坦哈喇，瓦尔喀远。
黄红蓝白，八旗并肩。山海关开，逐鹿中原。
那尔力突，弯弓射箭。拱卫京畿，阜成城边。
"三藩"乱朝，背弃皇天。我祖平逆，江南凯旋。

---

① 沈延柱、沈延林主编：《沈氏族谱》，广东省出版集团、广东经济出版社2010年版，第31页。

康熙廿六，回拨奉天。风雨兼程，圈地岫岩。
三道林子，我族东边。二各四各，城北驻焉。
房身庙下，安葬先贤。族分五支，各系繁衍。
雍正四年，萨海受田。家族人众，创业多艰。
巴哈木支，双城拓边。嘉庆朝走，边外百年。
吾林布续，道光年间。永禧升科，晚清末年。
笃信萨满，伙隆武仙。西墙敬祖，戴锁柳前。
祖先勤劳，辈出英贤。后代聪慧，家业新篇。
五十六支，延斌文宣。红旗沟屯，康德官员。
满洲兴礼，请安打千。尊老爱幼，妯娌亲眷。
西沟曹女，聪明惠贤。婆婆病瘫，服侍多年。
延川于氏，孝悌淑简，恩待老人，东港传遍。
延兴延英，绵力突裔。舍生取义，国殇祭奠。
三世四祖，六十八源。布力恒厄，血脉未全。
佟柱末支，根实枝繁。农商学兵，行行状元。
延柱实业，不忘奉献。延刚劳模，花戴胸前。
世长忠勇，四野攻坚。固守塔山，又夺海南。
我族重教，文化源远。少年求学，基础钻研。
刻苦求知，硕博代传。青年求真，理想高显。
壮年求实，硕果沉甸。老有所为，瓜李攀缘。
延维九旬，耳聪足健，四代同堂，两老邻美。
品行仁义，做人虚谦。道德规范，幸福绵绵。
为民守法，为官清廉。穷能守志，阔不蜕变。
勿轻工农，衣食之源。技能养生，生活节俭。
洋河奔流，黄海有源。我族勤恳，富裕小甸。
继世承德，恩传善贤。文明邦永，家运恒延。
白山高巍，黑水流远。沈氏祭祖，女真脉渊。
三他哈嗣，慎终追远。万世不忘，满州诸先。

在这 672 字的四字家训歌中，以很大一部分篇幅回顾了女真起源、大清兴兵入关以及沈氏的家族历史和家族习俗，如信仰萨满教，在西墙敬祖，柳前戴锁（柳树是满族的吉祥之物，柳前戴锁有家族延绵不断之意），族人之间行请按打千之礼等，同时家训歌中还对优秀家族成员的事迹予以了表彰，他们中有孝义的楷模，有为国捐躯的英雄，有实业奉献的行业模范。将这些写于家训歌中，有助于教导后世子孙不忘家族历史与习俗，继承并弘扬族人的光荣传统。

此外，家训歌中还提出了对族人的训导。一是少、青、壮、老应各有所为。少年应刻苦求学，青年应树立理想，壮年应累积硕果，老年应老有所为，保持身体健康，以享四世同堂之乐。二是应培养良好的道德情操和生活习惯。为人仁义谦虚；为业守法清廉，有一技之长；生活勤俭。

四、满族家规内容的变迁及其法文化分析

在不同的社会形态下，人的行为有不同的价值判断标准。家规是全体家族成员的行为规范，其中所展示的内容和诉求也必然随着社会的发展而不断调适。满族家规也同样如此，在历史和现实巨大的差异之下，其内容也发生了变迁。

（一）从忠君爱国到爱国爱民

家与国，本就是一体，国是大家，家如小国。因而在中国古代社会中，国法与家规本就相伴而生。如前所述，入关后满族家规深受儒家伦理思想的影响，因此，尊君、孝父思想在家规中有重要体现。不仅如此，满族家规中也包含有要求后世子孙保家卫国、为国尽忠等方面的爱国内容。如吉林师范大学馆藏的辽宁盖州《关氏宗谱》的家训篇中说："家是国之土，国为家之柱，土壮柱坚实，卫国保家富。"满族家规中所宣扬的忠君爱国思想也是中国传统家训中的主要内容，正是家规家训中所倡导的忠君爱国思想有利于维护君主专制秩序，与国法所弘扬的精神内核相一致，故而家规才能在日渐严厉、调整范围越来越广的国法下生存，且经久不息。

从 20 世纪 90 年代起，满族家族续家谱、修订家规的热潮重又兴起，这是由于尽管中国社会经历了从乡土社会到工业社会的转变，但满族人民聚族而居的传统，对家族和民族文化传承的重视仍未改变。当然，在新的社会背景下，满族家规的内容也发生了重要变化。最重要的一点是，忠君爱国的思想从家规中被根本剔除，代之以热爱祖国，服务人民，奉献社会等具有现代意义的思想，这一内容在很多满族家族的新家规中均有体现。如辽宁省海城市王石镇金坑村大三道沟《王氏族谱》于2006年修订的家规中第一条即规定："以热爱祖国为荣，国是民之本，民为国之基，忠于祖国，不做损害国家利益之事。"① 辽宁鞍山羊草、东台、南地号、八家子《吴氏宗谱》中规定的吴氏家训有相似的内容，将热爱祖国人民、保家卫国视为吴氏子孙的百行之首："以忠事国。国为民之家，民为国之基，忠于祖国，热爱人民，为百行之首。有国才有家，族人要爱家，保家卫国责任大。"② 满族家规中的这一内容也与我国现行宪法第24条第2款规定的"国家提倡爱祖国、爱人民、爱劳动、爱科学、爱社会主义的公德"，以及宪法第54条"中华人民共和国公民有维护祖国的安全、荣誉和利益的义务，不得有危害祖国的安全、荣誉和利益的行为"和第55条第1款"保卫祖国、抵抗侵略是中华人民共和国每一个公民的神圣职责"的内容相符合。这说明，满族家规与国家基本法律的精神相一致，在倡导族人成为合格、守法的社会主义公民方面具有积极的意义。

（二）从尊卑有序到亲友和睦

儒家思想处理亲属关系的基本原则是"亲亲"原则，即爱自己的亲属，尤其强调尊敬和服从以父权为核心的尊亲属，意在维护一种尊卑有序，长幼有等的亲属关系。儒家思想的这一原则也反映到满族家规中，早期的成文家规这方面的内容尤为明显。如前引《吉林他塔喇氏家谱》中记载卑幼亲属犯尊亲属，均处以重责；再如该家谱中还规定"子侄不约束妻妾，致妻妾有犯尊长，除将妻妾惩以家法外，仍将子侄责处"，也是特别强调妻妾犯尊长不仅本人要处以家法，子侄因对妻妾有管教责任，故也被惩处。此外，从满族

---

① 辽宁省海城市王石镇金坑（原庙岭）村大三道沟《王氏族谱》，2006年，第28页。
② 辽宁鞍山羊草、东台、南地号、八家子《吴氏宗谱》，1954年秋立谱，2002年春修谱，第44页。

流传下来的家族生活的日常行为习惯中也包含有大量的尊卑有序、尊敬并服从尊亲属的内容。如满族有请安的习俗，晚辈对长辈三天行一小礼，即先跪右腿两手扶左膝，右腿半跪，然后起立。隔五天晚辈对长辈行一大礼，称为"打千"（也叫单腿安），打千儿的形式，男女有别，男人左腿微曲，左手扶膝，右腿后折半跪，右手下垂，似拾物状，女人双手扶膝下蹲道万福，俗称蹲安。对久未见的长辈，要行叩头礼（即跪拜礼），一般行一跪三叩礼，最隆重的还要三跪九叩礼。在街上遇到长辈，要行"打横"礼，即走近时稍停、侧身微躬，等长辈走过再行。长辈进屋，晚辈要起立。晚辈外出，必须到上屋告知长辈，回来也要向长辈回话。在家庭生活中，对妇女特别是儿媳的礼节要求更加严格。媳妇有事须站在外屋地向公婆请示。媳妇除临时奉命进上屋外，还有四次定例进屋时间，即早、午、晚三次饭时和夜晚临睡前，进上屋给公婆请安，礼法是右腿向前弯曲半跪，两臂下垂低头问安。之后起身给婆婆烟点着，后退三步俯着听命，待婆婆允许后才能回屋就寝。吃饭时，公婆和丈夫同桌共饮，媳妇在地下站立侍候。吃完饭给老人端上漱口水，然后收拾餐具完毕，才能回到下屋吃饭。

当代满族家规中处理亲属关系的基本原则发生了重大变化，从原来的尊卑有序发展为睦亲原则，即在处理亲属关系时，以"和睦"为首要宗旨，强调亲属之间相爱、相助、相扶。如辽宁省鞍山市千山区前三家峪村河东、南沟里唐氏家族的《唐氏宗谱》的族规一规定："孝亲至要，手足痛痒……族亲之间，守望相助；庆则相贺，丧则相吊。"族规二中也说："家族之中，不论亲疏，当念同宗共祖，一脉相传，务要和睦相处。不许相残、相妒、相争、相夺，凡遇吉凶之事，皆当相助、相扶。"前引的辽宁鞍山羊草、东台、南地号、八家子《吴氏宗谱》家训的第五条也规定了"以和兴家"的内容，言："夫妻乃终身伴侣，兄弟姐妹情同手足，要同敬合爱，患难相扶，家和万事兴。"[①] 第六条规定："以睦待族。一个家族乃同宗共祖，要庆相助，丧相吊，和睦相待，荣辱与共。要团结一致，并肩齐进。"[②] 再如《海城黄氏宗

[①] 辽宁鞍山羊草、东台、南地号、八家子《吴氏宗谱》，1954年秋立谱，2002年春修谱，第44页。
[②] 辽宁鞍山羊草、东台、南地号、八家子《吴氏宗谱》，1954年秋立谱，2002年春修谱，第45页。

谱》的家训诗中即有"睦族"一篇，诗云："万派初从一派分，儿孙饮水要知源；家无言语和宗族，箧有余资济弟昆；哀死庆生情必厚，周穷救患谊思敦；榴山松柏参天绿，千载难忘父母恩。"① 这种以睦亲为原则的亲属关系，体现了现代社会家族亲属关系的变化，这说明满族家规也在随着时代的变迁而不断做出调整，使其更加具有适应性。

（三）从光宗耀祖到个人价值的实现

从价值取向上看，除了忠君爱国思想，传统的满族家规比较重视宣扬子孙要在各自所从事的领域中做出杰出的成就，其目的是为了实现光宗耀祖。如辽宁新宾巴雅拉氏《白氏家谱》中记载其祖上皆以耕、读为业，教诲子孙："在家以孝悌为本，出外以礼让为先"，其子孙无论是务农、为官还是经商，均要勤劳、廉洁、公正，其目的是"光跃门庭"。② 修订于1926年的辽宁凤城《陈氏谱书》中的族规部分规定陈氏子孙在幼年时应学习圣贤之书，其目的是"十年窗下无人问，一举成名天下知。此是两句古诗，人能幼学壮行，致君泽民，或全忠尽孝，百世流芳，或正宜公廉，一时颂德，自然道德勋猷，扬显于世，则盛德大业，光辉于祖宗；积庆钟祥，垂裕于后世，岂非读书人之大效哉"。虽有"致君泽民"即为国家百姓服务的目的，但仍有"扬显于世，光辉于祖宗"的初衷。民国九年（1929年）修订的《关氏世系谱》中附有关氏家族的宗祠规约，其开篇即言明："盖维先人有令德，而子孙不能像其贤者，则无以光其前；先人有懿行，而子孙不能绳其武者，亦无以裕其后。"要求后世子孙继承先辈的令德懿行，否则既不能"光其前"，也不能"裕其后"。

今天，满族家族的族规中对于光宗耀祖的观念已基本不复存在，代之以告诫子孙要勤勉修身，其目的是为了实现个人价值，造福国家和社会。如清平南王尚可喜投金后隶汉军镶蓝旗，尚氏家训分为《定训》和《遗训》两部分，在《尚氏宗谱》中都有记载。其中，《定训》13条，是尚可喜创立家谱时所定，《遗训》为尚可喜临终所定，完成于清康熙十五年（1676年）。尚

---

① 黄其伦编纂：《海城黄氏宗谱》，内蒙古人民出版社2004年版，第18页。
② 辽宁新宾满族正黄旗巴雅拉氏《白氏家谱》，白洁撰写，1996年，第17页。

氏后人在重新修订的《尚氏宗谱》对其先祖所留下的祖训进行了重新阐释，首要一条就是倡导子孙要仿效向先祖尚可喜修己。《尚氏宗谱》中记载，尚可喜曾言："予恭承祖训，忠厚传家，汉马疆场五十余年，忝受亲王爵秩，位极人臣，一生修己。"今天的尚氏族人认为尽管祖训的内容中的一部分已经过时，但仍有许多珍贵的精神遗产具有现实意义，因此在修订的《尚氏宗谱》中的《祖训纲要今释》第一部分对"修己"进行了重新阐释，要求尚氏子孙要"开发自己、改造自己、锻炼自己、提高自己。为人经过一番学习、改造、修养、磨炼的修己功夫，才堪当重任"。《今释》的第七部分还要求尚氏子孙谨遵先祖"立业"之祖训。尚可喜曾言："余一生劳碌，创作如此。唯愿尔等齐心竭力，成人立业，宽和谦谨，光大家声"，并能"各守一业，为农为商，随分安生，不作游荡之徒"。在重新阐释先祖"立业"祖训时，告诫尚氏子孙"居家之病，游荡、惰慢为首。士农工商皆能造福社会、以谋衣食。游荡之徒不劳而食，必然成为社会寄生虫"。再如辽宁东港三道林子原镶红旗沈氏的《沈氏族谱》在其四字家训歌中也倡导子孙要终生有所追求，云："少年求学，有所钻研。刻苦求知，硕博代传。青年求真，理想高显。壮年求实，硕果沉甸。老有所为，瓜李攀缘。"① 在今天的满族家规中，多是倡导后世子孙通过个人努力，注重品德修为，从而自食其力，进而兼济天下。

五、满族家规中的核心法文化价值观

（一）孝亲敬老

"孝"历来是中华民族的传统美德，由此推广开来，我们也尊敬与祖父母、父母年龄、辈分相同或相仿的一切长者。满族人民也继承并发扬了这一美德，从古至今，在其家规家训中均是其主要内容。如《尚氏宗谱》中记载，清平南王尚可喜临终前曾谆谆教导其子孙："二位母妃在堂，各已年高，尔等务宜竭力孝顺，早晚慰问。"在《尚氏宗谱》的《祖训纲要今释》中仍

---

① 沈延柱、沈延林主编：《沈氏族谱》，广东省出版集团、广东经济出版社2010年版，第31页。

将其先祖所教导的"孝亲"作为今天的尚氏族人须遵守的规则，指出"先祖临终谆'嘱竭力孝顺，早晚慰问'，其深意在于孝乃百行之根，不孝父母，焉能爱人民、爱国家？人能孝于亲，则悌于长、友于少、慈于幼；事国则忠，于朋友则信，于事则无不敬，无不敬则事业成"。今人修订的家规中，孝亲仍是主要内容，几乎每一个满族家族的族谱家规中均有此条，如《吴氏宗谱》中的"吴氏家训"部分修订十条家训，在第一条"以忠事国"之后，即为"以孝事亲"，因为"父母有养育之恩，对待父母要孝顺，做到内尽其心，外竭其力，晨昏定省，奉养无违。效羔羊跪乳，乌鸦反哺"。① 满族家规对孝亲传统的维护还表现在对子孙日常生活行为细节的要求上，如《他塔喇氏宗谱》中《唐氏家族祖训》规定："唐氏家族长辈为尊，西为贵为尊、为长，父母健在，居住西屋，子女住东屋……"② 这是因为满族以西为大，故父母尊长居住西屋。辽宁新宾《李佳氏家传》中规定："饮肴者，上好食物，谨奉父母尊长食用，老人无牙，诸物要烂，可以充腹。勿着幼小子孙在旁，见食哭要，着老人不安于心，何能下咽。"③ 上述内容说明，从古至今，满族人已将孝亲的观念贯彻到日常的饮食起居中。从传统社会强调精神上的服从，物质上的供养，到今天，更加强调的是对父母养育之恩的报答，是做人的基本之道。

（二）崇尚但不唯尚知识

满族入关后，以渔猎为主的生产方式发生了极大的转变，加之深受汉族文化的影响，特别是长期以来的科举取士制度，使得以骁勇善战著称的满族人民开始意识到学习文化知识，特别是儒家传统文化知识的重要性。因此，在多数的满族家规中，均有教导后世子孙要学习圣贤书，强调学习知识的重要性。这一内容无论在古代还是现代均未改变。如修订于1902年的《牛胡鲁哈拉家谱》（即《郎氏家谱》）中规定了十则家规，其中即有"勤学问"一条，言明"非诵读无以广才智，非访问无以扩聪明。既学且问，以理折中。

---

① 辽宁鞍山羊草、东台、南地号、八家子《吴氏宗谱》，1954年秋立谱，2002年春修谱，第44页。
② 唐远德主编：《八旗满洲他塔喇氏宗谱：〈唐氏宗谱〉第三次编修》，2006年。
③ 辽宁新宾《李佳氏家传》，2006年。

虽不仕宦，亦是闻人有足多者"。再如修订于1926年的辽宁凤城《陈氏谱书》的家规族训中说："人在幼年时，学习圣贤之书，及至壮年，行其圣贤之事。……士君子而行其道得其志，上以致其君，为尧舜之君，下以泽其民，为尧舜之民。"明确说明陈氏子孙应在幼年读圣贤之书，其目的是"致君""泽民"，即为将来当官做准备。有的具备条件的家族为保证子弟均能入学学习，由宗族出资设立私塾，如1915年修订的《京都吉林宁古塔三姓等处镶黄旗陈满洲关姓族谱书》的"亲族规约"部分规定："六岁以上之儿童，于族人众多地方设立家塾，或组织小学校，请族人长者教授之，或外请教师，以免失学之虞。"辽宁凤城王氏宗族为女真完颜氏后裔，历经元、明二代，"从龙入关"后，其高祖于1687年拨兵入关东奉天凤凰城（今辽宁凤城），入正白旗当差，卫国戍边。王氏祖先虽以军事起家，但随着历史的变迁，其后人在1996年12月第四次修订完成的谱书中明确了当代王氏子孙要"继往开来，谱写新篇"，应恪守的家规是"少要读书，刻苦钻研"。辽宁本溪叶赫那拉氏后人在2001年修订的《叶赫那拉宗族谱》中"族训"部分也规定："科技时代，读书为尚。"① 有的满族家族，还为子孙能够接受教育提供了物质保障。如修订于1920年的《关氏世系谱》中的"宗祠规约"部分规定："本宗族子弟皆宜受国民教育。设有家贫典买地不足十五亩或租地不足三十亩，又别无资产或确实进款者，得由本宗补给学费。其补助以国民学校四年毕业为限。"不仅如此，"本族为矜励贤节及培养俊才起见，倘有立贤节牌坊及升入大学或出洋留学资力不足者，本宗祠得酌量经济情况补助之"。从而保证了其子孙均有条件接受国民教育，并鼓励子孙读大学或出国深造。当代《何氏宗谱》族规家训部分的第六条"敬族爱业部分"也规定："本族中有读书天资聪颖可望成才者，而自家财力不足者，不分男女，族中人应集资赞助培养。"②

满族家规虽重视教导子孙读书学习，但由于受满族传统渔猎文化的影响，

---

① 那世垣撰修：《叶赫那拉宗族谱》，2001年，第110页。
② 辽宁海城《何氏宗谱》，2006年，第50页。何氏原居于河北省乐亭县，清顺治八年，清政府发布移民诏书，令人口密集的关内人迁往辽东，并给予优惠政策。何氏祖先迁徙而来，定居于海城，被编入汉军旗。

并不以读书取士为唯一正途，即使子孙读书不成，只要有维持生计的正当职业，诚实守信做人，亦被视为遵从了祖先的教诲。如修订于康熙十四年（1675年）的平南王尚可喜家族的《尚氏宗谱》中有"先王定训"十三条，其中就规定："后世子孙众多，务须立志读书，或工韬略，各守一业，为农为商，随分安生，不作游荡之徒。"并不要求子孙必须读书为官，士农工商，只要能各守一业，皆能维持生计，造福社会。再如修订于嘉庆二十一年（1816年）的《李佳氏家传》是其先祖李谦（字益亭，于乾隆四十五年进省，在户部农田司当差）为李佳氏订立的家规，其中第六条规定："家中子弟，量才念书。如不能者，即令务农，毋弃正业。断不可听妇言，伊子本不能读书，唆调丈夫，偏要念书。"可见除读书外，务农亦为正业。

（三）安身立命，坚守道德情操，禁绝恶习

要求子孙安守本分，做好自己的本职工作，同时注重品德修养，坚守道德情操，禁绝不良的生活习惯，亦是古今满族家规中不变的价值。前引修订于嘉庆二十一年（1816年）的《李佳氏家传》中规定了李佳氏子孙的安身立命之道："家中子弟读书或当差，均有进身之道。总而言之，富贵在天在命，不积德不能也。"即要求子孙无论从事何职，必须积德行事。此外还要求子孙为官不得收受贿赂。《家传》中还要求子孙解救亲友急难，劝解乡里矛盾，和顺待人等为人处事之道。《家传》中还以大量篇幅规定了李佳氏子孙必须杜绝的生活恶习，其中第八条规定禁止子孙赌博："赌博者，自古及今，乃游手好闲，匪类下贱人所为。……断乎勿学掷骰斗牌，赌场处，勿引子弟观望，恐其效尤，大无益处。"第十二条规定子孙应坚持早睡早起的生活习惯："如初春至九月内，家中男女早睡，勿令点灯，半夜闲谈，后将睡熟时，贼乃挖窟窃偷，犬虽吠，人何醒哉！……晚早眠，晨早起，不误农作，不但省油，亦可防贼。"此外第十四条还规定夫妻应减少性事，以利健康；第十五条规定子孙不可饮酒。

在当代的满族家规中，上述内容仍然存在。如前引《叶赫那拉宗族谱》中"族训"部分规定子孙应"遵纪守法，身家安康"；在安身立命时应做到"进财合道他人赞赏。取之不义，群非众谤"；在道德品行上应做到"乐善好施，千古流芳"；劝诫子孙应杜绝"越轨行事"，因为此等恶习会导致"必酿祸殃"。① 再如前引辽宁海城《何氏宗谱》中有"族规家训十条",要求子孙"无论你在什么岗位上,农工商学兵医官或在家庭中,首先要做到心在岗位上,做一行爱一行,敬岗爱业,立发展事业之心,作为他人谋福利之事,把所作的工作有所建树,或有改进,或有发明创造。工作中要有爱心,办事公道,清廉守信,服务热情"。② 同样是要求子孙做好自己的本职工作,同时要爱岗敬业,为社会为他人谋福利。在道德品行上,何氏家规要求"为人要诚实正派,文明有礼;勤奋学习,谦虚上进;严于律己,宽以待人;与人团结友爱、扶幼济贫;男女平等,保护环境;积极参加社会上的集体活动或公益性劳动"。③ 何氏家规同时也要求子孙杜绝"狂言污语""横行乡里,骄奢淫逸,欺凌弱小"等恶习。

满族家规发展到今天,其作为家族成员的行为规范的效力虽已大大降低,但并不意味着其已彻底丧失约束力。由于满族家规与社会核心价值观的契合,符合当代的正义原则和道德要求,以及满族民族认同心理的存在,使得满族家规在一定程度上仍具有效力,规范、调整着家族成员的行为。但是,因其不再具有强制性,因此它基本上已成为对家庭成员的一种软性要求,起着树立并倡导家族家风的作用。

---

① 那世垣撰修:《叶赫那拉宗族谱》,2001年,第110页。
② 辽宁海城《何氏宗谱》,2006年,第50页。原文即是如此,忠实摘录。
③ 辽宁海城《何氏宗谱》,2006年,第50页。

第五章 萨 满

一、研究视角：法律与宗教的复合

对于萨满教，我国学者往往习惯于从文化学、人类学和民族学的角度进行研究，例如，富育光老师就萨满教的文化研究做了比较精辟的总结，包括：第一，萨满文化的调查研究；第二，萨满文化的理论研究；第三，萨满文化的比较研究；第四，萨满文化的艺术研究；第五，萨满文化的文学研究。我们认为，这些研究忽视了一个非常重要的视角，即法律与宗教的视角。

如果我们根据词典上的定义，把法律仅仅视为政治当局制定的规则制度，把宗教也仅仅视为与超自然相关的信仰和实践制度，那么，二者似乎没有多少关联，而实际情况却不是这样的。法律并不只是一个规则制度；它是人们立法、裁判、执法和谈判的活动——它是分配权利义务并由此解决纠纷、建立合作途径的过程。宗教也不只是一套信条和仪式，它是人们所表现出的对生命根本目的和意义的集体关切——它是对超验价值的共同直觉和委身。法律有助于给社会带来维系内部团结所需要的结构，法律反对无政府状态。宗教有助于给社会带来面向未来的信仰，向堕落开战。

事实上，在有些社会，比如古代以色列，法律，也是律法书（Torah），即是宗教。但即使在那些法律与宗教泾渭分明的社会，二者也是相辅相成的——法律赋予宗教以社会维度，宗教赋予法律以精神、方向和法律博得尊重所需要的神圣。如果两者彼此脱节，法律容易沦为教条（即律法主义），宗教容易陷入狂热。伯尔曼在其《信仰与秩序——法律与宗教的复合》一书中做了详细论述，法律与宗教共同具备四个要素：仪式、传统、权威和普遍性。首先是仪式，即代表法律具有客观性的礼仪程式；其次是传统，即从过去传承下来的语言和惯例，它们代表法律具有延续性；再次是权威，即依赖成文或口头法律渊源，这些渊源被认为本身就是确定无疑的，它们代表着法律具有约束力；最后是普遍性，即坚持法律体现了具有普遍效力的观念或见识，它们代表着法律与无所不容的真理连在一起。仪式、传统、权威和普遍性，这四种要素在一切法律制度中都存在，就像它们在一切宗教中都存在一样。它们提供了一种背景，每个社会的法律规则都是在这种背景下被宣示，并从中获得正当性。

第一，法律仪式与宗教仪式一样，是将内心深处体验的价值以庄重的戏剧化形式表现出来。法律和宗教需要这种戏剧化，不仅是为了体现这些价值，也不仅是为了表明这些价值有益于社会这一思想信念，还是为了唤起一种充满激情的信仰，即这些价值是生命终极意义的一部分。不仅如此，这些价值若脱离戏剧化形式，便无以存身，意义尽失。由于它们在立法、司法及其他仪式中化为符号，法律正义思想主要不是以功利主义面目出现，而是以神圣面目出现，同时也主要不是以理念形式出现，而是以共同情感的形式出现：共同的权利义务意识、共同的责任感、公正审判的要求、对规则互相矛盾的反感、受到平等对待的愿望、对违法的痛恨以及对合法性的追求。法律仪式象征着一切法律制度甚至最原始的法律制度的基本前提，即类似案件、类似判决，它们使该前提从思想观念和道德义务上升为一种集体信仰。因此，谈论对法律的忠诚和信仰绝非夸大其词。这在本质上与通过戏剧化方式响应神圣事物，响应生命的终极目的毫无分别，它带有宗教信仰的特征。法律，就像宗教一样，起源于仪式，一旦仪式不复存在，法律便失去了生命力。

第二，法律与宗教同样都强调传统和权威。所有法律制度都宣称，其效力有一部分是基于历史延续性，而且所有法律制度在法律语言与法律实践上都保持了这种延续性。在西方法律制度中，就像西方宗教一样，延续性的历史意识相当强烈，即使是剧烈变革，也往往被有意解释成是继承和发扬从过去传承的概念和原则所必需的。穆斯林护法要维护名声，不会每次作出不同的裁决。甚至连希腊的神谕，也暗含着一致性。法律无须永恒不变，但也不得随心所欲，因此其改变必须通过重新解释昔日所为。法律的传统方面，即其延续性意识,不能纯粹从世俗和理性角度来解释,因为法律体现了人类的时间观念,它将时间本身与超理性和宗教紧密联系一起。

第三,法律与宗教共同拥有的第四个要素,就是坚信它所体现的观念和见识具有普遍性。所有的法律制度既需要我们用理智来认知所宣布的法律美德,也需要我们以整个生命来献身这些美德。因此,正是通过宗教情感,通过信仰的飞跃,我们将法律的理性和原则与普遍性连在一起。比如,说容忍随意偷窃行为违背人的本性,说每个社会都会谴责和惩罚某些侵占他人财产的行为,与说偷窃违反了无所不容的道德实在,违反了宇宙的目的,并不是一回事。如果一个社会失去了表达后者的能力——如果社会只依靠对人性和社会必要性的理性认知,而未同时依靠对普世价值的宗教委身,来支撑起财产法和刑法——那么这个社会便会陷入无力保护财产、无力谴责和惩罚偷窃行为的严重危险。

因此,人们要觉得这是他们的法律,否则他们就不会尊重法律。但是,只有当法律通过仪式、传统、权威和普遍性,触动并唤起人们的生命整体意识、根据目的意识和神圣意识,他们才会拥有这种感觉。强调法律与宗教的互动,我们就可以这样来看待他们:它们并非只是有几分关联的两种社会制度,而是人类社会生活辩证相依的两大维度——也许是两大主要维度。在所有已知的文化里,法律价值与宗教价值都是互动的。从某种意义上说,一切都是宗教,一切都是法律,正如一切皆是时间,一切又皆是空间。人类随时随地都在面对未知的将来,因此人类需要超越自身的真理的信仰,否则社会就将衰微、将枯萎、将永劫不返。同样,人类也随时随地面对社会冲突,因此人类需要法律制度,否则社会将解体,将分崩离析。生活的这两个维度存在张力,但无论缺少哪一个,另一方都不会是完全的法律;而失去信仰,则会沦为教条。①

基于上述理论,我们觉得满族的萨满教作为一种宗教,一定和满族的法律、满族族群的组织形态发生着某种隐秘的关联。首先,萨满教是一种宗教

---

① 伯尔曼:《信仰与秩序——法律与宗教的复合》,姚剑波译,中央编译出版社2011年版,第3页。

还是一种巫术？在非洲巴罗策部落成员，将巫术作为最终解决手段，是法律习惯和调解的后盾。在中国，法律被看成必要的恶，但又与儒家的礼以及新儒家的祖先崇拜和皇帝崇拜有着辩证的关联。那么，萨满教以什么样的方式和姿态来影响法律世界的呢？其次，在法律已经完全世俗化和理性化的今天，满族的萨满教在法律的世界里还能发挥一定的作用吗？它又是以一种什么样的崭新姿态出现在法律的世界里呢？对这些问题的回答，需要我们对与萨满教有关的基本问题作出有益的梳理和澄清，在繁冗复杂的细节当中去寻找答案的蛛丝马迹。

二、萨满

（一）"萨满"的词源与词义

在萨满教早期研究史上，就备受语言学家和民族学家的关注，并逐渐形成了两种观点：外来说和土著说。

外来说主张，"萨满"一词源于印度巴利语的 Samana，即梵文 Snamana，意为"乞丐之僧"转讹而来。民国三年出版的《地学杂志》第六期发表了《萨满教》一文。该文内容如下：萨满教不知所自始。西伯利亚及满洲蒙古之土人多信奉之。余尝研究其教旨，盖与佛氏之默宗相似。疑所谓萨满者，特沙门之转音耳。今之迷信于此者，以雅古德人、索伦人、达呼尔人、鄂伦春人为甚。北盟录云金人称女巫为萨满，或称珊蛮。盖金源时代已有此教矣。然萨满术师不如佛之禅师，耶之神甫，得人崇敬。但以巫医诸小术敛取财物而已。萨满之言天神云。天有七层。其主神即上帝，统治无量数世界，具无量数智慧。不现形体，不著迹象，居于最高之天界。以下诸天，则百神以次居之。善神曰亚伊，恶魔曰亚巴绥。人之灵魂，亦各因其善恶而别其阶级，或从诸神居其天堂，或坠入无间地狱。萨满又立三界。上界云巴尔兰由尔查，即天堂也。中界云额尔士伊都，即现世也。下界云叶尔羌珠几牙几，即地狱也。上界为诸神所居，下界为恶魔所居。中界尝为净地，今则人类繁衍于此。魔鬼主罚罪人，其威棱覆遍人世。上帝恐其过虐，则遣诸神时时省察之，防止其恶行。故萨满之术师，为人祷于上帝，以求庇护。然术师又为魔鬼之奴隶，住于中界而通于上下界。盖其祖先在地狱中，以子孙为魔王之侍者。故犯操是术者，各有系统，而不许外人掺入。术师既侍魔王，故凡有建白，皆可与魔王直接。凡人之疾病，萨满辄谓人梦寐之际，神魂飞越，为魔王所捕得。若久而不释，则其人必死。萨满之术师为之请于魔王，魔王释之，其病始愈。病愈之后，则索取报酬，谓以完献魔鬼之愿也。其人或死，则云其灵魂虽为魔鬼所捕获，而迷失路径，至不能归。又云人死之时，魔鬼捕其灵魂，巡回其生前所经历之地，所至辄行罚焉。此巡回时须至魔鬼所凭之十字架而止。故信奉其术者，其眷属欲减其刑罚，为之造作木形十字架于屋边，或坟次。又自坟次归家，死魔往往踪人之后。然死魔畏火，故炽火于门前——超而过之。又取死人之衣以火焚之，亦以驱逐死魔，使不敢隐伏其中。其诞妄不经如此。①

土著说认为"萨满"是通古斯语，有的学者认为，其意为"激动不安和疯狂乱舞"；有的学者认为，Saman 一词为"知道""通晓"等动词的词根构成，意为无所不知、无事不晓的人。②"萨满"一词最早见于宋代的《三朝北盟会编》，据其记载："珊蛮者，女真语巫妪也"，意为年长的女巫。在萨满文化中，"萨满"被认定为是沟通人与神的中介，该词来自通古斯——满族的一个动词"sambi"意为"知晓""知道""知之"，"saman"是其相应的名词，意为"通达之人""晓事之人""智者""贤者"等。关于自然与宗教的关系，费尔巴哈曾说道"自然是宗教最初的、原始的对象，这一点是一切宗教、一切民族的历史充分证明了的"。萨满在历史的发展中虽有演变，但其基本意义与职能是相承一致的。萨满具有通神的能力，晓彻神意，是人与神的中介。他为祭祀仪式上的主祭者，行跳神之举，即 samdambi。萨满戴神帽，束腰铃，扭腰摇摆，打神鼓，走着跳神。他还具有占卜、算命、医病的能力。萨满一般分为野神萨满和家神萨满。野神萨满跳大神，主要负责祭祀和治病，家神萨满的主要职责是负责家族祭祀。两种萨满都属于赋予他生命的那个血缘群体，所侍奉的神也都是本族先世传承下来的。他们主祭时，有一套祭祀神祇的祭词，即民间所谓的"神歌"。萨满将神谕一代代口耳相传，

---

① 色音："中国萨满教现状与发展趋势"，载《西北民族研究》2015 年第 1 期。
② 郭淑云："'萨满'词源与词义考析"，载《西北民族研究》2007 年第 1 期。

只限于族内，秘不外传。① 在 13 世纪蒙古文献《蒙古秘史》中，出现过叫豁儿赤和帖卜腾格里的两位萨满。清代文献中关于萨满的记载以满族萨满为主，《清史稿》卷八五《礼四》记载："乾隆三十六年，定春秋骟马致祭，萨满叩头。"②

（二）萨满的特征

1. 萨满对神灵的掌控

普通人成为萨满的最重要的标志，是对神灵的掌控。在通古斯人中，一位萨满至少要领一个神灵群。这种关系用"额真""奥丁""奥尊"等术语来表示。因此，这些神灵会通过萨满之口来说明萨满为它们的"主人"。萨满所领的神灵可能是非常恶毒的，也可能是非常善良的，不过这些神灵不是萨满的"守护神灵"，萨满不由这些神灵来"拣选"。在通古斯人和满族人看来，当萨满要让神灵附体时，作为主人的萨满必须照管这些神灵，要"喂养"它们并操控它们。一个被神灵附体的人与萨满之间的区别是本质的，因为萨满可以根据个人的意愿随时请神灵附体，也就是说，萨满以其身体作为神灵的"栖身之处"。神灵自主附体也是萨满教特征，但是这些神灵也可以在召集、邀请之下附体。驱逐神灵也是同样的道理，一般人不具备这种能力。因此，在众萨满之中，神灵的自主附体和离去只是特殊情况。在选择萨满时，通古斯人会对其进行认真的辨别，它们会辨别到底是神灵掌控了人，还是人掌控了神灵。如果一个人不能掌控神灵的话，通古斯人和满族人就不会认定其为萨满。

2. 萨满拥有一定数量的神灵

萨满必须拥有几位具备不同能力的神灵，当不同神灵附体时，萨满便具备了相应的能力。实际上，萨满所领神灵的数目是不断变化的。在从事萨满职业之初，该萨满至少要拥有一位神灵。在这位神灵的帮助下，萨满会逐渐掌控其他神灵。如果萨满不能掌控他所需要的、具有特殊能力的神灵群，并借此与其他神灵战斗的能力，其所属氏族成员以及外人就不会视其为真正

---

① 闫超："试论满族萨满文化中的星辰崇拜现象"，载《辽宁大学学报》2014 年第 7 期。
② 色音："中国萨满教现状与发展趋势"，载《西北民族研究》2015 年第 1 期。

意义上的萨满。萨满需要掌控的神灵数目首先取决于其所属人群的当下观念，例如，满族人中的神灵数目是非常庞大的，但是在北方通古斯人中神灵数目则小得多；其次，萨满所掌控的神灵数目还取决于萨满本人从事萨满时间的长短，一般认为，随着时间的增加，萨满所领神灵的数目也应该增加。

3. 萨满知晓如何与神灵交往

在所有的通古斯人群中，人们懂得各种与神灵交往的方法。在通古斯人看来，这些方法可以通过以下两个事实表现出来：首先，萨满要了解这些神灵，萨满从这些神灵那里学到了与其交往的方法，或是萨满只了解那些不得不与其交往的神灵，因为这些神灵为萨满所领。其次，通过了解这些神灵，萨满必须知晓召唤神灵、为神灵献祭以及在不附体的情况下与神灵交往的方法。由于关于神灵群的知识很复杂，这些知识是通过历代萨满不断传承积累而成的，在传承的过程中，新萨满对这些知识传统进行有意识或无意识的吸收借鉴。萨满被认为具备驾驭神灵的能力，萨满的合法性地位是由前代萨满所赋予的。

通古斯人认为不同人群中的萨满与神灵交往方式不同。满族人承认通古斯人的能力，虽然后者不了解满族的仪式和方法，通古斯人也不否认满族萨满的能力，但是他们却认为各自的萨满不能与对方的神灵打交道。同时，对于这些知识的需求，并不意味着这些知识不能被新的知识改变。实际上，与神灵交往的方法是不断变化的，因为萨满新掌控的神灵有它们自己的行事方式和要求。一般情况是，满族人在认识到新的事物时，同时也引进新的神灵以及与神灵交往的方法，引进这些方法的萨满被认为是"伟大的萨满"。因此，与神灵打交道的方法一直都处于变化之中，但是这些方法中的一部分却一直被传承下来，作为对萨满能力的一种证明方式。在满族人中，萨满教方法的"固定化"趋势是萨满教祭司化的一种标志。因此，我们可以这样概括：萨满教至少包括一部分为萨满所属人群成员所认可的与神灵交往的方法、献祭方法、祈祷方法、请神灵附体的方法等。

4. 萨满拥有被认可的神器

萨满在表演过程中使用各种各样的器具。如果没有这些器具，萨满教的实践将是不可能的。因此，一个人如果没有萨满器具就不能作为萨满而发挥功能。在这个方面，萨满神器构成了萨满教不可缺少的要素。但是，神器的构成不是固定的。最普遍存在的神器是"托里"（一种带有吊坠的铜镜）和鼓。"托里"作为神灵的栖身之处是很重要的，鼓对萨满的自我兴奋是必要的。如果没有鼓，萨满不能进入入迷状态。同时，这些器具可以帮助萨满进入多维空间，例如，一位同时拥有几套萨满服的萨满，在神灵的帮助下可以进入上界和下界旅行。萨满服包括头饰、外套、裤子、围裙、鞋子，还有各种各样的附属品。满族人的萨满服上还绘有大型图画和神鼓。实际上，当萨满具备用于表演的所有神器时，他就能更容易达到掌控神灵的目的，并与其他神灵战斗。在神器有限的情况下，萨满的能力就会大大削减。

5. 萨满具有一定的理论基础

在萨满教实践过程中，萨满们接受一些基本的理论假设，有一些理论和假设是萨满必须要知道的，它们是：对神灵存在的辨认，将神灵从一处转移至另一处的方法，对神灵驾驭的可能性。一些萨满确实是萨满教的理论家，在萨满教中存在百科全书式的、对其他人群单位神灵也熟悉的人，而有些萨满却只有有限的理论知识，只熟悉他们个人接触到的有限神灵。

6. 萨满的社会地位

当一个氏族或者是一个定居点没有萨满的时候，对萨满教的需求就会出现。实际上，很多候选人有可能成为萨满，但是并非所有的候选人都能够成为真正意义上的萨满。候选人必须知道特定的与神灵交往方法，必须掌控一定数量的神灵，同时具有最基本的关于萨满教理论和事实方面的知识。当候选人具备了这些知识，他们就会被认定为可能的候选人。但是，这些对于成为萨满来说是不充分的。同时，这些候选人还要进行与神灵的交往实践，他们的理论知识的深度，以及他们是否能够满足社区的道德要求都要受到评判。上述这些能力会通过这些候选人在帮助有困难的人的过程中得以体现，"公众意见"也会对候选人的道德品质进行评价。当萨满成功地度过了其事业的这一时期，其他人就会帮助他制作萨满神器，并定期向神灵献祭。这些基本步骤完成之后，他（她）就被认可成为萨满，人们开始求助于他们，他们开始作为萨满发挥作用。

在所有的通古斯人群中，许多人都自称为萨满，但是他并没有其所属人群单位中的其他人的认可,他们不会成为真正意义上的萨满,也就是说,人们不会向他寻求帮助。在很多情况下,萨满是与氏族相联系的。但是,萨满归属于一个特定的氏族并不是萨满教的绝对特征,因为氏族系统可能会消失,但萨满教却可以在其他社会单位形式中生存下来。例如,地域单位、村庄甚至是具有职业性质的群体。①

三、萨满教的定义

(一) 关于萨满教定义的各种学说

萨满教的定义有广义、中间性、狭义三种。

狭义的定义主要是指以西伯利亚为中心的东北亚地区各民族,特别是通古斯民族所流传的巫术现象,把萨满教的范围只限制在那些地方的巫术信仰中。主张萨满教是阿尔泰语系各民族曾信仰的或尚在信仰的原始宗教。属于这个语系的各民族,在语言、文化、历史上有着一定的渊源关系,离开阿尔泰语系的民族来谈论萨满教的分布是很不妥当的。

中间性定义是以通古斯语族的咒术作为典型,受其影响的为相邻民族的巫术宗教或与其类似的其他民族的巫术宗教也包括在内。主张萨满教流布于欧亚大陆北部渔猎、游牧民族中。蔡家麟对萨满教地域及其民族分布的表述具有代表性,他指出:萨满教是指盛行在东起白令海峡、西迄斯堪的纳维亚半岛,横跨亚、欧北部,使用乌拉尔—阿尔泰语系的渔猎或游牧各民族的原始宗教。这个界定除了关照地理分布、民族两个要素之外,又强调了经济形态为渔猎、游牧经济这一要素,因此这个界定相对更加缜密。

广义的定义包括从东、西白令海峡,到斯堪的纳维亚半岛以及北美、澳大利亚、北极爱斯基摩人的所有原始巫术。认为萨满教不只是存在于东北亚、北欧、北美原住民中。随着世界各地原始宗教的调查研究,证明世界各地都存在着许多萨满现象,虽然名称互不相同,但是本质上都与萨满教类似。例如,发现美洲印第安人、亚洲南部马来群岛、澳洲、非洲等地都有类似萨满的存在。萨满教并不是阿尔泰语系各民族所独有的,而是一种国际现象,不

---

① [俄]史禄国:"通古斯人萨满教的几个特征",于洋译,载《世界宗教文化》2013年第5期。

仅亚非拉美各大洲普遍存在这种萨满教,甚至有人把一切原始宗教也称之为萨满教。

我国学术界一般认为,萨满教是一种自然的、原始的多神教。如,任继愈主编的《宗教词典》把萨满教定义为:"原始宗教的一种晚期形式。因满——通古斯语族各部落的巫师称为'萨满'而得名,形成于原始社会后期,具有明显的氏族部落宗教特点。"①

(二) 萨满教的基本特征

我国学界对萨满教的认识最初是将其作为原始宗教的一种典型形态,与人为宗教相比较的基础上建立起来的。例如,有的学者从创始人、教义、神灵体系、宗教组织、宗教活动场所、宗教神职人员等方面论述萨满教区别于人为宗教的特征。对此,有的学者提出了质疑,认为萨满教与人为宗教之间还有很多共性和联系。在系统研究阿尔泰语系萨满教的基础上,认识萨满教的特征是另一种研究途径,有的学者认为,萨满教有三个基本特征:有萨满存在,萨满在人和神之间进行沟通;形成了庞杂的神灵体系,其中萨满的保护神始终居于主要地位;萨满教的保护神主要为祖先魂灵,祖先崇拜在萨满教中具有重要位置。②

1. 萨满教的原生性

萨满教没有完整鲜明的教义,没有统一的教阶体制和宗教组织,没有权威性的教主,甚至没有固定的宗教礼仪场所。萨满平时与族人一样,服务不取报酬,没有额外的社会权力,可以结婚生子;死后所用过的神器、佩饰、服装等随葬。新萨满是经过挑选、培训后确定的。社会的全体成员都可以参加宗教活动,其宗教活动与人们的生产活动、社会活动、文化娱乐活动乃至民族习俗密切交汇,融合在一起。

2. 萨满教是以"万物有灵"为思想基础的多神教

萨满教既是以"万物有灵"为思想基础的原始宗教,又是崇拜自然、崇拜图腾、崇拜祖先的多神教。萨满教主张三界说,即天界、人界、地界。萨

---

① 色音:"中国萨满教现状与发展趋势",载《西北民族研究》2015年第1期。
② 郭淑云:"中国萨满教若干问题研究评述",载《民族研究》2011年第3期。

满是沟通人与神、鬼的代言人。它借助于奇特的仪式、服装、法器和特殊的社会地位，获得具有支配神灵的能力。

（1）自然神灵崇拜。

第一，abkai hehe 阿布卡赫赫，在满族萨满教神话《天宫大战》中，是宇宙间第一位大神。满族先民认为，天神没有固定的形体，似云、似水，变幻不定，后来云水在雷战中凝生了女天神"阿布卡赫赫"。女天神是创世大神，在神话中被这样描述：阿布卡赫赫被狡猾的耶路里（恶神）骗进大雪山里，她只好啃石头充饥。住在山岩里的多阔霍（tuwa hehe 女火神）和石头被她吞进肚子里，烧得她肢体溶解，眼睛变成日月，头发变成森林，汗水变成溪河。阿布卡赫赫是人类万物的始母神。

第二，abukai enduri 阿布卡恩都哩，是由阿布卡赫赫转换来的男性天神。他是满族散漫信仰崇拜的重要神祇，是至高无上的神，为众神之主。《天神创世》描述了阿布卡恩都哩开天辟地、创造人类的功绩：原来没有地，天连着水，水连着天，是天神阿布卡恩都哩照着自己的样子，造了一男一女两个人。无所不知的天神阿布卡恩都哩知道了耶路里（yeruri）残害人类的坏事，勃然大怒，便派他最小的弟子恩都哩增图（人类保护神）除掉了夜路里。夜路里的尸体化作碎片，落到大地上，变成了一座座高山峻岭。神话中还说：天，有十七层；地，有九层。人住的地方叫地上国，神住的地方叫天上国。主宰十七层天和九层地的是至高无上的天神阿布卡恩都哩。夜路里被杀死后，他的灵魂无处可去，便造了一个地狱——八层地下国。

阿布卡赫赫向阿布卡恩都哩的转变，反映了由母系氏族社会过渡到父系氏族社会的发展中满族先民思维观念的变化。到满族父系氏族社会后期，萨满教形成了系统的三界说：把自然界分为上、中、下三界。上界曰天，又称为光明界、火界。天分为九层，为天神阿布卡恩都哩和日、月、星、风、雷、雨、雪等神祇居住，还有动植物神、氏族祖先英雄也高居九天。中界曰地，是人及万物的居所。下界为土界，又称为暗界，是地母神巴那既额姆（banai eme）的居地，也是恶魔的藏身地。这是一个上下有别的万神世界，出现了自然神的等级差别，在自然色聚居的天界里，神祇们各有所司，并且产生了神的家族与神的地位的分化。天神阿布卡恩都哩为众神之首，他的三个女儿为太阳神（sun）、月神（biya）、云神（tugi gege）。天神之下有大弟子人类保护神恩都哩增图、二弟子耶路里（后来背叛天神，成为众魔之首）、小弟子多隆贝子。另外，天神手下还有风、雷、雹、雨、雪五个自然神和北海的雕神（damin enduri）、东海的虎神（tasha enduri）、火神托阿恩都哩（tuwa enduri）、喜鹊神沙克恩都哩（saksaha enduri）、大力神三音贝子（sain bei se）等诸多神灵。

第三，tuwa hulha 拖亚拉哈，盗火神，是一位盗窃天火的女神。满族萨满教神话《天宫大战》生动地描述了这位火神为人类盗取天火的故事：洪荒远古，阿布卡恩都哩高卧九层天上，呵气成霞，喷火为星。只因他性喜酣睡，故而北地寒天，冰河覆地，万物不生。阿布卡恩都哩化为美女，脚踏火烧云，身披红霞星光衫，嫁与雷神西斯林为妻。风神将她盗走，欲与她繁衍子孙，播送大地。拖亚拉哈见大地冰雪齐天，无法育子，私盗阿布卡恩都哩心中神火下凡。怕神火熄灭，她把火吞进肚里，嫌两脚行走太慢，便以手为足助驰。天长地久，她被烧成虎目、虎耳、豹头、豹髯、獾身、人心、鹰爪、猞猁尾的一只怪兽。她四爪趟火云，巨口喷烈焰，驱冰雪，逐寒霜，驰如闪电，光照群山，为大地和人类送来火种，招来春天。

tuwa endure 托阿恩都哩，是一位盗窃天火的男性火神。传说远古时，人间没有火，也不会用火，人们茹毛饮血，冬天到山洞里御寒。每年秋天，阿布卡恩都哩率领天兵天将巡视大地，才从天上带来火种，供人们享受玩乐一天。可天神回天时，便把火种带回天宫，人们又要生活在没有火的痛苦中。后来，在天神下界举行天火大会的日子里，部落里降生了一个小男孩，母亲给他取名叫托阿（tuwa 火）。他长大以后，聪明勇敢，善于骑射。天神看中他而召他到天上，让他掌管天火库。他过着神仙的日子，却怀念故乡，心想，要是人间有了火，该多么幸福。于是他下决心偷一葫芦火种到人间。结果由于田鼠告密，托阿被天神抓回天上，受到严酷惩罚，天神还从人间收回天火。由于白喜鹊和黑喜鹊的帮助，托阿得救，又一次盗出一葫芦火种带给人间。结果又被天神发现，天神收回火种，关押托阿。黑喜鹊再次帮助托阿，神牛也给予帮助，说服天神，使托阿免于一死。被天神派去打石头修行宫时，托阿仍不忘盗天火给人间，暗暗把天火一点一点装到白色的石头里。在往人间运石头修行宫时，托阿把装火的石头运到人间，并告诉人们用力撞击藏火的白石，便可出火，从此人们用起火来，可托阿仍然在天上做打石的苦工。人们为了感谢他，而奉他为火神，春秋两次祭祀。

（2）图腾神灵崇拜。

第一，fodo mama 佛多妈妈，柳枝娘娘、柳母神。牡丹江地区富察氏家传神谕载：宇宙初开，遍地汪洋，黑夜中旋转着黑风，在水中生出生命。最先生出的是尼亚拉吗？（niyalma 人）是尼玛哈（nimaha 鱼）？是他叶哈（tasha 虎）？是伊搭挥（in dahan 狗）？都不是，是佛多（fodo 柳枝），是毛恩都哩（moo enduri 树神）。佛多生得像威虎（we ihu 小船），能在水上漂，能顺风而行，它越变越多，长成佛多毛（fodo moo 柳树）。世上人为啥越生越多，遍布四方？凡是有水的地方，就有佛多毛，佛多毛中生出花果，生出人类。

珲春满族喜塔拉氏萨满神谕也有这样的记载：满族为什么敬柳？原来，阿布卡赫赫与耶路里鏖战时，善神们死的太多了，阿布卡赫赫只好往天上飞去，耶路里紧追不放，一爪子把她的下胯抓住。抓下来的是一把披身柳叶，柳叶飘落人间，这才生育出人类万物。

满族富察氏在家祭中，要在神板上供柳枝，其家传神谕讲：在古老的年月，富察哈拉祖先居住的虎尔罕河突然变成虎尔罕海，白水淹没万物，阿布卡恩都哩用身上搓落的泥做成的人只剩下一个。他在大水中随波漂流，忽然漂来一根柳枝，他手抓柳枝进一个石洞。柳枝幻化成一个美女，和他媾和，生下了后代。

柳为氏族部落生命的始母，是氏族社会图腾崇拜观的产物。在满族先民的原始意识中，柳与创世女神紧密相连，万物自柳叶生出即从女阴生出，女阴为万物之源。对柳的崇拜乃是对生殖器的崇拜，柳叶与女阴，形象与含意都相似。

第二，sengge saksaha "灵鹊" 指 "神灵的鹊""先知先觉的鹊"，是创世的神，是人类的保护神。天聪九年《旧满洲档》记载：彼布勒霍里池有天女三人——恩古伦、正古伦、佛库伦前来沐浴，这时有一神鹊衔来一朱果，为三仙女中最小者佛库伦得之。佛库伦将朱果含于口中吞下，遂有身孕，生布库里雍顺，其同族即满洲部也。

《满洲实录》卷一记载：布库里雍顺数世后，其子孙暴虐，部署遂叛，于六月间将鄂多理攻破，尽杀其合族子孙。内有一幼儿名樊察，脱身走至旷野，后兵追之。会有一神鹊栖儿头上，追兵谓人首无鹊栖之理，疑为拓木，遂回。于是樊察得出，遂隐其身以终焉。满洲后世子孙，俱以鹊为神，故不加害。

在《天宫大战》神话中，有神鹊助天神斗恶魔的记述：宇宙初开时，神鹊为阿布卡赫赫的侍女。天母神与恶魔搏斗，需要吃东海石生力气，神鹊便天天去东海采石，归程累了就落在神树上。神鹊衔石助天的功绩，受到人们的歌颂和崇敬。

第三，gaha 乌鸦。乌鸦在满族先民中备受崇拜，满族先民崇拜乌鸦远超过鹊，视乌鸦为始祖与人类保护神。如《宁安县志》记载：满族有的姓氏以崇拜乌鸦为主，"庭中必有一竿，竿头系布片，曰祖先所凭依……割琢而群鸦下，啖其余裔，则喜曰：祖先豫；不，则怵然曰：祖先恫矣，祸至矣"。

乌鸦作为人类的保护神，也多有神话传说。《乌布西奔妈妈》描述：乌鸦从前是阿布卡恩都哩的亲随，因为在征战中饿极了，误吃黑草死去，而变成了黑乌，飞旋于人马屯寨边。人们认为乌鸦是黑夜报警鸟，为人畜的安全巡哨。如果林海荒野中突生异兆或见野兽僵尸，乌鸦便满天飞叫，为人们报信。《满洲实录》记载：清太祖努尔哈赤与明兵争战，群鸦路阻兀里堪，传报兵情。努尔哈赤因乌鸦报警，以少胜多，打破来攻的九部联军。此后，兵力日渐强盛。因此乌鸦更受崇敬。满族先民还将乌鸦与神鹊同视为联结天地的使者，在祭天之时附祭乌、鹊，正是希望借助其超凡的神力，将虔诚的祝愿通达于天神。

第四，giyahun enduri 鹰神；damin enduri 雕神。

鹰神，在萨满教中为司火神，是光与火的化身，是人间光明与黑暗的支配者。雕神，为司水神，是最凶猛的宇宙大神，管理宇宙安宁，祛灾除害。雕神与鹰神，象征着凶猛、威武与力量，巨大的翅膀能遮天盖地，使日月无光。

鹰神与雕神有通贯天地的神力，与萨满有密切的关系。满族胡、赵姓萨满神谕传讲：鹰神最早从火中叼出一个石蛋，生出一个女萨满，这便是东海最早的女祖。另一则萨满神话讲述：天初开时，大地像一包冰块，阿布卡赫赫让一只母鹰从太阳那里飞过。母鹰抖了抖羽毛，把光和火装进羽毛里头，然后飞到世上。从此，大地冰雪才有融化的时候，人才有饭吃，才有安歇和生儿育女的时候。可是母鹰飞的太累，打盹儿睡了，羽毛里的火掉出来，将森林、石头烧红了，火彻夜不息。神鹰忙用巨大翅膀扇灭火焰，用巨爪搬土盖火。烈火烧毁翅膀，神鹰死于海里，鹰魂化成了女萨满。传说萨满跳神也源于鹰神的传授。萨满是鹰神的化身，因此在每件萨满神服上都有鹰的图案，甚至神鼓上以及萨满祭祀所供奉的神偶上，都雕刻或绘画着神鹰。①

四、萨满教的性质：宗教还是巫术，科学还是迷信

（一）对萨满教性质的不同认识

对于萨满教的性质在学界一直存在争论，对于萨满教是否是宗教有着不同的回答。有的人不认同萨满教是宗教：例如，有的学者认为，萨满教的思想系统是一种哲学，并是一种医术；有的学者认为，以宗教要素为标准对萨满教进行认定，认为萨满教所体现的宗教基本要素不够完备，还构不成宗教，它只不过是一种类似宗教的独特的信仰活动和现象；有的学者认为，从起源上讲，如果认为原始社会有宗教的话，那是一种误解，在原始社会根本不会产生宗教，充其量不过只是一种信仰或崇拜而已；有的学者认为萨满教的本质是巫术而非宗教。

在认同萨满教为宗教的立场中，有的学者认为："宗教的最大特点是让人们无条件地崇拜一种虚构的不存在的主宰一切的神，萨满教和其他宗教一样，是信仰和崇拜至高无上的神的，萨满教虽然没有像世界三大宗教那样完备的教义、仪式或组织，但是它具备了有仪式、有组织的雏形。"

如果认同萨满教是宗教，就涉及另一个问题，萨满教是一种什么性质的宗教？对此，学界有不同意见：第一，原始宗教说。这种学说在我国学界最具有影响力。马克思主义经典作家将宗教发展分为两个阶段：一是氏族社会的"自发宗教"，又称为原始宗教或自然宗教；一是阶级社会的"人为宗

---

① 赵阿平："满族语言与萨满文化"，载《西北民族研究》2010年第4期。

教"。原始宗教逐渐成为一个内涵丰富、应用广泛的学术用语,通常指原始社会时期的氏族宗教,南方少数民族的传统宗教和北方民族的萨满教。20世纪80年代初期,我国学界对中国古代宗教和南北方少数民族宗教的研究,大多是在"原始宗教"理论框架下进行的。第二,自然宗教说。自然宗教是以崇拜自然事物和自然力为基本特征的宗教,由此构成人类最早的宗教崇拜形式。自然宗教和原始宗教的内涵并非完全一致,但我国学界多将两者等同。第三,原生宗教说。邹昌林基于他所提出的世界文化可以划分为原生道路的文化和次生道路的文化两大单元的观点,将宗教划分为原生宗教和次生宗教,萨满教是地方性的原生宗教。[1]

(二)萨满教的通神术

这是原始宗教神秘主义问题中具有代表性的问题。通灵方术,富育光老师将其界定为一种"痴迷形态",这是因为萨满跳神时虽然处于昏迷状态,但是意识上还是清醒的。民间称其为"神附体"。它是指萨满进行请神祝赞过程中,精神极度亢奋,神魂颠倒,出现神智痴迷乃至失魂状态,在痴迷中传达神示,进行各种神事活动,完成各种使命。它是相当原始而有力的宣谕术,跳神中呈现的痴迷形态,是宣示人神中介的重要环节,也是得到氏族成员崇信的最好手段。关于痴迷的形式,富育光从萨满的行为中,概括有三个因素:最根本的源泉,离不开所服务的氏族环境和氏族需要。昏迷状态一般要在特定人群、神坛、神器、狂热环境,并营造一种极为神秘、神圣、专心、无我的氛围。

萨满痴迷行为,按萨满教观点乃是魂气调动所致。有人按照魂气在人体内外两向运动的不同形式可分为两类:一类是漫游型;另一类是附体型。一般情况下萨满都兼具这两种本领。漫游型是指自身的魂气离体外游。附体型是指外界客体魂气侵入萨满体内并支配萨满观念等行为。"随着为氏族服务经验的增加,他们服务的心理、手段和方法也必然更适合于族众心理,成为

---

[1] 郭淑云:"中国萨满教若干问题研究评述",载《民族研究》2011年第3期。

一定文明阶段思维观念的契合形式。"①

从宗教学的角度看,这种人神相遇与合一的体验,是宗教经验中最神秘的部分,属于宗教神秘主义研究范畴,具有非理性的本质特征。可以说,萨满教昏迷术及萨满在昏迷状态下的生理、心理、思维机制是萨满教研究的制高点。学者们从不同角度对此进行了研究,精神分析学派认为,萨满入神是一种无意识状态;有的学者从生理学、神经病理学的角度认识萨满及其昏迷现象,认为神经病症是萨满现象的生理基础,萨满的行为表现了"神经病患者"甚至"精神病患者"的症状。一些人类学家和社会学家从文化传统和社会需要等角度对此考察,认为这种现象主要是社会文化的产物,而并非单纯的精神或心理病理现象。例如,人类学家 R. 巴斯蒂德认为"入神是社会造成的压迫的表现而不是神经现象",因而,对于各种出现于特定时刻的神秘现象,"只能通过社会原先对于神秘论者施加的影响来解释"。②

(三) 宗教、巫术以及科学的区别与联系

有的学者认为,萨满教是原始宗教,而不是严格意义上的宗教。严格意义上的宗教是原始宗教的发展。泰勒在《原始文化》中指出:原始宗教是对"灵"的信仰,此类信仰之得以萌生,是由于原始人对于他们自身以及所熟悉者偶尔遭遇的种种异象,诸如梦境、昏厥、幻觉、疾病,乃至死亡,感到困惑,于是断定确有一种形体极微、与人同形同貌者寄于人体内,并可以暂时他往或一去不复返——这便是所谓的"有灵"观念。所谓"灵"逐渐演化为精灵,继而演化为神祇,最初级的宗教是多神,而高级阶段的宗教是一神,最初级的宗教是巫术。

有的学者认为,萨满教创造神是为了强迫、控制和使役神,而不是对神的祈祷、献祭和膜拜。鄂伦春人有祭祀太阳神的仪式,但绝不是跪拜在太阳面前祈求太阳带来更多的光和热,而是一种"助日仪式",是对太阳神的使役。"往昔,在农历初一早晨,太阳升起来以前,鄂伦春人要举行祭拜太阳

---

① 张璇如:"神秘萨满世界的新探索——读富育光先生《萨满论》",载《满族研究》2002 年第 4 期。

② 郭淑云:"萨满'昏迷术'的社会成因探析",载《东北师大学报》2003 年第 4 期。

神'滴拉哈布堪'仪式：族人们聚集在部落中心之地，静候太阳升起。当太阳一露面时，人们都伏地向东跪拜太阳，感谢太阳神给人们带来光明和幸福，并祈祷新一年的平安与丰收。然后，把所带的贵重猎物与酒摆放在柳木神架上，燃起阿叉（一种香草）并再次跪拜，然后各自回家吃饭。约上午十点左右，人们再次聚集在一起，燃起篝火，并围着篝火，手拉手跳起圈舞。跳至日落时分，人们开始烤食祭供给太阳神的肉。吃肉时，要先割一点扔向篝火，然后，所有在场的人分吃祭肉，寓示分享到太阳神带来的幸福。祭太阳神是最吉利的日子，所以鄂伦春人往往在这天定亲或举行婚礼。"这个仪式确有对太阳神的膜拜，但是它的核心内容还是：第一，以篝火和跳圈舞促进太阳高高升起并放射强大的光明和热烈的温暖；第二，人们向太阳祭肉并不是让太阳享用，而是为了"接触"太阳，获得太阳的光和热；第三，人们分吃获得了太阳光和热的祭肉也就获得了太阳的光和热；第四，人们在这个能够获得太阳光和热的日子里定亲、结婚，也是为了能够获得太阳的光和热。[①]

1. 巫术与科学的关系

巫师坚信，相同的原因必然导致相同的结果。他们相信，只要没有另一位更强大的巫师施法影响或打破他的法术，只要能顺利地举行仪式，运用恰当的法术，就一定可以达到预期目的。他们从不奢望更高的权力，也不需要那些心术不正的人的赞许；即使对于普通人来说，神是令人敬畏的，他们也不会妄自尊大。巫师相信自己的能力，却又不是无节制地蛮横。只有严格遵守巫术的规则，避免违背其所坚信的"自然规律"，才可以显示他们的法力。哪怕稍微忤逆这些规则，都会轻则导致巫术失败，重则令巫师丧命。巫师所宣称的，具有驾驭自然的能力，只不过是被严格限制在一定范围内的，完全符合古代认知习惯的最基本法力。

因此，就从认识世界的概念上来说，巫术与科学十分相近。因为它们都认定，事物的变化发展是有规律可循的，并且可以通过对这些规律的探索来预测未来。无论是巫术还是科学，都为那些想要深入了解事物的起因、认识宇宙奥秘的人提供了无限的发展空间。因此，巫术与科学带给人们同样强烈

[①] 詹姆斯·乔治·弗雷泽：《金枝》，陕西师范大学出版社2011年版。

的吸引力,把对美好未来的憧憬化作双翼,去引诱那些疲倦的探索者和追求者,带他们穿越密布的乌云和失望的现实。

巫术最致命的缺陷,在于它错误地认识了控制规律的程序性质,而不在于它假设是客观规律决定时间程序的。通过分析,我们不难发现,它们是对思维两大基本规律的错误运用,即错误地对空间或时间进行"相似联想"以及"接触联想"。错误的"相似联想"是产生"顺势巫术"的根源,错误的"接触联想"是产生"接触巫术"的根源。联想本身具有无可比拟的优越性,它也无愧为人类最基本的思维活动。联想得合理,科学就有望取得成果。稍有偏差,收获的只是科学的伪兄弟——巫术。

2. 巫术与宗教的关系

所谓的宗教,是被认为能够影响和控制自然与人生进程的,超自然力量的信仰或抚慰。这就将宗教分为理论与实践两大方面:一是对超自然力量的信仰;二是讨神欢心、安抚愤怒。显然,信仰是先导,如果不相信神的存在,就不会想要取悦于神了。当然,如果这种信仰并没有带来相应的行动,那它便只能被定义为神学,而不是宗教。也就是说,如果一个人的行为态度并非出自对神的信仰,那他便不是宗教信徒;反之,如果只有行动,却不存在任何宗教信仰,也无法构成宗教。

既然宗教包含的首先是对神灵的信仰,其次才是取悦他们,那么这种宗教认定的自然进程的主要特点就是可塑性与可变性。人们努力说服或诱惑这些控制自然的神,让他们有利于人类社会发展。但在原则方面,这种理论与巫术和科学是完全相悖的,因为,后两者认为自然的运转是固定的,无法通过说服、哀求或恐吓来改变,而宗教却在某种程度上是可塑和可变的。

这两种对立的世界观,取决于各自对一个关键性问题的认识:统治世界的理论,究竟有没有独立的意识?宗教的答案是肯定的。人们绝对不会去讨好那些无生命的东西,也不会去讨好那些在特殊情况下,受到绝对限制的人。总而言之,宗教同巫术以及科学在这一方面是完全对立的;它认定世界的控制者是那些有意识、可以被说服的人。

巫术和科学则认为,自然的进程必定是取决于不变的法则规律,并不是为个别人物一时的热情或任性所影响。当然,巫术与科学在这方面也有区别,相比巫术的含蓄，科学则坦白地将这一点讲明了。尽管巫术也经常和宗教拟人化的神灵打交道，但是在巫术仪式中，巫师对待神灵的方式与对待无生命的物体无异——它是强迫甚至威胁神，而不是如宗教那样讨好神。因此，巫术认为，无论是人还是神，只要具有人性，都要从属于一种控制一切的超自然力量。通过适当的仪式和咒语，这种力量可以被所有人操纵利用。

这样看来在原则方面，巫术与宗教是相互抵触的。这足以解释巫师被祭司残忍压迫的原因：祭司在神面前卑躬屈膝，因此极其厌恶巫师骄傲的态度，以及对权力的妄自尊大。然而，在宗教发展的早期阶段，祭司和巫师的职能是合在一起的。准确地说，是他们各自的职能尚未分化。似乎到了晚期，二者的对立才表现得如此清楚。早期阶段，人们为了某种利益，往往一边祈祷、献祭，一边举行某种仪式、念动咒语，把神的怜悯和人的能力结合在一起。念祷词的同时也在念咒语，这实际是在同时进行宗教和巫术两种仪式。但人们当时并不认为自己的行为和理论之间有什么矛盾，在他们看来能达到目的即可。即使在文化程度较高的民族，也一直残留着宗教和巫术的混合。

因此，我们认为萨满教属于一种巫术与宗教的混合体。正因为如此，满族乃至于中国没有像西方国家那样走向宗教统治，形成神的世界与世俗世界的二元对立，最终通过宗教改革走向近代法治，而是走上了一条礼法合一的道路。

五、满族萨满教：氏族宗教——民族宗教——民俗宗教

满族是在萨满文化核心区域诞生并成长起来的一个少数民族。萨满的源头可以追溯到原始氏族社会时期，由"部落宗教"转变为满族的"民族宗教"。可以说，萨满文化是维系满族氏族、部落社会组织的主要精神桥梁，也是满族原始文化产生和发展的基本元素。星辰崇拜是萨满文化祭祀活动中不可或缺的组成部分，在满族自然崇拜中处于重要地位。

（一）满族萨满教的产生

满族的萨满同世界上其他民族的萨满相似又相异，犹同满族萨满教与世界各地之萨满教的关系一样。尽管信仰萨满教的各民族有类似的自然环境、社会发展经历、生产生活内容、社会组织结构，但他们的语言不同，经历的

发展道路不同,各种条件的组合模式不同,因此尽管都存在萨满教,然而绝非千篇一律、面目单一,而是多姿多彩、各具特点。满族的萨满教相对来说是北亚、东北亚萨满教的一个主要支脉。满族是以活动在北亚、东北亚的许多部落为基础发展起来的一个部族集合体,广泛活动于该区域的女真族各部是满族形成的核心。这些部落生活、迁徙、征战的范围之广,是世界上许多民族无法比拟的。黑龙江以北至北冰洋,东部的黑龙江入海口、库页岛、白令海峡,东南的长白山、浑河流域,几乎都有女真族活动的踪迹,这一广阔地域内萨满教的承袭与传播在整个萨满文化现象中,占有突出的地位,很有代表性。满族的萨满亦为此一地区萨满教文化的直接继承人,虽然该地区萨满教传播族体几经变迁,特别是国界的划分等政治影响,使得此地萨满教出现众多支系,形成目前的格局,但他们的萨满教渊源是一系的,是一根脉滋生的不同派系。就目前对43各族姓80余位萨满的调查来看,他们承袭的多为本族祖先的萨满神本,神本述及的各姓祖籍地如果在地图上标示,那将是星罗棋布般地分布在黑龙江南北,松花江、牡丹江、辽河流域、乌苏里江沿岸、图们江地区。在古老的萨满教分布区内,许多地方萨满活动的踪迹已绝,萨满教文化已经属于历史化石,而满族的萨满教至今仍有频繁的活动,除了在祭祀中承担祭祀任务外,还有新萨满培养、治病、传播古老文化知识等多方面的活动,这些活动仍没有背离辽金以来萨满教神职人员的礼仪、规法的传统。[①]

满族萨满的产生有两种途径:一是本族发展的需要;二是神的择定、支配。前者占主导地位。不论是家神萨满还是野神萨满,凡是满族的萨满都不是属于地域性的,即许多姓氏聚居处的那一地方的为各姓服务的萨满,更不是全民族性的,即整个满族各族系服务的萨满,他只是某一氏族某一族姓的萨满。

1. 家神萨满

在满族,充任由人来选择决定的萨满要具备一定的条件。这些人要年轻力壮、聪明伶俐、老实宽厚、顺从勤劳、礼貌正直,并有一定的文化水平和

---

① 富育光、卉卉:"满族的萨满",载《黑河学刊》1990年第3期。

较高的劳作技能。另外也不只是依据被选者来定，还要挑选他们的家庭。这个家庭为人正派，和睦安康，没有邪魔扰闹为上。被选者必须有当萨满的愿望，其父母也同意被选，这样方可，如果自己不愿，即使被穆坤和萨满看中，也要随其意愿。不是被选上者就是当然的萨满，经过一段时间的学习（即学乌云），如果发现某一位具有头脑愚笨、不听训教、四肢不协调等难以完成学业的弱点，随时剔除，重新补充。学乌云是需要毕业考试的，不合格者不能充任本姓萨满。一个合格或者被认为是优秀的萨满是不容易成就的，各姓都希望培养本族的好萨满，因他代表一族的声望与水平。

各姓萨满的择定和人数的多寡主要取决于以下因素：第一，本姓族脉的繁衍情况和本族分布的地域情况。支系繁多、分布区域广的族姓需要得多些，反之就少些。第二，依据各族经济状况培养萨满。萨满学成后为本族主祭祭祀活动都离不开经济条件的制约，这期间要花费一大笔钱财置办供品、支付其他活动的开销，因此富裕的族姓就可能多培养萨满、多祭祀。第三，本姓萨满自身的意愿。第四，氏族联席会议的议定。上述四方面的条件对满族萨满，特别是家神萨满的产生主要制约作用，可见萨满的产生直接受制于氏族不同发展阶段的各种现实条件，它的基本原则是由人来择定。

2. 野神萨满

萨满的另一途径是神择。在萨满之中有的人，特别是野神祭萨满，不是由人择定，而是神指派的，这方面的主要表现，一是超自然力神祇的附体；二是因病许愿侍神，前者是主要的。

神附体也称为抓萨满，它是本族前几代死去的萨满中的某一个灵魂回转，附到该族的某一个人身上。被附者，或年轻后生，或三四十岁中年人，突然发病，精神癫狂，病状奇特，有的突然爬树上墙，有的连唱带跳，这些症状在此之前是丝毫没有迹象的。这种情状持续到一定程度，家人就要找萨满来查问病因。如果病狂者声称是前辈的某位萨满魂附体，受神之托让他领神，那么就要对他进行验证。每一代的野神祭萨满都有自己独特的神技，如爬树、使火、用兵器、使水术等，也有他权威的神器，如托利、哈马刀等，如果真的是哪一位萨满抓神，那么被抓者就必须会那位萨满的所有技艺，前萨满能做到的，他必须也能做到，其间还要同萨满比武，展示虚实，果然如前者，那么就会承认他为萨满。这种萨满的神技是神赋予的，因此不需要教授什么，人们认为他本身通神，一切与神俱来。

因病许愿侍神也称为抬神。舒兰市《郎氏宗族祭祖神谱》中记述："余以孩体之年，病不欲生，父母疼子心切，遂祷祝于神前，许以病愈抬神（学萨满）。因斯而并痊疴，遂于余年十九岁商及同族人等，欲了抬神之愿，继学户族萨麻。"

（二）满族萨满的培训

满族萨满的培训是整个氏族的大事情，人员和时间都是由穆坤联席会议制定，一般是在春节后至开春前的这一段农闲时间。培训新萨满，通古斯语为教乌云，也有成为学乌云的，乌云是萨满教幻术的专用术语，其含义为学神职、神术，即学昏迷术，学能代答庶望的本领，学在人神之间架起桥梁，相互引见、介绍的能力。学乌云的时间多寡不等，或五、十天，或九、十一、十三天。

学乌云实际上是萨满教的神学课堂，所学的内容包括本姓祭祀礼仪的整个过程，其中包括各种祭祀规则，用牲用供的方式，响器动用方法；野神祭祀中的武功，配合方术等，比如野祭的神很多，要一个一个地请，神来形态各异，栽利要学会辨识和应付他们。鹰神来飞旋转"迷罗"，虎神来好抓虎崽亲昵，豹神贪睡，野猪神贪玩等，萨满要向栽利一个个地讲解传授。栽利还要学会应变的方法和手段。如果神来时对族人不满意，谴责屋脏、猪小、儿孙不规矩，大动肝火时，栽利必须能解释说明原因，请神息怒，并答复处理办法，让诸神高高兴兴来，欢欢喜喜走，这样才能阖族顺利，万事如意。栽利还要学会与萨满的配合，使神技表演不露破绽、人员不受伤害。野神来时萨满双目紧闭，连蹦带跳，萨满必须引导他顺利通过各道门栏，不受磕撞，栽利的手、眼各种动作，所念祝辞，都是辅助萨满不可缺少的东西。培训萨满的方式主要包括以下三个方面。

1. 传讲

老萨满教授的内容事先都明确安排，按照祭祀礼序，顺序讲授。满族各姓都有自己的祭祀规则，平时由萨满保存，教乌云时，它们便是授课模本。常常在教授之前老萨满还要讲述本族的历史、宗谱、族法家规。野神萨满则详细叙述自己所请神的特点,讲特设情况下怎样配合,一般情况下怎样完成与神对答的任务。

2. 传唱

祭祀整个过程中包括几个祭式,每式都包含神辞颂唱,有的唱得多,有的唱得少。这些神歌都是满语,新学者已经多不会满语,不领其意,常常老萨满教一句,大家唱一句。

3. 传技艺

萨满都持响器、神鼓、腰铃、扎板等,这些都是祭祀中不可缺少的配器。掌握奏器的步伐、礼式,是学乌云中必不可少的。老萨满总是一种技艺授完后,再教另一种,一个鼓点、一个步伐、一个姿势,从头到尾一步步地传,一铺神一铺神地教,直到学者熟练起来,达到能使他们独立操持祭祀的程度。比如学甩腰铃,四十多个腰铃系在腰上,重达八九十斤,甩时要求臀部平行扭动,身体的其他部位要求平稳不动。甩出的声音要铿锵洪亮,韵律和谐,这声音象征着云雷搏击风浪,在宇宙中轰鸣前行。基本要领掌握后,还要进一步学习甩腰铃的神技,利用甩技的轻重缓急奏出悠扬、急促等不同的音响效果,有时其中还夹有小铃铛,奏出鹰鸣鸟啼的音响,模仿神祇由远及近的脚步等。甩腰铃还要配鼓,奏各种步伐,身体要求协调,鼓与腰配合也必须和谐。

(三) 满族萨满的职责

满族的萨满有双重性格,一为侍神者,各族姓宗教的权威;二为普通的氏族成员。萨满的职责一般是指前者所行的责任,但由于萨满的宗教职能在民众中有着根深蒂固的影响,长期以来自然而然地形成了尊重萨满的习惯,无形中萨满还有着自觉地做一名模范的氏族成员的责任。

第一,作为侍神者,满族萨满的基本职责是履行侍神义务,传播本族的宗教文化。如果说萨满也讲经布道的话,那就是他们向族人传播的口碑、神话。其中包括天地人怎么创世纪,部落来历和部落经历的重大事件,部落中某个祖先或英雄的故事。在全族祭祀中,逢年过节、丧葬仪式或老萨满去世前,都是"传经"的重要场合。

第二,萨满沟通人神,既解神意,也能答庶望,在本族重大事件和重要问题的定酌和安排上还负有决定权和支配权。这之中常伴有占卜术。各族萨满不仅懂得神规祭法，族姓历史神话，而且还常常懂得天文地理、占卜推演。通过观星测水，他能推测该年气候、水量、自然灾害等，也能通过天象星位和食物占卜，预言人间将发生的事情和已经发生事情的起因乃至前景。根据《满族老档》的记载，各族各姓日常生活安排上，神事活动占有首要地位。根据萨满的观测决定该族一年之中应举行几种族祭，每祭在什么时候，穆坤根据神事后动的安排，组织一年的生产活动和人员调动。

第三，治病对于满族家神萨满属于分外之事，他们只负责族中祭祀等大型神事活动，没有医病的义务，也有偶尔为之者，那只是个人的事情。野神萨满问病医病则是分内之事，他靠神附体的昏迷术问卜病因，驱邪去灾。

第四，满族的萨满平时只是一个普通人，或是种地者，或是当兵为官的人，履行神职后，一如既往。他们和本族其他成员是平等和谐的关系，没有特权，他们的服务也不索取报酬。他们可以结婚、生儿育女，参加生产劳动或其他工作。神权没有使他们在物质方面受益，相反，由于它所带来的诸方面的影响，萨满必须是氏族内部的模范成员。他知识丰富、待人诚恳、尊长爱幼、勤劳无私，同时还必须有多方面的技能本事，没有这些与神权配合，一个萨满就不会有威望，族人也不会满意，氏族也不会有威望和影响。

（四）满族萨满教的嬗变与现状

1. 金代女真族萨满教

金代女真族的萨满教是对靺鞨时期萨满教的直接承继。这种承继关系主要依赖于这两个民族实体的相续和他们活动区域的承接，它们为传统的物质和精神文化的流传提供了充分条件。这种传统文化的流传，自然也包括萨满教。靺鞨是女真族体勃兴的主要渊源。建立大金王朝的女真完颜部落就源于隋唐时期靺鞨七大部之一的黑水靺鞨。黑水靺鞨主要分布在黑龙江中下游，同南系靺鞨诸部相比，社会发展水平比较落后，狩猎、捕鱼为主要产业，出现了早期农业，财产上的贫富分化已经明朗，原始公社制度正在解体，部落战争频繁，处在社会急剧变革、发展的过渡时期。其时该部已经是拥有16个部落的强大联盟，成为当地颇有实力的政治势力。唐代黑水靺鞨向唐王朝纳贡，唐王朝也在黑水靺鞨地区建立了地方行政机构。渤海国强盛时期，部分黑水靺鞨为其役属，辽灭渤海，把渤海人大批南迁，黑水靺鞨乘机向南伸张，并取代渤海而兴，契丹称这些黑水靺鞨为女真。辽王朝把女真人分为"熟女真"和"生女真"，以是否籍属契丹为划分标识，即所谓"其在南者籍契丹，号熟女真，其在北者不在契丹籍，号生女真"。熟女真是女真中的先进部分，分布在松花江以南，受辽的直接统治。生女真分布在松花江北岸，黑龙江中下游，东达海岸，辽王朝对其采取加封本族首领的办法进行统治。完颜部为生女真的主要部落之一，其一支在部长绥可率领下，于十世纪末迁徙按出虎水畔定居，并逐渐强盛起来。凭借自己的实力，经过频繁、激烈的部落战争，它统一了"西起松花江，东迄乌苏里江，南到今吉林延边朝鲜自治州及迤东"的女真部落，于1115年在首领完颜阿骨打率领下，打败了辽王朝军队，建立了金政权。金代的女真族体无论从渊源上，还是从族体中占统治地位的核心部分上看，都表明它形成于古老的萨满教信仰群体之中，并且是这群体中文化比较落后和单纯的那一部分。

金代女真族的萨满教不仅仅是社会生活中不可缺少的一部分，并起着带有全民均等色彩的功利作用，更重要的是，它成为王权政治的一部分，参与服务于当权者的重大活动或决策。以天应地，以地应天，天人感应是萨满教信仰的核心之一，经过长期积累，人们对天界、星空形成了相对稳定的认识模式，根据天象，特别是星象的变化，占卜人间之事，寻求神的佑护。在金代这种观念最大限度地应用于统治阶级的政治观念之中，成为醒喻自身，甚至神化王权的信仰依据。天象之吉兆，或有利于自身的征兆，是金统治者制定决策、神化自我、鼓舞部众十分必要的精神武器。金太祖阿骨打是帝国大业的奠基人，不但史籍中对他加以神化，就是现今流行的关于他的民间口碑也充满传奇色彩。

萨满教根据天象推测人间的吉凶祸福的同时，一方面相信自然界对人类的无与伦比的主宰；另一方面认为人的行为对自身以外的世界也有影响，它有着丰富的人神联系的行为模式。在金代，这些模式也同样被王权化或国家礼仪化了。它的主要表现为：第一，建立或规范正规化的王朝祭礼与祭所。第二，检修国政，取悦于神。每逢气候反常，或遇到自然灾害，金王朝常把它与朝纲治乱联系起来，往往在此都采取一些政治措施，修改国政，借以取悦神灵，免除灾患。第三，以政治手段制定、强化祭礼和禁忌行为。

萨满晓彻神意，请神送神，有众多神灵保护的特殊人物。还在氏族部落社会，萨满就是该社会的酋长或很有威信的重要人物。在部落战争中，萨满成为战争生活中不可缺少的精神依托，他们在战斗决策、谈判、鼓舞士气、乃至于冲锋陷阵方面起着举足轻重的作用。女真族中，萨满主宰或参与政治生活、军事生活的传统被继承下来，把它从部落社会一直带到金帝国的王权中。金世祖在史籍中被描述为一个未卜先知、多有梦验、刀枪不入的神奇人物，这完全是个萨满形象。

萨满教是女真族全民信仰的基础，金政权在此基础上进行规范、强化，使它成为女真族占统治地位的并为王权服务的思想意识，这是金代萨满教的重要特点。

然而，这一特点并非一成不变，它还是一个从弱到强，由强至变的内在运动方向。从部落社会萨满教向奴隶制国家萨满教的转化，就像女真族由分裂到统一，实现了社会形态的重大进步一样，萨满教文化性质也向前迈进了，由氏族部落的自然生长形态，向奴隶社会被国家政权统治者利用的方面发展，一时之间，堪称国教。金代萨满教之所以受到强化，绝非仅仅由统治者的主观意愿就能完成的。金代，特别是金初，被统治的各族体成员多信仰萨满教，萨满教在他们之中根深蒂固，这就为金统治者统一族体的信仰提供了最基础的条件，保证了由萨满教信仰包容的皇权观等统治阶级思想意识顺利实现。

2. 萨满教逐渐被佛教取代

萨满教由强化到变化的运动主要表现在金统治者内部。在金代，一方面萨满教在民间普遍流行；另一方面，在统治阶级中间，由于萨满教的某些现象，同统治阶级的现实利益、政治经济制度、条件发生了冲突，萨满教受到一定程度的冲击，特别是金政权建立后，大多数帝王崇信佛教，这就使得原来被他们作为勃兴武器的萨满教，在统治者内部受到冷遇。在金代相关史籍中看到，在金政权特别是金帝王的政治生活中，萨满教的某些方面的活动受阻，有些宗教观念受挫。如萨满占卜未验受到帝王斥责，一些文武官员也出现阻挠"巫"参与军事与政治活动的强硬态度。

随着金帝国自身社会形态的不断发展，尤其是金推翻北宋，迁都燕京以后，中原地区汉封建文化的强烈冲击，以及出于统治各民族特别是汉族的政治需要，金统治者信佛的热情，渐胜萨满教，直至取而代之。金帝王多皈依佛教。金统治者对佛教的提倡对民间萨满教信仰群体有很大影响。但是，与统治者不同，女真族众虽然在不同程度上受到佛教影响，并未动摇萨满教的优势地位。从一定意义上说，萨满教进入金代开始了新的命运。从大量史籍记载，民族学调查和考古发掘中可以推断，金代女真人的萨满教正处于兴盛时期，这种兴盛的代表方面在民间。在金帝国创建初期，萨满教得到了充分的发展。其后，尽管统治者笃信佛教，并对萨满教有所抑制，但并未限制、阻止民间萨满教的发展。然而萨满教毕竟在金代女真族中形成了两种走向，即它在女真宫廷、贵族中间和在广大女真族众中间形成两条不同的道路：一个由萨满教转向佛教；一个则始终保持萨满教信仰。

3. 萨满教的民俗化

随着现代化进程的加快和传统文化生态的迅速变易，我国传统的萨满文化形态正在走向式微，同时，我们也看到，萨满文化作为北方民族的精神信仰，在民间有着根深蒂固的影响。在这个文化、信仰多元化的时代，萨满文化正以多种变异形态顽强地存活着。原有的以氏族为本位的萨满逐渐被地域型萨满所取代；原本以服务氏族为宗旨的萨满正在向着职业化的方向转变。以萨满文化为主体的民俗产业又使萨满文化与经济发展发生了联系，从而使其受到前所未有的关注。在信仰萨满教的北方民族中，萨满文化的观念已经沉淀于人们的心理，并外化为民间习俗与行为方式，在民众中产生着深远的影响。"新萨满"现象、萨满文化的复兴和萨满产业化问题是许多萨满文化流布区域和国家面临的问题。

改革开放以来萨满活动已经从隐蔽走向公开。在满族不少家族中，萨满的祭祖活动往往成为增强凝聚力的感情纽带。满族人相信，若举行家祭，就会一家安全，无病无灾，子孙繁荣。满族萨满文化的主要表现形式是萨满祭祀，祭祀必"烧香"，烧香即"跳神"。以家族为核心举行的祭祖活动，被称为"萨满家祭"，流传于东北宁安地区，以氏族为单位，每三四年举行一次，时间三天。由于祭祀有察玛（即萨满）主持，并跳传统的萨满舞，供奉祖先神和举办自然崇拜的诸多仪式，所以已经成为研究萨满教的活化石。

萨满教呈现逐渐民俗化的趋势。在信仰萨满教的民族中，萨满教的观念渗透到民俗生活的各个方面，不论是物质生产、交易运输等经济民俗，还是婚嫁丧葬、岁时节日等仪式民俗，几乎都或多或少地受到萨满教的影响。各地积极推进萨满文化艺术的非遗化，萨满文化日益成为旅游开发的民俗资源。

学者色音认为，中国乃至世界各地、各民族的萨满教的历史发展都有一段习合化的过程，因此我们考察萨满巫俗时必须弄清楚保持萨满原貌的纯萨满巫俗和经过习合化的复合形态的萨满巫俗。在宗教民俗学上把两种或两种以上的宗教形态融为一体的混合形态称为"习合"。萨满巫俗的习合有两种基本方式：一种是以萨满巫俗为主的习合；另一种是萨满巫俗退居次要地位的习合。满族的萨满教受到汉文化和其他外来文化的影响，也走上了习合的道路。例如，岫岩的满族曹氏家族有一个传说，说族中有一个波依太太，有一天坐在炕上，突然耳朵上三副钱子哗哗作响，波依太太心里一动：不好了，三儿子在战场上"折了"。不久果然飞马来报，三儿子战死。后来波依太太坐化而死，鼻涕自流出，家人为她打了坐棺。波依太太是对女萨满的又一称呼，"三副钱子哗哗作响"，显然是钱子显灵，坐化则是佛教习俗。这个故事从某种角度上反映了萨满教与佛教的习合。明初统治者鉴于前代崇信藏传佛教的弊端，转而使汉地传统佛教得以恢复发展。这样一来，喇嘛教在内地失去了昔日的荣光，而那些国师、佛子在内地的佛教活动，在一个漫长的时期内，受到了一定的限制。他们被挤出内地，继辽之后，又一次来到关外传教。他们这一举动，不仅适应了崛起中的女真人宗教信仰的需要，而且也完成了东北萨满教和藏传佛教互相融合的过程。

这一习合过程是在萨满教和其他宗教的双向互动中完成的。一方面萨满教吸收外来宗教的因素，其结果出现了萨满巫俗的多样性和混合性特征；另一方面萨满教也影响了其他宗教。从总体格局来看，将萨满教和其他宗教的习合大体可分为吸取性习合与侵入性习合。①

随着社会历史的发展，萨满教赖以产生和发展的社会文化条件发生变化，各民族的萨满教几乎都进入了衰落的历史轨道，但衰落并不意味着很快消亡，

---

① 色音："论复合形态的萨满教"，载《世界宗教研究》2001年第3期。

在外来宗教的冲击下，各民族萨满教在由盛变衰的过程中采取了一些灵活多样的生存策略，以改头换面的变异形态残留至今。

六、满族萨满教与礼法合一的法律世界

周作人在1925年发表的《萨满教的礼教思想》中写道："中国据说以礼教立国，是崇奉至圣先师的儒教国，然而实际上国民的思想全是萨满教的。中国绝不是无宗教国，虽然国民的思想里法术的分子要比宗教多得多。讲礼教者所喜说的风化一语，我就觉得很是神秘，含有极大的超自然的意义，这显然是萨满教的一种术语。"我们认为，家萨满对于中国礼法之制的形成起着重要的作用。

苏联民族学家列瓦嫩阔娃认为，萨满教是由以下三个基本要素构成的：第一，神话要素，这是一种把世界分为上、中、下三层，并认为三层中间有连接他们的宇宙中心的观念；第二，媒介要素，完成三界之间的连接工作的人物的存在；第三，仪礼要素。满族家祭萨满正是巫术、宗教、礼法的三位一体。

首先，萨满教的思想基础是万物有灵和灵魂不灭。其中，灵魂不灭的灵魂观认为，世人有三魂，即生魂（生命魂）、游魂（思想魂）和转世魂。灵魂是人的主宰，万物的生存、人世的福祸以及宇宙中的一切变化，都是由神鬼们在冥冥中主宰决定的，灵魂可以暂时或永久地离开肉体，也可以独立地存在，这种灵魂观表现在行为上就是祖先崇拜。满族家祭正是在这种古朴原始的思想基础上逐渐发展起来的，而不是单纯出于纪念和缅怀的缘故。比如，满族家祭的灵魂观是非常明显的，像杀猪时往耳朵里灌酒，只有猪头摇晃的时候才行，认为这样才表示祖先已经领享；杀猪刀必须在西炕磨，因为这里是祖先神灵栖居之所。正是出于灵魂不灭以及祖先神灵具有超自然的能力等因素考虑，满族的家祭才带有很强的功利性，他们期望通过上述的祭祀，以获得祖先神灵的惠佑。萨满教把宇宙分为三层，祖先神灵则居于上层，满族在祭祀祖先时，还要附带祭天，从中反映了满族的天崇拜思想。据考证，天在满族萨满教观念中，是善神的居住之地，也是祖先神灵的居住之地，所以，祭祖的同时祭天是很正常的事情。

其次，家祭完全是按照礼法仪式来进行的，祭祀仪式多由家萨满来主持，整个活动过程也严格按照萨满教的灵魂思想和宇宙观来进行的。在家祭过程中，萨满不仅扮演了司祝的角色，而且也是与神进行思想沟通的人，这本身就具有浓厚的宗教色彩。家祭的次数十分频繁，在满族人看来，家祭本身不仅是宣传满族始祖，也是在祈求祖先的庇佑。基于此，满族祭祖的次数，最少春秋两季各一次，多则每月一祭，而且遇到疾病、丰收、升迁等吉凶之时都要祭祀。每次家祭都要举行献牲仪式，猪必须是自己家饲养的、纯黑无杂毛、无疾病的、阉割的公猪。杀猪所用的绑猪绳必须是在西炕搓的，杀猪刀必须是在西炕磨的。家祭前，他们先要将祖宗的象征物和谱书等从祖宗匣中取出，摆在西炕的案桌上，案桌前面摆放着香碟、糕、饼、酒等供品，还要摆放一只大公鸡，据说这是给鹰神准备的。这种家祭祀具有典型的萨满教特征，其目的是让祖先神灵能享受到人间烟火，整个仪式具有明显的娱神性质。

最后，满族家祭具有巫术的仪式特点。满族祭祀中的察玛按照一定的步法，手持抓鼓，击鼓而跳。所跳的舞蹈与萨满的跳神舞蹈相比，虽然动作幅度小，舞蹈语汇变化不大，舞蹈节奏基本上是"老三点""老五点"，但在沉稳、凝重的气氛中，给人一种庄严肃穆的感觉，充满了对祖先神灵的崇拜。当然，家萨满中的礼法成分多于巫术成分，因此，很多学者否定家萨满是萨满。①

满族萨满中的礼法成分与儒家文化中重礼法的要求不谋而合，因此，满族人对于儒家文化并不感到十分的陌生，但是，其宗教和巫术成分很难被儒家文化吸纳，因此，正像很多学者所认识到的那样，萨满教可以被划分为上层的（官方）的萨满教和下层的（民间）的萨满教，前者，儒家文化的意味更浓厚，后者宗教和巫术的意味更浓厚。这也是为什么满族官方能与儒教文化圈相互融合的主要原因，即它们有着非常相似的礼法文化基础。

---

① 于学斌："关于满族家祭和家萨满问题的几点思考"，载《黑龙江民族丛刊》2007年第2期。

第六章 说 部

一、满族说部与满族法文化的关系

(一) 满族说部简介

1. 满族说部的性质及内容

满族说部是满族及其先民在民间流传的一种古老的说唱形式，满语俗称为"乌勒本"（ulabum），汉译为传或传记。20世纪30年代后，在多数满族成员中将"乌勒本"改称为"说部"。"说部"是"乌勒本"口碑艺术在近世传播过程中的嬗变。满族说部的产生源于该民族"讲古""寻根"的习俗，这种独特的习俗将满族的民族文化记忆升华为世代传承的说部艺术。

满族说部以讲唱本族英雄业绩为主题，是叙事性的说唱文学作品。学界一般将其分为四种类型：一是窝车库乌勒本，俗称"神龛上的故事"，是由氏族的萨满讲述，并世代传承下来的萨满教神话和萨满祖师们的非凡神迹，如《天宫大战》《乌布西奔妈妈》《音姜萨满》《西林大萨满》等；二是包衣乌勒本，即家传、家史。如《萨大人传》《女真谱评》《东海沉冤录》等；三是巴图鲁乌勒本，即英雄传，如《金兀术传》《乌拉国佚史》等；四是给孙乌春乌勒本，即说唱故事，如《红罗女》《比剑联姻》等。满族说部通过各种叙事手法，歌颂满族的创世英雄、民族英雄、家族英雄等各种英雄的业绩。

满族说部包括两大宗内容，即广藏在满族民众中之口碑民间文学传说故事和谣谚以及具有独立情节、自成完整结构体系、内容浑宏的长篇说部艺术。说部是对本氏族中一定时期里所发生过的重大历史事件的生动总结和评说，具有极为严格的历史史实的约束性，甚至人物、地点、年代、时间，矛盾焦点、冲突、纠葛与结局，都不允许隐饰，均有翔实的阐述。① 满族说部所讲述的内容自远古时期开始，涵盖氏族时期、渤海时期、辽金时期、金代，直至明清，时间跨度达千百年。因此，在一定意义上，满族说部也是一部厚重的民族史，较为全面地反映了满族的民族智慧、哲学思考和价值取向。

2. 满族说部的传承

早期的说部作品大多以口头形式问世，由于当时传播方式有限，只能采取口头传承的形式，但这种形式却一直世代沿袭下来。满族创制文字后，说部一直用满语传承，清末随着满语的逐渐废止，说部的传承语言改用汉语，间或夹杂一些满语。

20 世纪后期，随着科技的迅猛发展，社会生活现代化的进程加速，大众文化、主流文化凭借其先进的传输手段迅速占领了文化市场，民间口头非物质文化遗产由于缺乏先进的传播手段而面临空前的生存危机。在文化市场巨变的大环境下，满族说部也难以独善其身。而且，由于满语的逐渐废弃及十年"文革"的严重破坏，满族说部的传承几近断裂，很多作品随着传承艺人的去世而失传，尚存的作品也面临即将失传的危险。为挽救非物质文化遗产，20 世纪 80 年代后我国开始日益重视和加强对其抢救工作，满族说部的搜集和整理工作也就此展开。为切实保护非物质文化遗产，2004 年我国批准了《保护非物质文化遗产公约》。作为联合国教科文组织要求保护的典型的人类口头非物质文化遗产，满族说部于 2006 年被列入我国首批国家级非物质文化遗产名录，这对满族说部的现代传承起到了相当大的推动作用。

在国家、政府的重视及学者的不懈努力下，吉林省自 20 世纪 80 年代本着"忠实记录，慎重整理"的原则开始了满族说部的抢救工作，取得了丰硕的成果。说部文本已经于 2007 年和 2009 年两次出版发行，截至 2009 年，已整理出 28 部说部。由于满族说部的大量出版发行，其传承形式也由历史上单一的口头传承发展到今天的口头传承与书面传承相结合，书面传承演变为主要的传承形式。满族说部不再仅仅是满族人独享的珍贵的文化遗产，而是成

---

① 富育光："满族传统说部艺术——'乌勒本'研考"，载《民族文学研究》1999 年第 2 期。

为全国各族人民共享的视觉和精神盛宴。但是,学界很多人认为,当前主导的书面传承形式也存在一定的局限性,即《易·系辞上》所说的"书不尽言,言不尽意"的问题,相对于口头传承而言,文本形式失去了讲述者的生动表达的依托,"从而必不可免地丢掉某些稍纵即逝、难以再现的灵光神韵、天籁真趣"。① 而且,文本形式对人的视觉的冲击力、对人的内心的感染力可能相对弱化。这一问题已经引起各界的广泛重视,为克服书面传承的局限性,各地不断探索活态传承的新形式。例如,将满族说部搬上舞台进行展演,通过各种高科技手段再现满族说部作品,从而不断拓展满族说部的呈现形式,多元的传承形式将满族文化的精粹更好地展现,在带给民众精神享受的同时,提升民众的文化品位。

(二) 满族说部与满族法文化的互动关系

文学作品与法文化之间存在双向的互动关系。文学作品是社会生活的反映,法律是对社会生活进行调控的基本规则。法文化是实现人的社会化,塑造人的规则意识、强化秩序观念的重要文化类型,它体现在人们的生活当中,存留在人们的认知和记忆里面,每个人都会自觉或不自觉地受这种文化的调控和指引。因而,作为法文化内容的法律理念、法律规则及当时社会成员对法律的普遍的看法和态度必然会在文学作品中一定程度地折射出来,文学作品即成为法文化的影像。同时,文学作品被创作、被传播后,借助其独特的艺术魅力,又会潜移默化地影响民众对法的看法和态度,影响民众的行为模式,文学作品对法文化的固定、传播和发展起到一定的推动作用。基于文学作品与法文化的这种特殊关系,作为法律人完全可以从法学的视角对文学作品进行解构,从而分析文学作品反映的特定群体及其所处的时代的法文化的特色。满族说部与满族法文化的关系体现为以下两个方面。

1. 满族说部是满族法文化的载体

第一,满族说部体现满族英雄的法律思想和满族民众的法律意识。法律思想是法文化的重要组成部分,满族说部塑造了一个又一个有血有肉的英雄,对这些英雄的塑造是通过对其言行的讲述来实现的,言行反映思想,法律思

---

① 周惠泉:"论满族说部",载《民族文学研究》2009年第1期。

想是其中被反映的重要内容。满族英雄的法律思想具有重要价值：其一，英雄属于社会精英，其法律思想多具有合理性、进步性和前瞻性，因而更容易受到人们的广泛关注和接受，从而产生深远的影响；其二，英雄的法律思想以社会实践为根基，是满族的文化自觉和理性选择的结果。英雄的人生命运与其深邃的思想紧密结合，融为一体。命运多舛的英雄在多难的现实境遇中产生对自然、对社会、对人自身的认识，从而阐发特定的法律思想。满族说部中的法律思想是满族生存经验的积累和升华，是满族人的真感切悟、真知卓识，这与西方以理性思辨为基础，经过严密逻辑推理得出的认识不尽相同；其三，英雄的法律思想有重要的社会作用，因其主要针对当时的社会现实问题，能够统一或端正民众的认识、在民众心中树立特定的行为观念，进而革新人们的思维，影响社会的走向，决定民族的命运。满族英雄的法律思想实为满族的一种精英文化、智慧财富，承载着满族社会有序发展的重要功能。

满族说部在体现满族英雄的法律思想的同时，也反映满族民众的法律意识。法律意识是民族文化传统积淀的产物，是各民族在文明进步的过程中所创造的法律思想和法律价值观在人们心里的凝聚。满族说部虽以英雄为主角，民众为配角，但从不可或缺的配角中，我们却能够洞悉满族民众对于法、对于规则的态度、看法以及满族特定的行为模式。

第二，满族说部中蕴含一定的法律规则。从满族说部中的法律规则的内容及表现形式来看，满族说部以歌颂英雄业绩为主旨，对英雄业绩的展现，主要从两个方面进行：一是在平时，英雄如何解决生产、生活、婚姻等基本社会问题，进行有效的社会治理；二是在战时，英雄如何对内整饬军纪，对外克敌制胜。相应地，满族说部中的法律规则从内容上看，包括平时社会治理规则和战时军事规则，战时军事规则占有相当的比重。之所以此类规则占有一席之地，源于整个人类社会在20世纪之前并没有深刻地反思战争，大力遏制战争，因此，战争规则成为社会规则的不可分割的重要组成部分。平时规则和战时规则都是维护社会生存和秩序的准则，且与满族的宗教信仰、民族性格及生活习俗密切相关，其产生缘于满族与自然作斗争、与人的利己本性作斗争、与同类作斗争的实践。这些规则或者扩张自己，或者约束自己，从而营造有利于本民族生存和发展的自然环境和社会环境。从法律规则的表现形式来看，包括显性规则和隐性规则。所谓显性规则是指首领或英雄人物直接发布的明确的有约束力的规则。满族说部中的多位英雄在不同的历史时期，在战时或平时都曾根据现实情况，有针对性地发布法律规则，以实现对族人的有效管控；所谓隐性规则是指以"判例"的形式体现的法律规则。这种法律规则没有明确的规则表达，而是通过英雄对社会纠纷的处理方式和结论来体现，相当于一种"判例规则"。

从满族说部中的法律规则的效力来看，具有现实的约束力，主要原因在于：其一，满族说部的性质决定其效力。从某种意义上说，满族说部是满族的经验、惯习。纵观人类社会的发展历程，社会成员之所以能够生活在一起，源于对统一规范的需求，只有一定的行为标准才能将人们规范起来。人类社会的文明初期，习俗、传统和故事为民众提供了行为典范。温姆瑟认为："人们的举止只是受到祖先经验累积的左右。"满族说部的内容就是一种具有鲜明的道德性、宗教性、族缘性的经验、惯习，因此，自然对族人产生拘束力；其二，满族说部的权威性决定其效力。在以经验、惯习维持的传统社会里，成员的生活均是以神明、祖先或长者为标准。对自然的膜拜和对先人祖训的遵从意识，增加了规则本身的威慑力和感召力。满族说部是对本民族英雄业绩的讴歌和礼赞，不论是神话英雄，还是现实英雄，均在满族成员心中具有至高无上的地位，族人笃信其所确立的行为规则，发自内心地认可和遵从；其三，族人对满族说部的普遍的、持续的同意决定其效力，族人对说部的共同认可和接受自然使它具有了约束力，而这种持续同意源自于说部的恒久价值。

因此，虽然满族说部的外在表现形式不是法律，但实际上它所体现的法律思想、呈现的法律规则却具有法律效力，不论是在哪一历史时期，只不过发挥作用的空间及发挥作用的大小有一定的差别。满族统一中国前，成文的法律规则较少，且在当时的情况下，也少见对成文的法律规则的专门的传播，族人接受行为规则的一个常规途径就是聆听满族说部。先祖之法、英雄处事之规自然成为通行的调整社会关系的准则，成为处理社会问题的公认的权威的依据。满族统一中国后，虽颁行了大量的法律规则，但法律文本自身的局限性，官方法律规则与民众法律意识的差异性以及民众知识、阅历、理解能力的有限性，使得说部的规则效力并未有大的减损。满族说部的规范作用仍得以传承和延续，它在一定程度上弥补了国家法律功能上的缺陷与不足，不论对普通百姓还是对国家官吏的行为均具有规制和定型作用。

2. 满族法文化的传承以满族说部为依托

第一，满族法文化的传承在很大程度上是通过满族说部的传承来实现的。满族说部的传唱过程，也是满族法文化的传播过程。讲唱满族说部被满族成员视为是一种神圣的仪式，只有在祭礼、寿诞、年节等重大场合才由特定的传承人进行讲唱，讲唱者在讲唱前一般要漱口焚香，常配以铃鼓所板，夹叙夹唱。凭借这种独特的神圣的仪式，满族法文化得以传扬。随着满族的不断发展壮大，虽然满族建立了政权，具备了一定的文化传播途径和手段，但由于当时条件的局限性，对文化的传播能力仍然相当有限，满族说部作为本民族文化传播的重要方式的地位难以被撼动。

第二，满族法文化的固化、接受、发展依赖满族说部。首先，满族说部的产生过程，也是满族法文化得以展现、固定的过程，这种固定使得满族法文化的精粹不至于随着时间的流逝而在族人心中湮灭，而是成为一直伴随满族存在和发展的必备的精神食粮；其次，作为文学作品的满族说部的传播能够提升族人对本民族法文化的理解力，深化民众对法文化的接受程度。梅特兰曾说："只要法律是不成文的，它就必定被戏剧化和表演，正义必须呈现出生动形象的外表，否则人们就看不见她。"；最后，由于满族说部以社会现实为根基，因而其不断创造的过程，也是满族法文化不断发展和演进的过程。

综上，满族说部不仅仅是文学作品，同时也是以文学作品展现的满族的法律思想、法律意识、法律规则。这样的一种对族人具有内在约束力的特殊的"文学作品"，对于社会秩序的维护，各种社会冲突的解决，以及民族精神的凝聚起到了巨大的积极作用。满族说部在传承的过程中，不仅将人性之美、智慧之光沐浴族人，同时也使得法文化得以播衍。

二、满族说部中的治理法文化

通过对满族说部的研究，我们不难发现，满族社会的有序性体现得尤为突出。权力拥有者的社会动员力和社会控制力极强，普通族人之间的关系也体现为较好的平衡性，这离不开一定的法律理念的维系与支撑。满族社会治理的核心是建构秩序，从满族说部的讲述来看，满族社会秩序的建构包括纵向和横向两个维度。纵向体现为权力拥有者的治理，横向体现为族人的自治，通过横纵两个维度共同编织社会秩序之网。

（一）满族的社会治理理念

在人类社会的发展过程中，纷争与人类一直相伴随，这源于人的欲望的无限性与社会资源的有限性之间存在尖锐的矛盾，这一矛盾如不能得到圆满的解决或恰当的平衡，会导致社会长期处于纷争的无序状态，无休止的不断升级的纷争不仅严重阻碍社会的发展，而且可能使社会在这种内耗中灭亡。满族在产生部落首领等权力层后，他们就承担起建立秩序的核心使命。现将满族说部的秩序建构理念归纳如下。

1. 义务本位

纵观满族说部的内容，整体而言，特别是在满族统一全国之前，族人的权利与权力的观念淡薄，义务观念浓重，这种浓重的义务观念既体现在权力拥有者身上，也同样体现在普通族人身上，只不过义务的内涵不同而已。

（1）权力拥有者的义务本位观。满族说部讲述的英雄多为具有一定权力的人，但是他们并非以权力拥有者自居，而是定位于服务者的身份，根深蒂固的是造福于民、惜民、爱民的义务感。在他们的心中，只有切实履行了对族人的义务，才无愧于自己的身份和地位。权力拥有者的义务观念是通过他们外显的行为来确认的。满族说部中的权力拥有者承担的义务主要为：

第一，保障生存的义务。这种任务在反映满族早期生活的说部作品中体现得尤为突出，族群首领以维持生存为根本任务，此任务主要表现为：一是救治病患，疾病的困扰是满族先民面临的一大难题，族群首领千方百计探寻治病良方，全力救助病患，而非抛弃以求自保。《恩切布库》《乌布西奔妈妈》中都记载了大萨满探寻的大量药方，《乌布西奔妈妈》中还讲述了乌布西奔妈妈不顾个人安危，全力救助病患的很多事例；二是保障衣食住行所需。《恩切布库》中详细讲述了恩切布库如何带领族人摆脱原始的饮食和居住状态，进行狩猎、植物采集、农业生产及住宅建设的全过程。但是，保障生存的任务随着满族的发展壮大而不再居于突出位置，而演变为如何保障满族政权长治久安的义务。

第二，促进发展的义务。此义务体现在社会生活的方方面面，但以人口与疆土为重中之重。首先，从人口方面看，一是承担族群健康繁衍的义务，《乌布西奔妈妈》《恩切布库》等都讲述了族群首领如何改变原始的部落内通婚习俗，实现部落外婚姻的过程；二是促进族群的人口增长的义务。满族在相当长的时间内实行收继婚，以及清朝取消人头税等制度都在一定意义上是权力拥有者为履行保障和促进人口增长的义务的实际举措，从而使得清朝的人口突破了一亿，超过了以往历朝历代。其次，从拓展疆土方面看，反映满族早期生活的说部作品中就有这方面的突出体现。《乌布西奔妈妈》中，乌布西奔妈妈呕心沥血，历经数载使得"七百噶珊拧成股绳，没有了血泪，没有了纷争，窖满仓盈，幸福安宁，众部诚服兄弟亲"。① 但乌布西奔妈妈仍不止步，不顾年老病弱，执意五次亲征探海，向充斥着飓风、巨浪的大海发起挑战，接受更为严酷的环境的历练，从而谋求更大的生存空间。满族说部中不同历史时期的多位英雄都有大力拓展疆土的思想和作为，为促进本族疆土的不断扩大不遗余力，奋斗毕生。清朝在历史上疆土面积最大，虽然其后期因没落失掉了很多疆土，但远没有其开拓的疆土多，清朝当之无愧是我国领土的关键性确定者。

第三，定纷止争的义务。早期的满族社会，族群的首领既是族群的领导者，也是族群内纠纷的裁决者。建立政权后的满族，一定的权力拥有者也同时充当纠纷的裁决者的身份。通过对各种社会纠纷的处理，化解内部矛盾，实现公平正义，从而使得社会处于有序状态。满族权力拥有者裁决纠纷的事例在满族说部中不胜枚举，为权力拥有者如何履行裁决义务确立了一个又一个典范。《阿骨打传奇》中讲述了一个汉族女子周素云，无法忍受继母的非人虐待，想要拜一位女真人为父，入籍女真，不再受缠足之痛、虐待之苦。但其继母及汉人强烈反对，极力阻止她转籍和放足。周素云欲自杀来反抗，从而使得矛盾异常激化。对于此事，阿骨达不仅亲自调查其起因及经过，还深入探究了汉族的缠足问题，认为事关重大，不仅是如何解决受害女子问题，

---

① 富育光讲述、富育光译注：《乌布西奔妈妈》，吉林人民出版社2007年版，第184页。

更是涉及民族关系、民族风俗的大事。经过慎重考虑后，阿骨打做出裁断："汝幼小女子，不仅知道反对后母虐待，更可佳者，知民人（这里指汉民）妇女缠足之害，羡女真人不缠足之利，朕甚悯之。汉民有缠足之风，也许有人有放足之愿，其风俗取其自愿，他人不得干涉。朕对汉人缠足之风，既不反对、禁之，又不准对放足者威胁迫害歧视。朕之此意，要晓谕降附汉民知之。尔反对后母虐待，放足，解除缠足之苦，意随女真籍，认忽剌石为干阿玛，此乃个人之意愿，别人无权干涉，双方情愿自为之。各部落遇此情，可造册录其姓氏名字，为随籍女真焉。"① 阿骨打切实履行了一个裁决者的使命：在认真调查争端本身，充分听取争端当事人的意见，深入探究争端的社会背景的基础上，给出裁决结论。裁决结论以人性为基础，较好地平衡了族规与人的存在与自由的关系，从而有效平息纷争，修复社会秩序。

对纠纷的解决，往往面临一定的利益冲突，主要体现在权力拥有者的个人利益与团体利益的冲突，个案的公正与长远利益的冲突。基于造福于民的义务本位观，使得此类冲突发生时，权力拥有者往往舍弃个人利益甚至个人的尊严以维护整体利益。《木兰围场传奇中》乾隆的义女布尼伊香嫁与蒙古喀喇沁旗王之子宝音扎布后，一日，夫妻二人因琐事发生争吵，宝音扎布一脚将布尼伊香踢死。对此案的处理，乾隆慎重考虑后认为，处死宝音扎布会影响大清与蒙古族的关系，对大清的江山社稷不利，最终忍痛违心判处宝音扎布无罪。②

第四，教化族人的义务。权力拥有者大力对族人进行教化，两种思想的教化对满族影响深远：

其一是祭祀，满族说部中很多关于祭祀的讲述，满族的祭祀观念确立时间久远。《西林安班玛发》中西林安班玛发教育族人"一个噶珊，一个扈伦，要真正站起来，首屈一条是要有氏族家规才行，这就要创制出一年春秋祭祀，不应随时应祭而已。我们有了萨玛，这就是常祭的保证。祭者祭天地和日月星辰，这是我们生存之本。天道顺，识天时，人方可安居永乐。祭生存衣食

---

① 马亚川讲述、王宏刚整理：《阿骨打传奇》，吉林人民出版社2009年版，第82页。
② 孟阳讲述、于敏整理：《木兰围场传奇》，吉林人民出版社2009年版，第194页。

之源，人生于世，靠世间万物滋养，须臾难离，是天务，是万物，均为我有备，务教、务祭、务奠、务献，同享宇宙之恩，故要祭万牲、万物，万牲有灵，皆可惠我，敬谢之，诚感之，人生于世，念父母之功，慎终追远，祖德宗功，继往开来，奋志蹈进。祭先祖，祭远祖，源远流长，永世其昌。此礼勿惰勿废，人生有道，大义非悖"。① 西林安班玛发创制了有关祭祀的族规"部落届期致祭，必来必到，不可抗违，祭为号令，祭为神示，祭为常规"。② 在族群首领的教化下，"万物本乎天，人本乎祖"的观念在满族初民社会已经根深蒂固。建立政权后的满族权力拥有者进一步健全固化祭祀制度，从而使得尊祖敬宗的观念成为满族的一种极具特色的民族精神。

其二是思危进取，这种观念的教化源于满族的创世神话《天宫大战》，根据《天宫大战》的讲述，善神与恶神之战以善神的胜利告终，但恶神并未被消灭，总是伺机东山再起，实施侵害、破坏活动。恶神的存在意味着灾难、困苦、罪恶与人类的生活常相伴随。《乌布西奔妈妈》中，乌布西奔妈妈教育族人："纵然有众神庇佑，幸福仍靠双手创取。无力的安适是死亡，无心的度日是自枯，无为的徜徉是自残，无志的前程是退灭。耶鲁里仍时刻作诡，耶鲁里仍日夜睽睽，不可松怠啊。""耶鲁里魔鬼本性不改，时时虎视眈眈幻害世间。自警啊，善良的人，自警啊，慈爱的人，自警啊，不知防范的人，自警啊，幼嫩的人。耶鲁里化形亿亿海砂，粒粒幻砂兴恶氛。"③ 将忧患意识根植于族人心中，对族人进行思危进取的教化，促使其不安于现状，不断寻找机会，不断创造条件，不断强大自己。在根植危机进取意识的同时，满族的权力拥有者也深入强化民族凝聚力。《乌布西奔妈妈》中，乌布西奔妈妈告诫族人："滴水汇集江流，才能育养千亩万牲；绿木汇集密林，才能遮蔽呼啸海风；五指握集重拳，才能提举木石百钧。"④《西林安班玛发》中西林安班玛发创制的族规中有这样的内容："族人要像鱼群一样，分秒向群，不

---

① 富育光讲述、荆文礼整理：《天宫大战 西林安班玛发》，吉林人民出版社2009年版，第175~176页。
② 富育光讲述、荆文礼整理：《天宫大战 西林安班玛发》，吉林人民出版社2009年版，第168页。
③ 富育光讲述、富育光译注：《乌布西奔妈妈》，吉林人民出版社2007年版，第78~79页。
④ 富育光讲述、富育光译注：《乌布西奔妈妈》，吉林人民出版社2007年版，第47页。

学失群野猪，必遭一毙……同心戮力，视死如归。"①

（2）普通族人的义务本位观。哈耶克在《自由秩序原理》一书中曾提出，在有秩序的社会中得先有权威的存在，然后才谈得上对权威的制约。满族在远古时代就树立了一种神性的、超现实的权威。《恩切布库》《乌布西奔妈妈》《西林安班玛发》中，恩切布库、乌布西奔妈妈、西林安班玛发都是天神下派的，以解决人间生存及有序发展为使命的萨满，为完成这一使命，三位萨满凭借多位善神的帮助，凭借自身的卓越才能，赢得了族群的信赖与崇敬。《恩切布库》中讲述，在追随恩切布库的过程中，人们逐渐认识到："跟随恩切布库，就会吉祥如意。""谁蔑视女神的忠告，祸端必向谁降临。""依靠恩切布库女神，就永不会受苦受难，依靠恩切布库女神，就一定万事如意，事事遂心。"②《乌布西奔妈妈》《西林安班玛发》也同样反映满族先民对乌布西奔妈妈、西林安班玛发大萨满的绝对的崇拜与遵从的心理，这种特定的心理本质上是一种朴素的义务感。

民众的义务本位观确立时间久远，主要基于以下两个方面的原因：第一，对自然权威的遵从。凭借卓越的才能和造福于民的行为，满族英雄自然获得了一种对族人的支配力量和尊严，因而族人产生对其遵从的义务感；第二，萨满教的影响。宗教作为一种控制人的精神力量，与法文化具有亲缘关系。根据史料记载，满族先民信仰的宗教为萨满教，萨满教是一种古老的多神崇拜的原始宗教，曾经被生活在地球北半部辽阔的寒土上的居民所信仰。在满族先民的意识中，之所以遵从萨满，是因为萨满是神的代言人。神在满族先民的心中具有无上的权威，神无处不在，无时不在。神控制着人类生活的方方面面，要解决人类生存中的种种难题，必须寻求神的帮助。但普通人无法实现与神的沟通，只能借助于神的使者——萨满来实现。基于朴素的义务感，满族先民的生活完全处在萨满的意志控制之下，萨满为满族先民创设了大量的义务性规范和禁止性规范，从而使满族法文化体现典型的义务本位观念。满族先民遵从萨满的义务本位观，又使得族群的整体利益位于个体成员的利

---

① 富育光讲述、荆文礼整理：《天宫大战　西林安班玛发》，吉林人民出版社2009年版，第169页。

② 富育光讲述、王慧新整理：《恩切布库》，吉林人民出版社2009年版，第49页、第55页。

益之上，个体成员的利益系于族群的整体利益之下，满族先民以义务统合全体族群成员。

随着社会的发展，满族的义务观又不断地延展，从遵从萨满延展到遵从权力拥有者——家庭的权力拥有者、家族的权力拥有者、国家的权力拥有者，从而无条件服从家规、族规、国法，个人服从家庭、族群和国家。原则上个人没有凌驾于家庭、族群、国家之上的个人意志及个人利益，需抑制个人的欲望，屈从于所身处的社会环境。

2. 民主治理

满族的民主治理观念产生久远，延续绵长。反映满族早期生活的说部在这方面有全方位的体现：从首领的选任上看，实行"公众选贤"。《恩切布库》中，恩切布库在部落发展壮大后，认为自己的能力有限，召开推举能人的盛会。"盛会上，不分亲疏，不分远近、不分老幼，谁都可以凭着自己的本事，凭着自己的能耐报号上阵，竞比奇技、竞比奇功、竞比奇能、竞比奇艺。"① 夹昆妈妈（鹰神）、塔思哈妈妈（虎神），木克妈妈（海神）及小动物神等均来热情参与这一选贤的盛会。通过竞技，选出最有能力的首领。"公众选贤"完全体现民众的意志，选贤过程向所有的成员公开，每个部族成员都有平等的表决权，在同一标准下，参与竞选者进行公平的比拼，全体族群成员依据比拼的结果确认最有才能的人当选。这种选举模式既反映民主要求的选举程序、少数服从多数的程序规则，也体现了民主要求的公开、公平、公正的价值理念；从族群事务的决策上看，反对个人独断专行。《西林安班玛发》中，西林安班玛发创制的一则族规为"部落届期会议，必来必到，不由一人专断，而要共商大事，共谋良策"②；从约法的创制和实行来看，体现民主性与平等性。《恩切布库》中，恩切布库为有效解决社会纠纷，"与三怪及众位萨满妈妈共同商议，制定了神判戒规，这是舒克都哩艾曼最古老的法规，这是舒克都哩艾曼最古老的公约"。

满族建立政权后，依然长期持守民主治理的理念。努尔哈赤已经建立了

---

① 富育光讲述、王慧新整理：《恩切布库》，吉林人民出版社2009年版，第69~70页。
② 富育光讲述、荆文礼整理：《天宫大战　西林安班玛发》，吉林人民出版社2009年版，第169页。

皇权专政，但其去世后留下了四贝勒轮流执政的体制。清太宗时期的十六大臣、清早期的"扎尔固齐"官制，"议政王大臣会议"都体现这种民主治理的痕迹。但后来随着汉族文化影响的加强，这种民主治理的理念逐渐淡化，专制性日益增强，政权的民主性不断削弱。虽然民主治理的思想在官方逐渐式微，但这种思想在民间却一直保留，最突出的体现就是穆昆达的民主选任规则一直延续至今。

3. 标本兼治

为解决社会问题，满族权力拥有者一方面要对族人进行教化，确立法律规则，保障规则得以执行，另一方面，对社会问题的处理，也并不单纯依赖规则进行事后的惩治从而恢复秩序，而是在确立规则、适用规则的同时，进行事前的疏导，从源头上解决问题。

《乌布西奔妈妈》中，当乌布西奔妈妈发现部落内通婚的弊害后，"亲定每年春秋，各部自荐男女成丁，寨前立成丁牌符，再由各部萨玛妈妈，将本部羽翎、牌位，发给成丁男女。萨玛妈妈分率自党男女，届时同聚猎寨郊游处，以各部羽翎、牌位为号记，男女相互接触，自陈妙龄身世，交友、对咏、互换牌符。禁忌本部内通婚，只能与外部羽翎、牌位相合，方可婚住。合意者可搭连理花棚，岩岭野合，亲者不阻不睹。女罕苦心执管六个春秋，严谕力导，违者焚杀不恕。沧海桑田，陋风剪除，子孙感悟，尊规不忤"。① 《平民三皇姑》中，煤区多发生强奸及盗窃村民小鸡的案件，三皇姑在查明案发的缘由后，采取进一步的举措："从今天起，伙房要六七天改善一次伙食，杀猪或是宰牛杀羊，半个月包一次荞面饺子什么的；要到外堡外村给我们煤矿工人介绍女人，让他们成家，听说山东姑娘多，可以找人多往咱们这领；打今天起，要严明法纪，抓紧管理，不管是谁，违法犯纪，偷偷摸摸，调戏污辱女人，打架行凶，喝醉闹事等等，一律惩治；对表现好的，做了好事善事的，要给银子鼓励，对做了坏事恶事的，要处罚；还要你们大家互相监督举报，好事坏事都举报，谁举报的事一经查实，罚的银子给举报人一半，收

---

① 富育光讲述、富育光译注：《乌布西奔妈妈》，吉林人民出版社2007年版，第116页。

给账房一半。"①

可见，满族对违规、违法行为的处理，并非就事论事，单纯通过处罚、威吓来处理，而是从发生问题的原因入手，或者进行正确的行为引导，或者着力于消除产生违规、违法行为的原因，从而通过事前疏导和事后惩罚的双重机制，最大限度地减少再犯，降低社会问题的解决成本，更彻底更有效率地解决问题。

（二）满族的民间秩序理念

对于满族的社会治理，权力拥有者的纵向治理是一个方面，另一方面，满族还存在横向的民间自治。从满族说部的讲述来看，民间的社会自治理念主要体现为以下几个方面。

1. 互惠互利

满族民间的日常交往奉行的一个基本理念就是互惠互利，追求给予与获得的对等性，反对单向的索取。《乌布西奔妈妈》中，乌布西奔妈妈五次探海，命人精选探海结友的陆上礼品上船，有远地换来的上好乌喇谷种，另有永州的翡翠、悉州的古瓶，伊板哈达的玉美人和白银、黄金。②《尼姜萨满》讲述了心地善良、具有高超神技的尼姜萨满，受员外之托，历经周折，从阴间救回被阎王掠走的员外的爱子的故事。整个救人的过程，既有萨满神功、萨满智慧的体现，也有满族交往观念的反应。我们可以从尼姜萨满的救人过程的主要环节窥见一般：环节一，遇大河，见老人，老人因萨满"威名远扬，心肠慈善"帮其渡河，尼姜萨满送给他三碗陈酱，三捆毛头纸；环节二，经过毒水河，尼姜萨满乘鼓过河，过河后，祭奠河神，赠送了陈酱，毛头纸；环节三，过古城，守城恶鬼给她开门后，尼姜萨满送其陈酱和美酒；环节四，在找到孩子返回的途中，被鲁呼台追上，在鲁呼台答应给孩子延寿至90岁后，尼姜萨满将所带的狗与鸡送给他。

"礼物的一个重要功能，就是通过送礼而使对方承担一种所谓回馈的义

---

① 张立忠讲述，张德玉、张一、赵岩整理：《平民三皇姑》，吉林人民出版社2009年版，第103页。

② 富育光讲述、富育光译注：《乌布西奔妈妈》，吉林人民出版社2007年版，第137页。

务，而这种一方给予，而另一方有还回的义务的交换方式便是我们这里所要述及的互惠原则的本质。"① 在民间，满族社会是建立在互惠互利关系上的秩序，互惠互利是族人共同认可，自愿服从的一种约束性义务。在对等的给予与接受之间，达到内心的平衡，实现自发的秩序。该种理念在满族心中根深蒂固主要是基于该民族深厚的平等和公平观念。

2. 敬女爱老

在民间，满族成员中的两类特殊群体——女性和老人有着较高的社会地位，满族一直沿袭敬女爱老的传统。满族说部中对女性的敬重体现在以下主要方面：一是对女性的自然崇拜。在《恩切布库》中有这样的讲述："女人是生命之源，女人是生命之本。艾曼最敬重女人，形成良风，世代沿袭。"② 可见，在最为远古的时代，满族社会就已经形成了敬重女性的意识，对女性的敬重作为一种神圣的无形力量世代影响着满族人的思想观念；二是大量的女神被景仰，这些女性神都是集力量、智慧、仁爱于一身的善神。如天母阿布卡赫赫、地母马那吉客母，东海女神德里奥姆妈妈等。据不完全统计，"窝车库乌勒本"中有大约300位女性神，相比较而言，男性神较少，且有多个恶神；三是多位女英雄被膜拜。满族说部中的多位女英雄为满族的存在和发展做出了杰出的贡献，如《红罗女三打契丹》中的红罗女，《东海沉冤录》中的涓涓等。基于敬女的传统观念，与其他民族相比，特别是与汉族相比，满族女性的社会地位是非常优越的，这样的优越地位，为女性创造更大的社会价值提供了广阔的空间。

《乌布西奔妈妈》中有"尊老之爱，贵儿贱老，应遭笞责"的古训。《萨布素外传》中，萨布素的父母花一年多的时间，赡养救助一名几近病死在门前的老乞丐，最终使得老乞丐康复。当老乞丐致谢时，萨布素的父亲说："常言道'敬到老人不怕天'。不光是敬自己的老人，别人的老人同样得敬，才能算真正的'敬'。"③ 如果不能善待老人，甚至虐待老人，因果报应就会显现。《木兰围场传奇》中讲述，男青年玉柱受妻子挑唆虐待老母亲，结果

---

① 赵旭东：《法律与文化》，北京大学出版社2011年版，第113页。
② 富育光讲述、王慧新整理：《恩切布库》，吉林人民出版社2009年版，第123页。
③ 关墨青讲述、于敏整理：《萨布素外传绿罗秀演义》，吉林人民出版社2007年版，第6页。

在一个雨天里，玉柱遭遇雷公追杀，走投无路时，他跪地承诺一定善待老母，并攒钱修一座娘娘庙，逢年过节去烧香，以赎不孝之罪。至此，雷公才放过他，而他的妻子被雷公劈死在家中。①

满族一直保持着爱老敬老的传统，不论是官宦之家，还是普通百姓，这一传统体现在日常生活中的诸多细节上，记载于世代相传的满族家规中。

3. 族人自治

穆昆达是满族民主自治的首领，多由公选产生，非朝廷命官。穆昆达以自己的品德、智慧有效处理族内事务，维护族人利益。《木兰围场传奇》中，布尼仁坤老人的四儿子布尼阿德，吃喝嫖赌不务正业，老人请来穆昆达教训儿子。穆昆达说："这些年，族中的生老病死、婚丧嫁娶、家庭矛盾以及不同姓氏的后生结拜兄弟等鸡零狗碎的事儿，只要打声招呼，我都到场。对于族中的个别子孙的不孝敬父母、不遵祖训、伤风败俗等行为，我也要管。你家老四的所作所为早听说了，今天恰逢七月十五，是'拿祭祀'和给祖先上坟的日子，正好把布尼阿德带过去，在祖坟前好好教训教训他。""既然族中老幼选我当头儿，就得承担起来，不该有负众望，正因为是上了年纪，所以才更看重族规祖训，懂得什么是礼义廉耻，决不能眼瞅着后世子孙走下坡路，做长辈的必须得管，否则对不起祖宗。"穆昆达命人将布尼阿德拖到后房祖宗牌位前，强行撂倒在地，要求他必须在家祖面前许下诺言，痛改前非，重新做人，否则将受皮肉之苦。布尼阿德仍不思悔改，穆昆达手握一根柞木条子，对阿德的屁股一顿猛抽，"没一会儿，裤子便开了花，一道道的血印子露出来……那啪啪的响声震人耳鼓"。后来，布尼阿德的舅舅求情，穆昆达才停手。

为保证自治的效果，穆昆达以身作则，如果没有很好地尽到职责，自担责罚。《萨大人外传》中，波乐辰妈妈被推举为穆昆达后，身体力行，对族规严格执行。一年春天，波尔辰妈妈命令去抓雁，周围人反对，认为今年天寒，雁不会来。波尔辰妈妈却坚持要去，结果空手而回。波尔辰妈妈知道自己错了，召集族人，对大家说："不管是谁，有了错儿，应当按族规来

---

① 孟阳讲述、于敏整理：《木兰围场传奇》，吉林人民出版社2009年版，第218~219页。

罚……这回的事儿是我没弄明白，随便派人出去捕雁，结果让禽达他们白跑了一趟，按族规该罚，一般的族人要是信口雌黄，使大家受了损失，要抽十到十五鞭子，我作为穆昆达，应该是二十或三十鞭子。最后，波尔辰妈妈强迫族人打她三十鞭子。"

从满族说部的讲述我们不难看出，穆昆达对族内事务的处理涉及方方面面，通过穆昆达所进行的自治是满族社会重要的治理方式，这种自治的明显优势在于：第一，它是一种自发形成的体制，而非由上而下强加产生，这种自发性基础，可以保证建立在其上的秩序能够持久和稳固；第二，将问题和矛盾随时随地解决在家族内部，防止问题扩大或矛盾激化导致的严重结果发生；第三，即使在国家统治权力鞭长莫及之地，局部的秩序依然能够维护和延续；第四，减轻了官方的治理压力，减少了治理成本的支出，同时也便利问题的根本解决。满族的社会治理，官方的社会治理不可或缺，但穆昆达的自治功不可没。

三、满族说部中的战争法文化

（一）满族说部中的正义战争思想

1. 满族说部彰显的战争正当理由

战争是"不同的阶级之间、国家之间、国家集团之间、民族之间为了达到一定的政治目的而进行的有组织的武装斗争"。[①] 战争的表现形式是武力之争。战争一方面将人类的暴力演绎到巅峰，另一方面，也将人性演绎到极致。满族说部中涉及战争的作品很多，有的作品中部分内容讲述战争，有的作品甚至以战争为主线。从战争的形式来看，既有氏族、部落间的"内部战争"，也有与外族、外国的"对外战争"；既有大规模的战争，也有中小规模的战争。满族说部中讲述的战争有多种起因，但其所颂扬的英雄领导的战争一般先要申明战争的正义性，兴正义之师是满族英雄起兵的前提。正义的战争一般基于以下几方面的事由。

第一，除恶。恶势力的存在是民众陷于苦难、痛失安定生活的重要原因，

---

① ［苏］索科洛夫斯基：《军事战略》，战士出版社1980年版，第375页。

因而，除恶成为正义战争的当然事由。推翻腐朽政权是除恶的表现之一，《阿骨打传奇》中阿骨打提出伐辽的理由："因辽朝天祚帝延喜奢华荒淫，强征暴敛，致使民不聊生，转而为盗，或卖妻子儿女叫苦连天，饥饿而死亡者日渐增多，土地荒废，怨声载道。而延喜在宫中迷恋酒色，不理朝政，皇戚国舅独霸朝廷任意横行，我完颜部贡鹰、捕捉肖海里顺应民心，辽朝对我屡加压迫。现在我要严惩荒淫无道之君，救民于水火，择日兴师，讨伐辽朝。"① 平定反叛是除恶的表现之二，《木兰围场传奇》中，乌兰布通之战就是基于根除噶尔丹叛军的需要。

第二，自卫。自卫是人的一种本能，权利受到现实侵害后的被动反击，其正义性毋庸置疑。《红罗女三打契丹》中，在契丹国兵围渤海国三关时，渤海国提出的出兵理由是"契丹背信弃义，屡犯边关，实欺我无能。如今狼兵压境，居心叵测，不能忍气吞声，一让再让，应修我戈予，整我士卒，发我三军，奋力进击尽雪前耻，永除边患"。②《碧血龙江传》中，八国联军攻占北京之际，沙皇俄国趁火打劫，在制造了江东"六十四屯惨案""火烧爱辉城"等暴行后，黑龙江军民为保卫国家，奋勇抗击俄军的侵略。

第三，复仇。复仇贯穿整个人类历史，最原始、最常见的复仇类型是血亲和家族复仇。儒家经典强调的"君子报仇，十年不晚""父之仇不共戴天"的思想，也在满族说部中有相似的体现。《元妃佟春秀传奇》中讲述，努尔哈赤的多位亲人被明朝杀害，这是他后来起兵进攻明朝的重要理由。

为凸显战争的正义性，满族说部中还有战前祭祀、誓师的讲述，《阿骨打传奇》中，阿骨打在兴兵伐辽前，定于九月九日"祭天"，在圣坛上，立一杆黑色伏魔杆，顶端钉一方锡斗，内置五谷杂粮，祭祀乌鸦喜鹊神，谓之娑腊杆。设置完毕，这天可热闹了，老百姓十里八里的全赶来了，他们不仅看热闹，更主要是来跟阿骨打"祭天"，这就叫"人心所向"。阿骨打举觞祝祷道："皇天后土在上，辽朝荒政，民不聊生，不归阿悚，吾替天行道，愿皇天后土保佑，特奉乌毛猪三口祭之，敬请领生……"后又宣读祭

---

① 马亚川讲述、王宏刚整理：《阿骨打传奇》，吉林人民出版社2009年版，第1页。
② 傅英仁讲述，王宏刚、程迅记录整理：《红罗女三打契丹》，吉林人民出版社2009年版，第24页。

文:"……吾兴正义之师,顺天应民,讨伐无道,以归正统。天现极光,地现廖晦,天地定焉,岂敢逆之,定癸巳年九月十日出兵伐辽,望皇天后土保佑,旗开得胜,马到成功。"人们跳着舞,齐声高呼:"都勃极烈,空齐!空齐!都勃极烈,空齐!空齐!"①

2. 对满族说部反映的正义战争观的比较分析

在人类社会相当长的历史时期内,战争一直被认为是一种实现政治、经济、宗教等目标的合理、合法手段,通过战争谋求赢得权力或建立新的社会秩序。由于战争的巨大成本和代价,人类社会逐渐认识到,对战争应当加以一定的限制,这就形成了最初的限制战争的思想,从而为"战争这个'自然野性之物'套上了人类理性的缰绳"。②

从外国法学家的著述来看,格劳秀斯曾指出:"如果发动战争的目的是为了保全我们的生命和身体完整,以及获得或拥有那些对生活来说是必要的和有用的东西的话,那么都是完全与那些自然法原则相一致的。"③ 这是从人的自然权利的角度,阐述发动战争的合理根据。按照格劳秀斯的观点,自卫、恢复被掠夺的财产、对恶意行为的处罚等都可以作为发动战争的正当理由,但获得肥沃土地或统治他国不是正当战争的理由。从外国古代及中世纪的情况来看,宗教是引发战争的常见事由,伊斯兰教《古兰经》倡导"圣战",其中有宣布杀死"异教徒"和为"主道"而战斗的训令。在宗教精神的感召下,民族征服和民族扩张是对宗教精神的践行。除了宗教起因外,也有其他的理由。例如,古希腊人认为战争的合法事由包括保卫国家不受侵犯、履行同盟义务等。古罗马人认为战争的正当理由为:侵犯罗马的领土,侵犯大使,违反条约的规定,在战争中援助敌国。④ 从我国的历史来看,限制战争的观念可以追溯到春秋时期的"兵不义不可"的说法,以及《司马法》主张的"兴甲兵以讨不义""以战止战,战之可也"的观念。

相比较而言,满族说部中对战争正义性的秉持并非如西方学者所倡导的

---

① 马亚川讲述,王宏刚整理:《阿骨打传奇》,吉林人民出版社2009年版,第2~3页。
② 倪乐雄:"孔子与战争",载《军事历史研究》1999年第4期。
③ [荷]格劳秀斯:《战争与和平法》,何勤华等译,上海人民出版社2005年版,第50页。
④ 孙玉荣:《古代中国国际法研究》,中国政法大学出版社1999年版,第28页。

自然权利，也非侧重强调宗教的正义之战，而是将反抗压迫、促进社会进步、自卫、维护和平统一、惩罚罪恶等作为战争的发动理由。强调"讨伐"之意，"替天行道"之实。这种正义战争观一方面意在占领道义上的制高点，取得道义上的主动和优势；另一方面，最大限度地在道义上挤压敌人，使其处于"罪有应得"的处境，以此昭示天下，以期达到"得道多助，失道寡助"的效果。可见，满族虽尚武，但崇尚正义战争，虽然其正义标准还不能和现代的正义标准完全一致，但在当时的社会生产力发展水平之下，确为进步的社会价值观念。满族对战争的发动设置前提限制，不仅在内部凝聚了军心、民心，而且，在外部从道义上赢得第三方的认可、同情及宽纵，从而为战争的胜利营造有利的内部和外部条件。

（二）满族说部中的战争规则

"军事的暴力性是军事区别于其他社会活动的内在根据""暴力的核心是武力对抗与较量，是武力的发挥和强制的运用。"[①] 由于战争本身的特殊性，在战争期间，某些对人类生存至关重要的法律规则暂时失效，例如，禁止杀人的法律规则在战时停止适用，一般情况下，参加战争的人员不会因为违反这一规则受到惩罚。因而，古罗马学者西塞罗曾说：法律在战争中缄默无语。但是，自古以来，人类社会却未曾将战争作为法律管控的"真空"领域。在满族说部对战争的讲述中，散见一些战争规则，既有战争的程序规则，也有战争的实体规则。

1. 战争的程序规则

（1）战前仪式——宣战。从现代国际法的角度来看，战争开始的方式有两种：一种是以宣战开始，另一种是一方使用武力，另一方将其视为战争开始。格劳秀斯认为，国际法规则是开战前必须宣战，因此，宣战是传统国际法对战争开始的要求。宣战意味着当事双方由和平状态进入战争状态，一些基本的法律规则在交战期间失去法律效力。从满族说部的讲述来看，早期的满族先民一般遵行战前宣战规则。《东海窝集传》中，东海窝集部与卧楞部开战之前，首先举行了宣战仪式，双方约定在中间线上放一张桌子，各拿来

---

① 梁必骎：《军事哲学教程》，军事科学出版社2000年版，第44~45页。

三碗酒，各方出来九个人，宣读双方战表，先由主方东海窝集部按照老女王的旨意挑衅叫战，卧楞部也不示弱地出来宣读战表，随后各自回营。双方擂起豹皮战鼓，经过三阵木鼓，号角四起，这时两方才开始正式的兵箭相戈。① 后来，由于追求军事利益的需要，满族的战前宣战程序有时被略去，出现不宣而战的情况，不宣而战的目的是在战争初期占据主动，取得有利于自己的形势，增加获胜的概率。

（2）战后仪式——投降仪式、投降书、协议。战争结束后，一般举行投降仪式，战败方放下武器，明确表示屈服，对战争的结果予以证明和认可。《东海窝集传》中讲述，先楚、丹楚兄弟取得战争的胜利后，"双方各端出三碗酒，女王和先楚走上前去，由胜方先楚用刀尖挑破手腕，滴血入酒碗，端起碗喝了一口，负方再喝一口，随后对天发誓"。② 之后，当丹楚军队横扫九部十八寨后，老女王的旧部归顺了，老女王虽被囚禁，却一直没写投降书，丹楚认为这还不算数。一日，他到被囚禁的老女王处要她写投降书时，发现老女王已经上吊自杀了，"在石桌上留下块木牌子，牌子上刻着月亮、日头、星星都落入水中。这时先楚明白了：老女王投降了，这是投降书"。③ 看到这个独特的投降书，先楚才彻底放心。

此外，在反击侵略的战争胜利后，胜方要求败方签订不再侵犯的协议。例如，《红罗女三打契丹》中，红罗女在第二次制服契丹，抓获其头领耶律黑后，为永保边境安宁，两国不再交兵，并未杀死耶律黑，而是与其签订协议后予以释放，耶律黑保证不再侵犯边关。但是这种协议的执行力是难以保障的，有时协议是失败方暂时的无奈之举，日后很可能在条件成熟时出兵反击。但从程序上讲，战后协议毕竟是结束战争，恢复和平的一种程序体现。

2. 战争的人道化规则

战争是武装暴力的最高体现形式，虽然从逻辑上看，难以用具体的规则

---

① 傅英仁讲述，宋和平、王松林记录整理：《东海窝集传》，吉林人民出版社2009年版，第12页。

② 傅英仁讲述，宋和平、王松林记录整理：《东海窝集传》，吉林人民出版社2009年版，第24页。

③ 傅英仁讲述，宋和平、王松林记录整理：《东海窝集传》，吉林人民出版社2009年版，第133页。

来加以调控,但在战争进行的过程中应当以人道为基础,受人道规则的制约,这种制约主要体现在两个方面,即"限制"和"保护"。"限制"针对的是作战的方法、武器的使用等,"保护"是指对非作战对象的平民、失去战争力人员的保护。从满族说部讲述的内容来看,战争人道化规则有多方面的体现:

(1) 作战方式及对象限制。根据《东海窝集传》的讲述,直接的战争规则体现为:当时打仗有"三不":一是不准抄后路,必须直上直下,直冲直上;二是对掉下马的人不能在马下刺杀;三是凡是战败的不能再追杀,只要跑出一箭地,即使站着不动你也不能伤害他了①。间接的战争规则体现为:"两国交兵不斩来使",但只是限于不斩来使,不包括不伤来使,老女王虽未杀死对方的使节,但命人将两名使节的耳朵削下,以示对对方的威吓②。

从古代外国的法律规定来看,一般也包含有作战的禁止规则。例如,古印度《摩奴法典》中规定"当与敌人交战时,勿用不守信用的武器,带齿的箭,带毒的箭,以及用尖端烧红的箭杀其敌人"。③ 古埃及、巴比伦、希腊和罗马等国家的法律规定禁止使用暗藏的、有倒钩的和有毒的武器,禁止攻击逃跑的、投降的、放下武器的敌人,禁止在饮水中投毒,以及如何处理伤病员、俘虏等。④《古兰经》中规定不允许使用燃烧的投射物,不允许砍伐敌方的树木,不允许切断敌方的水源或往敌方的井或水源中投毒。

从我国古代的文献记载来看,也有一些有关战争人道化的思想和规则。例如《左传》中"君子不重伤,不禽二毛";《尉缭子·武议第八》中"凡兵不攻无过之城,不杀无罪之人。夫杀人之兄,利人之货财,臣妾人之子女,此皆盗也。故兵者,所诛暴乱,禁不义也"。

虽然不同的民族,在宗教、文化等方面有很大的差异,但都在一定程度上对战争的进行以一定的人道规则予以限制,这种限制体现人类的理性和良

---

① 傅英仁讲述,宋和平、王松林记录整理:《东海窝集传》,吉林人民出版社2009年版,第12页。
② 傅英仁讲述,宋和平、王松林记录整理:《东海窝集传》,吉林人民出版社2009年版,第10页。
③ 《外国法制史资料选编》,北京大学出版社1982年版,第112页。
④ 贾宇:《国际刑法学》,中国政法大学出版社2004年版,第18页。

知。然而由于这种限制缺少外在的强制机制，因而在战争中往往难以贯彻落实。满族虽以武力见长，但绝非杀戮无度，在战争中推崇并自觉遵行人道规则，从而使得该民族不仅树立正义之师的形象，同时也确立仁义之师的威望。

（2）守信。《红罗女三打契丹》中，红罗女在第二次攻打契丹的过程中，耶律黑向红罗女提出要与她单打独斗，"谁也不要使用宝物、暗器，如果你要赢了我，我就服气，自然退兵"，红罗女同意。在交手后不久，红罗女感觉难以抵挡，于是欲使用红罗巾制伏他，但一想到不用宝物的先前约定，于是放弃了使用宝物的想法。可见，满族在战争中遵行守信规则。之所以将守信这一熟人社会的道德准则延展为战争中的一项重要规则，主要是源于政治需要。政治决定战争，政治是目的，战争是手段。在战争中守信能在道义上维护自己的形象，博得支持与认可，为政治上的优势提供强有力的支持。同时，战争是一种政治交往的特殊方式。在战争这种特殊的政治交往中如果不能持守信用，也难以在一般的政治活动中获得对手的认可，取得民众的拥戴。

虽然满族坚持在战争中守信，但也绝非将诚信作为战争的基准原则，其在战争中也同样有"诈""欺"作法。例如，为了迷惑敌人或诱使敌人做出轻率的行为而使用一定的诈术。《阿骨打传奇》中，阿骨打在第三次攻打辽时，暗中派人深入辽军队中，向辽军头目散布虚假情报，称阿骨打称帝后，只贪荣华富贵，又惧辽国之大，兵多将广，已不敢再进攻辽国，麻痹其防范之心。[①] 辽将军听后信以为真，果真放松了警惕，这成为阿骨打取胜的关键。但这种"诈""欺"基本上是在不违背先前承诺或基本战争规则的行为，符合当时作战的习惯做法，并未突破信的底线。

满族强调自身在战争中守信，但无法保证敌人也同样能够守信，因守信而遭受损失的事例在满族说部中也同样有体现。《木兰围场传奇》中，清军在大力挫败噶尔丹叛军，使得噶尔丹欲战无力，欲撤无能之时，主帅福全大将军本应当决策乘胜追击，全歼叛军，但噶尔丹派出老将前来请罪乞降，假称噶尔丹身受重伤，无力再战，念及双方伤亡惨重，请求停战。福全大将军

---

① 马亚川讲述、王宏刚整理：《阿骨打传奇》，吉林人民出版社2009年版，第40页。

听信了谎言，命令"暂且勿击"，结果噶尔丹残兵趁夜色逃走了，① 从而使得平叛之役未能取得彻底的胜利。从现代战争法的角度来看，噶尔丹使用的是背信弃义的作战方法，这种作战方法在现代战争法上是严格禁止的。在这种情况下，满族说部并不质疑守信规则本身，而是鄙视敌方的行径，并将其所受欺骗作为教训，以此提高对敌方背信行为的警惕性和辨识度。

（3）善待俘虏。如何对待俘虏是战争中必然面临的现实问题，善待和虐杀是两种截然不同的选择。古今中外，战争中侮辱、虐待甚至屠杀俘虏的事例比比皆是。满族说部中颂扬的英雄，除个别对拒不投降的俘虏杀死外，难见有残忍屠戮俘虏的讲述，相反，却多坚持以德报怨，给俘虏以人道关怀。《红罗女三打契丹》中，红罗女第三次打败契丹后，当即下令如何处置俘虏：一个也不许乱杀，给他们吃的穿的，受伤的还给治疗，契丹兵将很多人都感动得哭了。②《阿骨打传奇》中阿骨打在一次大败辽军后，一个战俘大骂阿骨打，阿骨打在盛怒下当即命令：将辽的百姓和物资全部掠去，将平民百姓分给军兵们作奴隶。之后很快冷静下来，又对辽百姓说："汝等愿当顺民者，北徙后，给房住，给地种。同样加入猛安，逆者去作奴隶，反抗者杀之。""再晓谕女真军，不许随便残杀契丹百姓，有违者，斩之。"③ 在阿骨打灭辽后，重用被俘的辽国大将，用以安抚人心，稳固统治。

善待俘虏体现满族的人道主义精神，尊重人、关心人、爱护人，以人为本；反映满族对敌人的宽容和大气。这一善举除了人性的考虑之外，也同样源于政治的需要，以此举树立仁义之师的形象，最大限度地平复和化解仇恨，争取人心，瓦解对手，稳步发展壮大自己的力量。

（三）满族说部中的战争理念

从满族说部的讲述中，我们能够体味到满族一以贯之的一些战争理念，满族在整个发展和演化的过程中，深受这些战争理念的制约，现分述如下。

1. 消解战争

---

① 孟阳讲述、于敏整理：《木兰围场传奇》，吉林人民出版社2009年版，第75~76页。
② 傅英仁讲述，王宏刚、程迅记录整理：《红罗女三打契丹》，吉林人民出版社2009年版，第240页。
③ 马亚川讲述、王宏刚整理：《阿骨打传奇》，吉林人民出版社2009年版，第47~48页。

由于战争结果具有相当程度的不确定性,且战争本身成本耗费巨大,满族并非崇尚战争,将战争作为解决问题的首选。相反,满族说部中体现浓厚的消解战争的思想,以多元的和平的处理方式解决既有问题,实现战略目标,维护和平安定的局势。消解战争的具体形式主要体现在:

第一,以仁德化解战争。通过仁德感化,实现化敌为友。《乌布西奔妈妈》中,乌布西奔妈妈实现部落统一,并非均以武力实现,以仁德感化的非武力手段达到目的也是重要的策略。例如,在巴特恩图女王中箭濒死之际,乌布西奔妈妈急速赶到,亲自全力为其进行救治,使其转危为安,女王感恩乌布西奔妈妈,投降归顺,避免了武力征服的残酷性和不彻底性。《萨大人传》中讲述,皇太极一直采用招抚为重,以德治之的策略,他常向部将讲:梃戮降之,却很爽心,迅捷而奏凯,然不久长焉。攻其人而难抚其心,一旦势微,劳军进伐,资财靡费而攻战不停。①

第二,以联姻避免战争。通过建立婚姻关系,实现化敌为亲。《雪妃娘娘和包鲁嘎汗》中,由于雪妃娘娘的出走,引起科尔沁部的不满,为避免其对自己发起攻击,皇太极迎娶了科尔沁贝勒古思之女,十六岁的小格格博尔济吉特氏。《元妃佟春秀传》中,努尔哈赤的十几位妻子中,有的就是为联姻的目的而迎娶的。通过联姻,将可能的潜在的敌人用姻亲关系予以束缚,以姻亲为纽带维系和平,远离战争。

第三,以威武消除战争。通过塑造有威慑力的形象而祛除战争。《元妃佟春秀传》中,元妃曾说:"大丈夫活在世上,宁可战而死,不可跪而生。一个君王执掌一个国家只有两件事不能忽视,一个是土地,一个是人民,没有土地,何谈国家,没有人民,何谈帝王。"② 该说部还特别讲述了女真人的独特性格"女真人崇尚英雄,崇尚胜利者,不同情软弱失败的人。有人为部族献身捐躯了,就受到全部族人的赞扬,家人也感到自豪。女真人就是有犟劲儿,身子服了,心里不服,心里服了,嘴上不服,永远不承认自己是弱者,不承认自己输。输了的,还要较劲叫号,明天再来。'谁英雄,谁好汉,练

---

① 富育光讲述、于敏记录整理:《萨大人传》(上),吉林人民出版社2007年版,第129页。
② 张立忠讲述、张德玉等整理:《元妃佟春秀传》,吉林人民出版社2009年版,第290页。

兵场上比比看。'"① 对核心利益的珍视铸造了满族威猛无畏的性格，这种性格的不断外显，无形中给敌人造成巨大的心理压力，从而使得看似必有一战的事态因敌人的恐惧投降或退让而将战争消除。

2. 以智取胜

在战争不可避免的情况下，取胜是目标所在，在战争中，军队的数量、质量、勇气不可忽视，但战术的使用尤为重要。满族说部中有关战争的内容，在褒扬族人勇猛的同时，重在对以智为核心的战术的讲述，足见满族的战争智慧。

《比剑联姻》中红罗女在战前献策："我们人口足有七十万以上，多是骑射能手，多年与野兽搏斗，学到了一些防御野兽侵袭和拼斗的方法，用以杀敌，可以一当百。偷袭是上策，击其不备，并用蚕食的战策，分散敌人，一股一股地歼灭。火烧、水淹，各尽其妙，把敌人分散到奥类河两岸，激起两岸游牧民众义愤，人自为战，零敲碎打，消耗敌人的力量，但必须群策群力，聚大权于主将，作好攻杀战守，不能盲目乱动。②《红罗女三打契丹》中，贯彻始终的指导思想就是"只能智取，不可力胜"。满族说部中体现的交战智慧可以归纳为以下几个方面：

第一，对敌我双方的实力对比有清醒的认识，做到"知己知彼"。充分利用自己的优势，把自己的见长之处发挥到极致；第二，采取灵活多样的军事策略，如偷袭、反间计、调虎离山计等。《乌布西奔妈妈》中，乌布西奔妈妈在平定都沐肯新主的战争中"诡以偃旗息鼓之策"，而暗中派人"攀山疾奔五百里，将睡梦中的都沐肯新主立斩"；第三，凭借人力之外的特殊力量取胜，主要是借助自然力量或动物为特殊武器。借助自然力量主要是用火，《乌布西奔妈妈》中，乌布西奔妈妈欲清除盘踞在安查干陡崖下的残敌，在充分考查了特殊的地形后，采取了火攻的策略，在秋风强劲之时，使"轻骑暗近密林，纵火速燃古树燥柴"，从而"不费一兵一卒"就消灭了残敌。借助动物作为制胜的工具在满族说部中有多处体现，《东海窝集传》中讲述了族人将训练过的老虎等动物作为武器，从而取胜的战绩。

---

① 张立忠讲述、张德玉等整理：《元妃佟春秀传》，吉林人民出版社 2009 年版，第 22 页
② 傅英仁、关墨卿讲述，王松林整理：《比剑联姻》，吉林人民出版社 2009 年版，第 13 页。

在这种理念的支配下，满族进行的战争不仅仅是胆识、勇气、体力的比拼，更是智慧的对决，以智力取胜的理念尤为可贵。满族在军事上的独特建树，与其对取胜之道的深度思考有着不可分割的内在联系。

3. 以恩威治军

良好的治军之策是取胜的前提和关键，因为军队是取胜的主导力量和决定性的因素。满族说部中的治军思想，主要体现在：

一方面，对将士施以恩德。《阿骨打传奇》中阿骨打教育儿子，"要视卒如婴儿，视卒如爱子，官爱兵，兵方能以死相报"。[①]《元妃佟春秀传》中，努尔哈赤召集诸位大臣会议，制定一整套奖功罚过制度和治军办法，大大鼓励将士们英勇杀敌，争力新功的战争精神，使八旗军成为独具特殊战斗力的军队。利益上的诱导，主帅恩德的感化，无疑是极为有效的强力剂，将军队的战斗力提升到顶点。

另一方面，严明军纪。军事纪律包括内部军事纪律和外部军事纪律。内部军事纪律是保证战斗力最大化的重要条件，外部军事纪律是保持军队正义之师形象的基础。对两种类型的军事纪律的恪守是军队硬实力和软实力的保证。不论违反军纪者的身份地位如何一律严惩，严格执行军纪的事例在满族说部中有多处讲述。《阿骨打传奇》中，阿骨打得知自己的妻侄强奸俘虏未遂的案件后，欲对其严惩，在有人极力劝说给予宽免时，阿骨打说："不要替罪犯求情，死罪难免，人虽是朕的妻侄儿，王子犯法与庶民同罪，国有国法，军有军纪，如不严明法纪，还谈啥治国治军乎！"为此，阿骨打召集全军官兵，宣布其妻侄的罪过，并诏谕说："大金官兵所到之处，如有奸淫妇女者，无故杀害民众者，定要严加惩处，决不宽恕！"之后，将其妻侄斩首示众。[②]《红罗女三打契丹》中，红罗女手下的两员大将在未得到军令的情况下，擅自出兵攻取头关，红罗女为严肃军纪，不徇私情，欲执行军法，杀死两员大将，但众将士求情，陈述二人攻下头关的显赫战功。红罗女考虑后，宣布对其"可将功抵罪，免其死罪，下次再犯，定斩不饶"。[③] 满族虽严格执

[①] 马亚川讲述、王宏刚整理：《阿骨打传奇》，吉林人民出版社2009年版，第517页。
[②] 马亚川讲述、王宏刚整理：《阿骨打传奇》，吉林人民出版社2009年版，第494页。
[③] 傅英仁讲述，王宏刚、程迅记录整理：《红罗女三打契丹》，吉林人民出版社2009年版，第236页。

行军纪,但从满族说部的讲述来看,对违反军纪者是否论处,如何论处,有时也要进行实际考量,考量的标准就是军事利益。如果违反军纪者有突出的军事贡献,可以减免处罚,也就是战功可以抵责,军事纪律服务于军事利益,军事利益处于核心地位。

4. 重民依民

满族说部对战争的讲述,不仅表现了满族的将士的英勇和智慧,同时也反映满族在战争中重民依民的军事策略。满族在战争过程中多争取民众的大力支持,以人心向背作为取胜的重要根基。

《比剑联姻》中多次讲述英雄在战争中如何抚民,左平章将军说:"兵家应首先树德于百姓,众志成城,无所不摧。"[①]《萨布素外传》中,萨布素在上书皇帝的奏折中主张"采用军民联防,共同对敌,其势重,其力强,亦军亦民,痛歼入侵罗刹"。"兵是民之胆,民是军之援。"[②] 重视和依靠民众的思想与西方近代军事理论的鼻祖克劳塞维茨的"民心和民意是国家力量、军事力量和作战力量中一个极为重要的因素"的观点相一致,也与我国古代《孙子》中"道者,令民与上同意,故可与之死,可与之生,而不诡也"的主张相契合。

综上,满族虽尚武,以武力得天下,但并不黩武。在战争之前,倡导开战的正义性,树立正义之师的形象。在战争的进程中,特别注重战争的策略,不是一味以勇、以力取胜,而是以智取胜。强调战争的人道性,禁止为了取胜而不择手段,不问对象。讲求信义,反对背信取胜。满族的战争法文化以理性、人道为核心特点,折射着人性的光辉。满族说部中体现的战争策略和战争法思想与现代的战争法文化具有高度的一致性。不可否认,战争不再是当今社会的一大主题,但由于产生战争的根源无法消除,战争的隐患长期存在,特别是我国所处的国际环境日益复杂多变,因而对战争的忧患意识不可或缺。满族的战争法文化绝非明日黄花,特别是其中的以各种途径化解战争、以智慧赢得战争、以人道约束战争的理念值得我们深思和借鉴,对其弘扬与升华是我们的应然选择。

---

① 傅英仁、关墨卿讲述,王松林整理:《比剑联姻》,吉林人民出版社2009年版,第45页。
② 关墨青讲述、于敏整理:《萨布素外传绿罗秀演义》,吉林人民出版社2007年版,第117页。

第七章 自 治

满族法文化的研究是一种法社会学视域下的研究，这就意味着需要使用法社会学的分析框架和研究方法进行研究。在绪论部分本书指出法社会学的研究对象不仅仅是法律文件本身，而是"活着的法"①，这表明本书意图使用"书本上的法与行动中的法"② 的二元分析框架来阐述满族法文化这个主题。"书本上的法"指的是依靠国家强制力保证实施的行为规则体系，这种法律关注的是法律规则本身的逻辑构成、法律体系自身的周延及逻辑自洽性，即作为一种人类创造的规范体本身的规范性。而"行动中的法"包括本书中的"活着的法"，即"是一种'广义的社会团体'的'内在秩序'，是那些常常不是拥有国家强制力的组织规则"。③ "书本上的法"与"行动中的法"二元分析框架有利于观察规则的实际运作，理解现实生活中人们遵从的具体规则及其行为模式。但不能因为存在着"行动中的法"而忽略"书本上的法"，毕竟，文化与规范存在着内在关联。"文化作为维系社会延续的工具，是一种行为模式"④，而文化的传承依靠的是对这种行为模式的学习与模仿，即一种社会化的过程。"规范是文化的重要载体，它通过习惯、道德、法律等形式表现出来。"⑤ "书本上的法"能提供的是在特定条件下对人们行为的具体指引，正是通过规则的反复再现使得人们习得行为模式，固化文化的内核并使得文化得以传承。本章侧重讨论满族法文化的制度化标志，即当下中国的

---

① 参见本书绪论部分。
② 朱景文：《现代西方法社会学》，法律出版社1994年版，第61页。
③ 参见本书绪论部分。
④ 朱景文：《现代西方法社会学》，法律出版社1994年版，第149页。
⑤ 同上。

满族自治立法情况，希望通过对"书本上的法"的分析检讨满族自治立法的问题及探讨什么样的规则才是满族自治所需要的。

一、满族自治地方立法概况

民族区域自治制度作为我国的重要政治制度其主要功能在于确定民族政策、调节各民族之间关系。在法治中国的背景之下该政治制度同时也是一种法律制度，而作为一种法律制度，民族区域自治制度的功能集中于对民族自治与区域自治的发挥。民族自治与区域自治的实现在于实践中国家立法与民族地方立法的确立，从这个意义上说可以认为立法是奠定民族区域自治制度的基础，而民族地方的立法则是自治是否实现的核心。

立法体制是一国立法制度最重要的组成部分。立法体制是关于立法权限、立法权运行和立法权载体诸方面的体系和制度所构成的有机整体。[①] 从立法体制的构成要素来看，目前我国宪法和法律对立法体制的划分由三要素构成：一是立法权限的体系和制度，主要是立法权的归属、性质、种类、构成及范围；二是立法权的运行过程，主要是立法程序内容；三是立法权的载体制度，主要包括立法主体的建制、立法的表现形式等内容。本文以此为分析框架，分析下我国满族地方自治的立法结构。

（一）满族自治地方立法的主体

我国民族自治地方立法的显著特点是呈层次性分布，即分为自治区、自治州、自治县三个立法层次。新中国成立初期的一段时间里，从人口最少、级别最低的乡级民族自治地方起，都有权制定单行法规。1954年宪法改变了乡一级的少数民族聚居区也是自治地方的制度，将民族自治地方分为自治区、自治州、自治县三级，规定它们可以制定自治条例和单行条例。这意味着自治县以下乡一级的少数民族聚居区不再享有立法权。满族在我国只存在自治县和民族乡镇，自治县享有立法权，而民族乡镇则没有立法权，因此满族自治地方立法的主体在我国就是满族自治县的人民代表大会。

[①] 张文显主编：《法理学》，高等教育出版社2007年版，第226页。

（二）满族自治地方立法的形式

自治立法采取的立法形式学界也在争论，对于自治地方的自治条例和单行条例作为立法的形式是没有疑问的，而对于变通规定、补充规定及停止执行就存在着诸多争议。本文主要讨论自治条例和单行条例，对于变通规定、补充规定及停止执行本文认可其立法形式，放在自治立法存在的问题部分进行讨论。

1. 自治条例

所谓的自治条例是民族自治地方的人民代表大会根据《宪法》《立法法》和《民族区域自治法》，依照当地民族的政治、经济和文化的特点制定的报法定机关批准的，调整本地方内的民族关系的综合性自治法规。自治条例既要保证宪法和法律在本地的贯彻实施，又要反映自治民族自主管理本民族内部事务和自治机关自主地管理本地方的政治、经济、文化事务和调整社会关系的特点，体现出民族性、地方性和自治性。自治区的自治条例和单行条例报全国人大常委会批准后生效，自治州、自治县的自治条例和单行条例，报省或自治区人大常委会批准后生效，并报全国人大常委会备案。

我国的满族自治地方主要分布在辽宁、河北和吉林等省、自治区、直辖市。共计11个满族自治县、70个满族民族乡镇。因为民族乡镇不再具有立法权，因此分析对象就限制在这11个满族自治县。

2. 单行条例

单行条例是民族自治地方的人民代表大会根据宪法、立法法和民族区域自治法，依照当地民族的政治、经济、文化的特点制定的报法定机关批准的，部分地调整本地方内的民族关系的单项自治法规。

单行条例与自治条例有许多共同点：立法主体是民族自治地方的人民代表大会；要结合当地实际情况，遵循贯彻宪法和法律的基本原则；履行同样的批准、备案程序。但是，单行条例与自治条例又有一定的区别。从内容上看，自治条例是调整自治地方内各种关系的综合性的自治法规，而单行条例只针对某一种特定关系作出规定。一般来说，自治条例内容全面而原则，单行条例内容专门而具体。从数量上看，一个自治地方只有一个自治条例，而单行条例可以有许多。相对于自治条例的"小宪法"性质，单行条例一般专门对某一具体事项作出规定,因此一个自治地方可以有多部单行条例同时存在。如《桓仁满族自治县冰葡萄酒管理条例》《桓仁满族自治县五女山山城保护管理条例》《桓仁满族自治县旅游条例》《桓仁满族自治县野生药用植物保护条例》。单行条例在这个意义上更像是一个"部门法",所以,单行条例应当遵循自治条例的规定。从时效上看,只要有自治地方,就应该有自治条例。自治条例虽然可以根据情况变化不断修改、补充,但是不能取消。自治条例伴随着自治地方存在的整个过程。而单行条例则是不统一的,有的是长期有效,有的只是短期有效,甚至是一次性的。

(三) 满族自治地方立法的范围

1. 自治条例的权限范围

我国立法在中央与地方之间权限划分上采取的是列举加上概况的方式,对于中央的专属立法权规定得较为清楚,而对于地方的立法权限则未予规定。根据我国《立法法》第8条的规定,中央享有的专属立法事项,包括国家主权的事项;各级人民代表大会、人民政府、人民法院和人民检察院的产生、组织和职权;民族区域自治制度、特别行政区制度、基层群众自治制度;犯罪和刑罚;对公民政治权利的剥夺、限制人身自由的强制措施和处罚;对非国有财产的征收;民事基本制度;基本经济制度以及财政、税收、海关、金融和外贸的基本制度;诉讼和仲裁制度;必须由全国人民代表大会及其常务委员会制定法律的其他事项。涉及全国性的行政事项,则须由国务院及其相关部委以行政法规和部门规章的形式来规范。而一般地方则可以针对两方面内容行使立法权:一是为执行中央法律法规,根据自身实际情况,其立法权限可以涵盖中央法律法规内容覆盖的范围;二是需要立法的纯地方性事务。自治条例和单行条例就是民族自治地方行使立法自治权的结果。

但是,自治条例的立法范围与一般的地方立法还是存在很大不同。首先,二者的理论来源不同。一般地方立法的理论基础为中央与地方的分权理论,而自治条例的立法权限范围则来自民族自治、区域自治理论;其次,二者发挥的功能不同。一般地方立法注重地方性各项事务,其功能在于将中央的法律法规具体化。而自治条例的功能在于凸显其自治性,表现为民族自治和区域自治,其根本任务在于通过它合理配置与自治权有关的各种资源,调整与自治权有关的各种关系，如自治机关的上下级关系，自治地区内部的民族关系，自治机关与非自治机关的关系等。① 因此，《宪法》和《民族区域自治法》规定的自治权构成了自治条例立法内容范围确定的基本依据和框架。

那么，自治条例的立法权限范围是否限于宪法与民族区域自治法的规定的立法权？本文认为并非如此。我国《立法法》第75条第2款规定："自治条例和单行条例可以依照当地民族的特点，对法律和行政法规的规定作出变通规定，但不得违背法律或者行政法规的基本原则，不得对宪法和民族区域自治法的规定以及其他有关法律、行政法规专门就民族自治地方所作的规定作出变通规定。"根据立法法对民族区域自治的授权，民族自治地方所拥有的立法权可以对法律、法规的相关规定行使变通权，进而使自治条例的立法权限范围扩大。这种立法权限范围的扩展奠定了自治条例存在的基础，也进一步增强了自治立法的灵活性及适应性。

依据宪法和民族区域自治法的相关规定，民族自治地方可以在以下几个方面行使立法自治权，制定自治条例。② （1）规范自治机关的组织和工作；（2）规范自治机关使用当地通用语言文字的条件、原则、方式等；（3）规范干部、人才的培养以及招收企事业单位人员等有关事项；（4）规范组织和使用本地方维护社会治安的公安部队；（5）规范经济建设和管理以及外贸活动方面的自治权；（6）规范财政税收自治权；（7）规范教育、科技、体育和医药卫生管理方面的自治权；（8）规范计划生育和流动人口管理方面的自治权；（9）变通法律、行政法规有关规定的权利义务实现的条件、范围和程序等。

2. 单行条例的权限范围

关于单行法规立法内容的规定，原则上与自治条例立法范围确定的依据是一样的。因为无论是自治条例还是单行条例，其理论基础和立法权源都来源于自治权。从法理上看，与民族区域自治权行使无关的事项，不应由民族自治地方以自治条例和单行条例的方式来规范。

---

① 曾宪义："论自治条例的立法基础"，载《中南民族大学学报（人文社会科学版）》2004年第4期。

② 吉雅：《民族区域自治地方自治立法研究》，法律出版社2010年版，第33页。

在现实中自治区一级的立法中没有单行条例的存在，自治区立法一般通过制定地方性法规来回避单行条例的制定。其原因有三：首先，单行条例的制定程序需要经过全国人大常委会的批准，由于单行条例直接涉及地方与国家即民族自治地方的自治机关与国务院有关部委的权益互动问题，在单行条例规定经济自治权时，必然要涉及国务院有关部委放权让利的问题，这样的事情一般很难取得这些部委同意，要沟通和做好这方面的协调工作难度极大。凡属于单行条例中规定这些内容的条款，在送审中如果没有得到有关部委的认可就无法确定下来。① 其次，民族自治地方的人民代表大会常务委员会没有立法自治权，不能制定自治条例和单行条例，这无形之中使自治法规的立法效率很低，并且受到人民代表大会会议议程的限制。② 第三，单行条例的制定需要非常高的立法技术，要精通、理解民族自治地方的民族特点、地方特点和特殊需要。

由于满族自治地方都是自治县、民族乡镇，在制定单行条例方面很大程度上不需要受到自治区制定单行条例所受到的限制，因此我国满族自治县运用民族自治权，11个满族自治县截至目前共制定34个单行条例。单行条例的制定都是基于民族自治地方当地民族政治、经济、文化特征。另外，也是最重要的，单行条例既可以创制立法，也可以变通执行上位法，创制立法体现的是民族自治地方主动行使立法自治权。结合《立法法》及相关法律、法规的规定，单行条例在不与宪法、法律、行政法规相抵触的情况下，依照满族的政治、经济、文化特点，可以就下列事项作出具体化、法制化的规定：(1) 促进民族自治地方经济发展、社会稳定的事项，如《岫岩满族自治县岫玉资源保护条例》《桓仁满族自治县县城市容管理条例》；(2) 民族自治地方科技、教育、文化、卫生、人口、环境与资源保护、民族事务等事项，如《桓仁满族自治县旅游条例》《新宾满族自治县清永陵保护管理条例》；(3) 为保障少数民族宗教信仰自由、保持或改革风俗习惯需要作出规定的事项，如《桓仁满族自治县封山育林管理条例》《宽城满族自治县殡葬管理条例》；(4) 需

---

① 宋才发："自治区的立法自治权及自治条例问题研究"，载《民族研究》2007年第4期。
② 吉雅：《民族区域自治地方自治立法研究》，法律出版社2010年版，第26页。

要对法律、法规制定变通或补充规定的事项,如《宽城满族自治县计划生育条例》;(5)其他需要制定单行条例的事项。

二、满族自治地方立法分析及存在的问题

(一)满族自治县的立法文本结构分析及存在的问题

截至目前,11个满族自治县已全部拥有自治条例,并随着形势的发展进行了修订工作,同时根据各个自治县的具体经济状况制订了相应的单行条例。

1. 自治县自治条例的文本结构比较

文本结构指的是组成整体的各部分的搭配和安排,自治县自治条例的文本结构就是指组成自治条例的各个部分是如何搭配与安排的。文本分析是法学研究的基本方法之一,属于分析实证法学的基本方法,文本分析的目的在于显示原始文本的逻辑结构,辨明其主要的思想和次要的思想,并准确地显示它们之间的关系。表1为11个自治县的文本基本结构。

表1 满族自治县自治条例文本结构

名称	结构
河北丰宁满族自治县	第一章 总则 第二章 自治机关 第三章 人民法院和人民检察院 第四章 经济建设 第五章 财税金融 第六章 社会事业 第七章 民族关系 第八章 附则
河北宽城满族自治县	第一章 总则 第二章 自治机关 第三章 人民法院和人民检察院 第四章 经济建设 第五章 财政金融 第六章 社会事业 第七章 民族关系 第八章 附则

续表

名称	结构
河北青龙满族自治县	第一章　总则 第二章　自治机关 第三章　人民法院和人民检察院 第四章　自治县经济建设 第五章　财政金融管理 第六章　教育科技文化卫生事业 第七章　民族关系 第八章　附则
河北围场满族蒙古族自治县	第一章　总则 第二章　自治机关 第三章　人民法院和人民检察院 第四章　经济建设与社会发展 第五章　财政与金融 第六章　民族关系 第七章　附则
辽宁桓仁满族自治县	第一章　总则 第二章　自治机关 第三章　人民法院和人民检察院 第四章　经济建设 第五章　财政金融管理 第六章　教育科学文化卫生体育事业 第七章　民族关系 第八章　附则
辽宁本溪满族自治县	第一章　总　则 第二章　自治机关 第三章　人民法院和人民检察院 第四章　经济建设 第五章　财政金融管理 第六章　教育科学文化卫生事业 第七章　民族关系 第八章　附　则

续表

名称	结构
辽宁宽甸满族自治县	第一章　总则 第二章　自治机关 第三章　人民法院和人民检察院 第四章　经济建设 第五章　财政管理 第六章　教育科学文化卫生体育事业 第七章　民族关系 第八章　附则
辽宁清原满族自治县	第一章　总则 第二章　自治机关 第三章　人民法院和人民检察院 第四章　自治县经济建设 第五章　财政金融管理 第六章　教育科学文化卫生体育事业 第七章　民族关系 第八章　附则
辽宁新宾满族自治县	第一章　总则 第二章　自治机关 第三章　人民法院和人民检察院 第四章　自治县经济建设 第五章　财税金融管理 第六章　教育科技文化卫生事业 第七章　民族关系 第八章　附则
辽宁岫岩满族自治县	第一章　总则 第二章　自治机关 第三章　人民法院和人民检察院 第四章　自治县经济建设 第五章　财政管理 第六章　教育科学文化卫生体育事业 第七章　民族关系 第八章　附则

续表

名称	结构
吉林伊通满族自治县	第一章　总　则 第二章　自治县的自治机关 第三章　自治县的人民法院和人民检察院 第四章　自治县的经济建设 第五章　自治县的财政金融管理 第六章　自治县的文化建设 第七章　自治县内的民族关系 第八章　附　则

2. 文本结构存在的问题

（1）文本结构缺乏独创性。11件自治县自治条例的文本结构有10件是八章式的结构、1件是七章式结构。可以看出八章式结构是主流样式。自治县的自治条例文本结构设计的基本逻辑思路是：总则→自治机关→人民法院与人民检察院→经济建设→财政管理→科教文卫→民族关系→附则。这一思路的确立依据就是民族区域自治法的文本结构模式，自治县的自治条例基本上是仿照《民族区域自治法》的样式来设计文本结构，民族区域自治法的文本结构是："序言 + 七章式结构"，自治县的自治条例的章节内容与民族区域自治法设定的内容基本相同，个别自治县只是在相关章前加上了"自治县的"四字定语。

（2）文本结构设计的内容存在缺陷。自治县的人民法院和人民检察院因不是自治机关，所以完全没有必要在自治县自治条例中加以规定，之所以出现在自治县的自治条例中是因为《民族区域自治法》中有民族区域自治地方人民法院和人民检察院的内容规定。

（3）文本结构逻辑混乱。自治县自治条例的文本结构章与章之间应是一种并列关系而不是包含关系，但是一些自治县自治条例的文本结构设计在逻辑上就出现了混乱，在不同章节中出现了包含关系。自治条例的文本结构中出现并列的"经济建设"和"财政管理"的章节设置，这是犯了逻辑错误。

(二) 满族自治县的立法文本规范内容分析及存在的问题

1. 宣示性规范多①

11个自治县自治条例设计的总则条款中从第四条开始,大多是宣示性的规范,而且内容基本上与民族区域自治法相同,只是表述上有文字上有异,内容上没有本质的区别。以《河北宽城满族自治县自治条例》与《辽宁岫岩满族自治县自治条例》为例来说明问题。② 条款主要规范了两大内容,一是宣示性规范,直接来源于《民族区域自治法》序言中的有关规定。因为这部分内容表达的是政治色彩浓厚的话语而并非法律术语,即使在民族区域自治法中在也只是在序言中来规定。自治县人民代表大会把这一内容作为自治条例的条款并不是科学的,因为上位法序言本身没有规范性,它并没有区分合法与违法的标准,从条文来说无从判断行为的合法与违法,这从侧面反映出一个问题,自治县人民代表大会还不明确自治条例应该规范什么和如何规范。二是在上述两个满族自治县的自治条例中接下来的第五条③规定了自治县的自治机关对国家所应承担的义务,义务内容来源于民族区域自治法第五条和第七条的规定④,只是对文字进行了个别的重新组合。实际上,作为单一制国家中的一个组成部分,保证宪法和法律在自治县的遵守和执行,既是自治

---

① 黄元姗:《民族区域自治制度的发展与完善——自治州自治条例条例》,中国社会科学出版社2014年版,第81页。

② 《河北宽城满族自治县自治条例》第四条:自治县自治机关团结和带领自治县各族人民,在中国共产党的领导下,以中国特色社会主义理论为指导,深入贯彻落实科学发展观,坚持解放思想,深化改革开放,逐步把自治县建设成为经济发达、文化繁荣、社会和谐、生态良好、民族团结、人民富裕的民族自治地方。《辽宁岫岩满族自治县自治条例》第四条:自治县的自治机关在中国共产党的领导下,带领自治县各民族人民,贯彻执行党的社会主义初级阶段的基本路线,以经济建设为中心,坚持四项基本原则,坚持改革开放,自力更生,艰苦奋斗,集中力量进行社会主义现代化建设,不断提高各族人民的物质文化生活水平,逐步把自治县建设成为文明民主、团结进步、繁荣富裕的民族自治地方。

③ 《河北宽城满族自治县自治条例》第五条:自治县自治机关维护国家统一和各民族团结,保证宪法、法律和法规在自治县的遵守和执行,把国家的整体利益放在首位,积极完成上级国家机关交给的各项任务。《辽宁岫岩满族自治县自治条例》第五条:自治县的自治机关维护国家的稳定和统一,保证宪法和法律在本地方的遵守和执行。自治机关把国家的整体利益放在首位,积极完成上级国家机关交给的各项任务。

④ 《民族区域自治法》第五条:规定民族自治地方的自治机关必须维护国家的统一,保证宪法和法律在本地方的遵守和执行。第七条:民族自治地方的自治机关要把国家的整体利益放在首位,积极完成上级国家机关交给的各项任务。

县作一般地方国家机关的义务，也是自治县的自治机关的义务。在《民族区域自治法》里已规范明确的条款和内容，在自治县自治条例中没有必要再重新规定一遍，因为这种做法不但是对立法资源的浪费，也是对上位法权威的漠视。

2. 重复立法现象严重

重复立法表现在两方面，一是与上位法重复，照抄照搬上位法的有关内容，11个自治条例有关公民权利的条款内容源自于《民族区域自治法》总则第九条、第十条和第十一条的规定。在此仅仅以《辽宁本溪满族自治县自治条例》中有关公民权利的规定为例来说明这一问题的严重性[①]。对于这些内容自治县自治条例不需要再重复规定理由同上。

二是自治县自治条例在相互重复，仅仅以自治县自治条例语言文字为例分析这一现象。从自治县自治条例语言文字的内容规定来看，表达了两层含义：一是自治机关保障各民族族使用和发展本民族语言文字权，二是各民族享有使用和发展本民族语言文字权。自治县自治条例相互照抄照搬，内容完全一致，只是分设在不同的条款之中，参见表2。

表2　自治县自治条例关于语言文字的内容规定

辽宁桓仁满族自治县	第九条第二款　自治机关保障本地方各民族都有使用和发展自己语言文字的自由，都有保持或者改革自己的风俗习惯的自由
辽宁本溪满族自治县	第五条第二款　自治县各民族都有使用和发展本民族语言文字的自由，都有保持或者改革自己风俗习惯的自由
辽宁宽甸满族自治县	第五十条　自治县各民族都有使用和发展本民族语言文字的自由，都有保持或者改革民族风俗的自由，各民族的风俗习惯和传统节日应当受到尊重

---

① 《辽宁本溪满族自治县自治条例》第五条：自治县的自治机关保障各民族的平等权利，维护和发展各民族平等、团结、互助的社会主义民族关系，禁止对任何民族的歧视和压迫，禁止破坏民族团结和制造民族分裂的行为。自治县各民族都有使用和发展本民族语言文字的自由，都有保持或者改革自己风俗习惯的自由。第六条：自治县的自治机关保障各民族公民有宗教信仰自由。自治机关依法管理宗教事务和宗教活动，禁止利用宗教进行违法活动。宗教团体和宗教事务不受外国势力的支配。

续表

辽宁清原满族自治县	第六条第二款　自治机关保障本地方各民族公民都有使用和发展本民族语言文字的自由，都有保持或者改革本民族风俗习惯的自由
辽宁新宾满族自治县	第六条第二款　自治机关保障本地方各民族公民都有使用和发展本民族语言文字的自由，都有保持或者改革本民族风俗习惯的自由
辽宁岫岩满族自治县	第十条第二款　自治机关保障本地方各民族都有使用和发展自己的语言文字的自由，都有保持或者改革自己的风俗习惯的自由
吉林伊通满族自治县	第六条第二款　自治机关保障各民族都有使用和发展自己的语言文字自由，都有保持或改革自己的风俗习惯的自由

3. 缺乏民族性

（1）自治县自治条例对于民族节日的缺位。明崇祯八年（1635年）十月十三日，后金汗王努尔哈赤的儿子爱新觉罗·皇太极废除女真的旧称，将族名定为满洲。从此满族人为纪念这一天，作为节日进行隆重庆祝。"颁金节"与金银财宝无关，它是满语"banjin inenggi"。"banjin"，汉译是"生""出生""创造"之意，音译为颁金；"inenggi"，汉译是"节日"之意，因此"颁金节"即满族"诞生日"。"颁金节"是满族最值得纪念的日子，因为它是满族的诞生纪念日、命名纪念日，是全族性的节日。每年这一天，全国各地的满族同胞都以各种方式庆祝自己的节日。不过11个满族自治县中除掉辽宁省的6个满族自治县外，其他5个自治县对于满族最为重要的节日颁金节没有规定纪念，对于其他满族节日也没有任何规定。

（2）自治县自治条例及单行条例对满族传统文化的保护缺乏。民族区域自治地方的单行条例是对于具有本民族地方特色的法律的制定，单行条例在各自治地方也仅仅是凤毛麟角，目前11个自治县共有34个单行条例，除去辽宁桓仁满族自治县拥有8个单行条例之外，其他自治县一般是2个单行条例，因此单行条例的出台也并不能满足当前的实际需要。在现阶段单行条例的制定在民族区域自治地方主要是关于民族文化保护和民族社会保障类的立法，因此，现行制定出的单行条例政策依赖性强、民族特色不强、立法导致实施程度较低等问题，也是制定单行条例制定后出现的实施性障碍。①

4. 民族自治立法缺位

从国家立法看，除宪法和民族区域自治法外，全国人大及其常委会已经制定和颁布的法律中有关民族方面的法律较多；国务院制定的行政法规有关于民族自治地方利益的不是很多。目前仅有少数几件地方性法规中作出应当照顾民族自治地方利益的原则性规定，而自治县的单行条例却没有这类能起衔接作用的条款，以致出现法规的不配套和断层的现象。难以和法律和行政法规及地方性法规相对接。加之在制定民族立法计划时考虑民族法体系因素不够，重实体轻程序，以致法律、行政法规和地方性法规在民族自治地方的贯彻实施形成困难，法律冲突时常发生。由于民族自治地方单行条例立法数量少、立法主体层级低，民族自治地方的经济发展受到很大的制约，自治地方的民族特点和地域特色很难得到充分发挥，自治机关没能充分利用国家基于民族自治地方与其他地方经济、文化、政治等方面存在的差距赋予民族自治地方的自治权。

目前我国满族自治县的单行条例内容单一，调整范围狭窄。11个自治县34个单行条例按照类别来看，矿产资源水土保持方面的有13个，城乡管理的有7个，地方经济发展8个，旅游、风景名胜保护4个，另外还有计划生育、殡葬管理各1个。从数据统计来看，资源保护一项占据了压倒性的优势，共有13个，占总数的38%，而随其后的地方经济发展8个，占总数的23.5%，城乡管理7个，占总数的20.6%，旅游、风景名胜保护4个，占总数的11.8%，殡葬管理和计划生育各占2.9%。在"一带一路"的背景下，包括在满族自治县分布的三个省份都把经济建设放在了工作的首位，但毋庸置疑的是，这一点在代表民族自治地方自治权的单行条例中并没有反映出来。依法实施科教兴国战略，培育少数民族自我发展的良性机制，是少数民族发展的关键所在，但是关于满族地方教育的单行条例没有一部。

---

① 胡纪平、彭建军："民族自治地方立法存在的问题及原因分析"，载《中南民族大学学报（社科版）》2008年第6期。

(三) 满族自治县存在立法问题的成因

1. 立法自治观念缺失

民族区域自治制度在我国是一项基本的政治制度，但是由于民族自治地方的领导人员以及工作人员缺乏自治意识，把民族立法看作是一项政治任务，因此，民族自治机关往往看重民族自治立法的政治象征功能，而对自治条例、单行条例、变通规定的设置缺乏法律意义上的认识，即自治立法本应在民族自治地方发挥其经济、文化乃至社会发展的法律功能。民族自治立法意识缺失表现在以下两方面：一种情况是不知，即真的不知，对民族自治立法的目的与功能完全不了解，将民族自治立法与地方立法相混同，对于自治立法所应彰显的民族性、自治性完全无意识。另一种情况是不愿，即知道其所承担的立法责任，但是出于怕影响个人的切实利益，消极等待上级相应国家机关的指示，不愿意积极主动行使立法自治权。具体表现在制定自治法规时，照抄照搬、生搬硬套国家法律、法规的有关规定，重复地方性法规的规定，遇到敏感、实质问题绕着走，不能客观主张民族自治地方和少数民族的权益，造成自治立法民族性、自治性的缺失，难以为民族自治地方各项自治权的具体行使提供法制保障。

2. 自治立法主体过窄

自治条例是民族自治地方制定的综合性法律，其制定主体必须是民族自治地方的人民代表大会，这一点是应该没有争议的。但单行条例的制定主体也必须是人大，连人大常委会都没有制定权，这是导致单行条例立法效率低下的重要原因。我国《立法法》规定，单行条例的立法主体只能是民族自治地方的人民代表大会，其人大常委会无权制定单行条例。这种规定的目的在于树立单行条例的权威性，但在具体立法过程中容易出现时间的局限性。由于民族自治地方的人民代表大会每年只召开一次会议且会期短，需要议决的事项多，人大代表又具有兼职性，这种状况使人大代表基本没有时间和精力详细审阅单行条例的议案，导致单行条例的立法质量不高且效率较低。而民族自治地方人民代表大会常务委员会虽然每两个月定期开一次会，但却无权制定单行条例，致使很多拟定中的单行条例迟迟不能出台，无法适应民族自治地方政治、经济、文化及社会发展的需要，也不利于完善民族自治地方自治法规体系。

3. 立法技术水平不高致使自治立法难以实施

一些条款的规定政策性色彩过浓，缺乏操作性，或是混同了法和道德的界限，无法有效实行。例如《河北宽城满族自治县自治条例》第10条："自治县自治机关加强社会主义精神文明建设，继承和发扬优秀民族文化传统。提倡爱国守法、明礼诚信、团结友善、勤俭自强、敬业奉献，培育有理想、有道德、有文化、有纪律的公民，提高各族人民的思想道德素质和科学文化素质。"这些都是政策性、宣传性的语言，甚至是一种道德要求。法律是规范人们行为的标准，人们面对法律规范只能有"行"与"不行"的选择，"行"就是遵守法律规范，是守法行为，保障你的权益；"不行"就构成违法行为，法律将强制你按照法律规范行为，同时还要视违法造成的后果承担法律责任。在法律条款中出现"提倡"的字眼是不妥的，"提倡"是一个选择性的词汇，是鼓励去做什么。而法律要求是你必须去做什么。因此，这样的条款从设立起就是无法实施的，可以说，一开始就是无效条款。

一些条款的规定不完整、不严谨，只有行为模式，没有后果模式，无法追究法律责任，因而无法施行。法律规范是一种特殊的、在逻辑上周全的规范，一个完整的法律规范在结构上由三个要素组成，即条件、行为模式和后果。各要素之间在逻辑上所具有的这种因果性联系是法律能够切实有效地发挥社会整合作用的重要保证。由于法律条文的基本内容是法律规范，如果法律条文充满着没有"制裁"内容的所谓法律规范，则这些法律规范将因缺乏具体制裁性而丧失其对社会生活的调整作用。从而混同于道德规范或者一般性的倡议、号召等，这些都不能称为严格意义上的规范。自治立法尤其是自治条例的条款几乎没有责任条款。在这种情况下，法律关系主体不按条款行为，也不会承担任何责任。鉴于上述情况，各种法律关系主体也很难有效地去按照自治立法所规定的行为模式去行为。

4. 立法缺乏公众参与

满族自治地方的公民尤其是满族公民的政治权利呈现空壳化。政治权利不仅指的是选举权与被选举权、言论、出版、集会等权利，随着我国民主化日益增强，公民的参与也是一种政治上的权利。塞缪尔·亨廷顿等人认为：

"政治参与就是平民试图影响政府决策的活动。政治参与有下面内容：第一，政治参与包括活动，而不包括态度。第二，政治参与是指平民的政治活动，或者更确切地说，是指充当平民角色的那些人的活动。由此把政治参与与政治职务区分开来。第三，政治参与只是试图影响政府决策的活动。这类活动的目标指向公共当局。因为公共当局通常被认为对于社会价值的权威性分配拥有合法的最终决定权。第四，政治参与包括试图影响政府的所有活动，而不管这些活动是否产生实际效果。最后，政治参与不仅包括行动者本人自发的影响政府决策的活动，而且包括行动者受他人策动而发生的影响政府决策的活动，前者称为自动参与，后者称之为动员参与。"① 亨廷顿等人将政治参与看作一种政治活动，并且是影响政府的政治活动，公众参与与政治参与有着相似之处，但是在本文看来，公众参与的范围要更大一些，即公众参与不只是包括政治参与，而且包括社会参与。2007年10月中国共产党在北京召开了第十七届全国代表大会，党的十七大报告中对公众参与的理解是这样的："坚持国家一切权力属于人民，从各个层次、各个领域扩大公民有序政治参与，最广泛地动员和组织人民依法管理国家事务和社会事务、管理经济和文化事业。"② 这里面隐含着政治参与和社会参与，在十七大报告的另一处提及"要健全党委领导、政府负责、社会协同、公众参与的社会管理格局，健全基层社会管理体制。最大限度激发社会创造活力，最大限度增加和谐因素，最大限度减少不和谐因素，妥善处理人民内部矛盾，完善信访制度，健全党和政府主导的维护群众权益机制。"③ 因此，本文认为公众参与就是指公众试图影响政府的活动或公共政策的活动。

公众参与立法是指立法草拟机关、审查机关和制定机关在立法工作中听取、收集公民、法人和其他组织对立法的意见、建议，并对意见、建议进行综合整理、采纳吸收与反馈的活动。满族公众可以参与立法草案的起草和讨

---

① ［美］塞缪尔·亨廷顿、琼·纳尔逊：《难以抉择》，汪晓寿等译，华夏出版社1989年版，第5页。
② 胡锦涛：《高举中国特色社会主义伟大旗帜 为夺取全面建设小康社会新胜利而奋斗》（单行本），人民出版社2007年版，第28～29页。
③ 胡锦涛：《高举中国特色社会主义伟大旗帜 为夺取全面建设小康社会新胜利而奋斗》（单行本），人民出版社2007年版，第40～41页。

论，通过人大代表向县级人大提交立法议案。这属于公众对民族立法的一种间接参与。公众参与的深度是指公众参与是否充分，是由参与的性质来确定的，一般的参与形态属于常态性的参与，但是社会中也存在着非常态的参与，公众参与的常态包括以下几个特点：（1）它是直接的参与；（2）它是公开的参与；（3）它是主动的参与；（4）它是合法的参与；（5）它是均衡的参与。这种常态的参与方式是在人们能够达到既定目的时采取的方式，不过在现实的参与民族立法的过程中到底采取哪些形式才能有效地汇聚公众的意见，仍然需要具体问题具体分析。

满族自治县在有关保障满族权益的立法过程中，在公众参与活动方面还主要存在以下问题：议案立项主体单一，公众没有法规提案权，这导致部门利益倾向严重；公众参与缺乏制度保障、缺少立法信息公开渠道；公众参与意识淡薄；缺少信息反馈机制；没有立法后评估措施；公众参与的广度和深度不够；没有考虑公众参与的成本与效能等，这些问题的存在使得公众参与一直流于形式，缺乏实效。

三、满族自治地方的立法完善

（一）凸显民族性与地方性

民族自治地方立法的最大特色应该是其"民族性"与"地方性"并存的体现。对于民族自治地方而言，立法的民族性与地方性是立法工作的生命，尤其是民族性更为重要。因为地方性法规和规章可以凸显地方性，而民族自治地方的地方性更多应体现其自治的面向。法律作为一种规范体，其功能在于实现最佳的社会控制，无论是对国家的控制还是对个体的控制。当然，社会控制也应确立自身的价值，如实现正义、追寻自由、关注平等、稳定秩序等价值。不同的时代、不同的民族对于上述的价值的追求应有所差异，但是，如果法律不能够表达国家、民族乃至社会的需求，那么，这种法律就会被离弃。民族自治立法同样如此，如果不能表达民族的需求、不能从民族实际出发就是失败的立法。反之，注重立法的民族性与地方性，那么就会成功。

民族自治立法属于特殊地方立法，与其他地方立法相比具有更多的自治性。更多的自治性体现在民族地方的民族性，民族性是自治地方立法的核心，同时也是民族自治立法与其他地方立法的区别。《立法法》第 75 条规定："民族自治地方的人民代表大会有权依照当地民族的政治、经济和文化的特点，制定自治条例和单行条例。""自治条例和单行条例可以依照当地民族的特点，对法律和行政法规的规定作出变通规定。"从立法法的规定可以看出民族的要素具有重要意义，如果民族自治地方没有了民族性的存在，那么民族区域自治制度就不会存在。

法国法学家孟德斯鸠在《论法的精神》一书中认为"法律应该和国家的自然状态有关系；和寒、热、温的气候有关系和土地的质量、形态与面积有关系；和农、猎、牧各种人民的生活方式有关系；和居民的宗教、性癖、财富、人口、贸易、风俗、习惯相适应。"这说明法律与社会之间本来应该存在着密切的关联，在这个意义上，分析实证法学将法律看作是孤立的存在而忽略其与社会的关系，这种看法是有失偏颇的。法律应是整个社会系统之子系统，离开了社会系统这个背景法律就会成为无源之水、无本之木。我国的民族自治地方所处的地理位置、气候条件、文化传统、宗教信仰以及风俗习惯都各有特点，那么就产生一个问题，即国家的正式法如何可以涵括所有的民族个性？可以予以救济的是各个民族的地方自治立法，民族自治地方通过本民族的特点制定地方自治条例和单行条例，在这个意义上，民族自治立法是国家法律体系不可或缺的组成部分。如果由国家为各民族立法，这样做的效果会如何？恐怕是难以成立的。理由在于：首先各个民族独特的民族生活难以被外民族了解，难以制定出符合民族实际需要的法律；其次，本着国家为唯一立法主体的愿望的实质是信奉国家万能、信奉理性万能，而理性不及的指出和社会对此的普遍接受证明理性万能已经破产；最后，这也关涉国家政治的整体安排的问题，即对民族区域自治中"自治"程度的理解问题。

民族自治立法的水平高低取决于是否凸显民族性与地方性。突出民族特点和地方特色，着眼于国家立法不能解决的民族自治地方的特殊问题，是民族自治地方立法的生命力所在。自治法规的制定以及变通规定和补充规定都应作为国家立法的必要部分看待。实践证明，自治法规的特点越突出，其实用性就越强，越能解决本地的实际问题，执行效果就越好，质量也就越高。比如《丰宁满族自治县坝上生态农业工程管理条例》这样的单行条例的制定就充分考虑了本地的实际情况。丰宁地域辽阔，西北高东南低，全域分为坝下、接坝和坝上三个地貌单元。坝下地域崇山峻岭，起伏连绵，龙潭飞瀑，峡谷幽深，山水相间，景色宜人；接坝地区林海茫茫，鸟语花香，是采集和狩猎的天然王国；坝上地区，天高地阔，草肥花艳，盛夏时节，气候凉爽，是理想的度假避暑的胜地。承德坝上草原位于内蒙古高原南端，草原上山高谷阔，水洼星罗，绿油油的草原犹如一块毛茸茸的绿毯，平铺在地面上。因距北京最近，故有"京北第一草原"之称，自然资源十分丰富。供观赏的众多花草中，五月的金针花，六月的野罂菜，七月的干枝梅，八月的金莲花，备受人喜爱。每年端午节前后，百灵鸟在花草中产卵孵化，是捕捉百灵的最好时节。十月成百上千的南徙大雁在这里短栖。野兔、鼹鼠、狐、豹等草原动物，经常在坡地草丛中出没。坝上草原是避暑狩猎的好地方。为了改善坝上及周边地区的生态环境，实施可持续发展战略，同时也为加强坝上生态农业工程的管理、保护和利用，依据有关法律、法规的规定，结合当地实际，制定了生态农业工程条例。该条例的制定，将使丰宁坝上生态环境建设有可靠的法制保障，为依法治理坝上及周边地区生态环境提供良好的法治环境。

（二）科学立法

我国《立法法》第6条规定："立法应当从实际出发，适应经济社会发展和全面深化改革的要求，科学合理地规定公民、法人和其他组织的权利与义务、国家机关的权力与责任。"这是我国立法的科学原则的体现。坚持立法的科学性原则，有助于产生建设现代法治国家所需要的高质量的良法，有益于尊重立法规律、克服立法中的主观随意性和盲目性，也有利于避免或减少错误和失误，降低成本，提高立法效益。[1] 上述关于满族自治地方立法所存在的诸多不足在很大程度上是没有贯彻科学原则导致的，因此要提高满族自治地方的立法水平，就需要细化科学原则。坚持科学立法要做好下面几方面工作。

1. 树立科学的立法观念

树立科学的立法观念首先需要正确认识实事求是。实事求是毛泽东主席

---

[1] 张文显主编：《法理学》，高等教育出版社2007年版，第237页。

在《改造我们的学习》中提出的，"实事"就是客观存在着的一切事物，"是"就是客观事物的内部联系，即规律性，"求"就是我们去研究，简单说即指按照事物的方法实际情况办事。这是唯物主义的基本立场，也是保证立法科学性的根本原则。民族自治地方立法应本着实事求是的观念，从本地方的实际情况出发，根据地方的民族特点、风俗习惯、经济状况进行立法规划，制定自治条例和单行条例。这既是凸显地方民族性与地方性的体现，同时也是立法科学性的要求。规律是一种不以人的主观意志而存在的客观过程。法律是人们主观意志的产物，但主观意志并不能随意而为，应受到客观规律性的支配和指引。民族自治地方在立法过程中必须进行调查，了解当地的民俗风貌，理解满族的民族特点。立法时考虑到当地实际情况和民族特点，这为立法后的守法、执法和司法打下基础，只有这样的立法才会使得立法不仅是纸面上的法，而且也会形成行动中的法，实现立法效益的最大化。

2. 科学立法应建立科学的立法制度

科学的立法制度首先要求立法主体明确并具有现实的可操作性。民族自治立法权的归属、范围、行使等都必须与立法主体紧密连接，立法主体决定了立法意图和立法目的是否得以实现，同时立法主体也是立法技术的实践者。因此，寻求与确定合适的立法主体对于立法意图、立法目的的实现至关重要，这也是提高民族自治立法水平的基础。

依照宪法、民族区域自治法、立法法的规定，有权制定自治条例的仅限于民族自治地方的各级人大，包括自治区、自治州、自治县（旗）的人大，而民族自治地方的人大常委会，包括自治区、自治州、自治县（旗）的人大常委会，都无权制定自治条例。正如前所述，自治条例是对民族自治地方的经济、政治、文化、社会等方面的综合表述，因此具有所谓的"小宪法"性质，那么，就如同宪法只能由全国人民代表大会制定与修改一样，把对于与之类似性质的自治条例交由自治地方的人民代表大会来制定就是当然之举。这里适用的是类推原理。因此，对于自治条例的制定与修改由自治地方的人民代表大会来进行就是可接受的，这也是现行法的规定。满族自治县的立法主体就因此确定为自治县的人民代表大会。

依照现行法的规定，自治条例与单行条例的制定及修改主体都是自治地方的人民代表大会，而自治地方的人民代表大会常务委员会没有这样的权力。对于自治条例的立法主体的讨论如上述可以仅由人民代表大会来制定与修改，但是对于单行条例的制定与修改仅由人民代表大会来进行就显得不合时宜。自治条例因为具有"小宪法"的性质，因此每个民族自治地方只应该有一部，立法主体确定为人民代表大会是适当的。但是，单行条例是针对的民族自治地方的具体问题而制定的，其要解决的是政治、经济、社会等具体问题的，如计划生育、水土保养、城市管理、畜牧业的发展等具体的事项。这说明每个民族自治地方的单行条例可以有许多，也应该制定许多部。从我国人民代表大会的组成、会期、次数等的规定来看，把制定单行条例的权力交给人民代表大会是不妥当的。理由有二：其一，单行条例的需求与人民代表大会的供给之间存在张力；其二，单行条例的立法性质决定了其与自治条例存在较大的差异，由自治地方的人大常委会来制定是适当的。因此，民族自治地方单行条例的制定权就不能仅赋予人民代表大会，而应扩张为人民代表大会常务委员会。由于人民代表大会常务委员会的会期、次数决定了其较之人民代表大会更具有立法的便利性，因此，应将立法主体扩张，将人大常委会包括在内，并通过一系列的制度保障人大常委会的立法质量，如起草、审议、听证等制度。

3. 科学立法要求民族自治地方立法应具备科学的立法技术

科学化的立法要以讲求立法技术为前提。立法技术是指立法主体在立法过程中采取的如何使所立之法臻于完善的技术性规则，或者说是制定和变动规范性法律文件活动中的操作技巧和方法，其核心内容包括立法结构技术和立法语言技术。[①]

法与语言密不可分，法作为一种国家意愿的表达，其表达必须以语言的形式表现出来，没有语言，法就不能够存在。法一旦以语言的形式表达，那么，法的表达是否清晰、确定就直接取决于法的语言是否优秀。在法的运行的全部过程中，法的语言运用的成功与否决定了法是否能有效地发挥其效果。美国法理学家朗·富勒认为法律应具有必要的形式，即法的内在道德，包括

[①] 张文显主编：《法理学》，高等教育出版社2011年版，第191页。

八个要素,如一般性或普遍性、公开、可预测性或非溯及既往、明确性、不矛盾、可为人遵守、稳定性、官员的行为与已公布的规则的一致性。其中的明确性要求法律必须使它所针对的人对它的内容能够充分理解,至少是律师、法官能够弄懂它的确切含义。这就要求立法过程中所使用的法的语言明确、简练、精准,使得立法中概念的使用具有统一性、不矛盾。

民族立法过程中要提高立法的科学性的同时,还要注重自治法规的内在逻辑结构。法律规范的逻辑结构是指从逻辑的角度明确法律规范是由哪些部分组成的。法律规范必须具备的构成要素有哪些?一般认为法律规范由假定、处理与制裁构成,这是最初关于法律规则的三要素说,20世纪90年代兴起一种新的学说,即二要素说,二要素说将法律规则的结构分为行为模式和法律后果两部分。[①] 长期以来,我国的法律、法规只注重对人们的行为提出要求,而法律后果规定得不太明确,同时重复照抄现象比较严重。满族自治县的自治条例及单行条例照抄民族区域自治法及有关政策的条文,立法时追求形式上的完善,力求面面俱到,但是在结构上,由于没有按照严谨的法律规范应具有的表述模式来规定,特别是民族区域自治法没有设定处罚条款,使得自治县自治条例有关的条文在实践中缺少法律的权威性,从而也就无法实施。与宪法、民族区域自治法的高度抽象性不同,民族自治地方的自治法规在逻辑结构上更应加强对法律后果的规定,避免出现仅是倡导性及政策性的表述。

(三)增强立法的民主性

要完善满族参与立法的民主化建设,应当检讨立法的民主形式。采纳哪种民主形式能够充分地表现立法的公众参与性?回答这个问题,就需要回溯民主的发展历史,对各种民主形式进行比较之后才能得出答案。

民主最初源于希腊的城邦民主,在那之后,民主经过发展也发生了变化。斯图亚特·密尔以来,可以大致分为两个理论流派:民主究竟意味着是某种大众化的权力,还是为达成政治决定而做出的制度安排,对于这两种民主观念的冲突是民主诸多理论中最为主要的争论,前者是自古希腊以来形成的古典民主的形式,后者则是现代民主的新模式,可以将这二者区分为共和主义

[①] 张文显主编:《法理学》,高等教育出版社2011年版,第69页。

的民主与自由主义取向的民主。对于这二种民主之间何者应该在现代社会居于主导地位,熊彼特做出了这样的判断,"民主是一种政治方法,也就是讲,民主就是为达到——立法或行政方面的——政治决策而实行的某种形式的制度安排。就人民和统治两词的任何明显意义而言,民主政治并不意味着也不能意味人民真正在统治,民主政治的意思只能是:人民有接受或拒绝将要统治他们的人的机会"。① 自由主义取向的代议制民主在现代取得了主导性地位。在代议制民主中,人们的参与是一种间接参与,人们只需要采取投票的方式选出他们的领导者,代议制民主体现了一种精英主义模式,最初的"由谁统治"转变为"如何统治",人们只需要针对政治精英做出的政治决策做出反应即可。

但是,自古希腊以来,民主最初之所以被称为民主的最为重要的要素——参与,却在现代的代议制民主形态中没有什么地位,居于核心地位的"参与"现在却被边缘化了。当初雅典时期公民群体的参与是积极主动的,现在却成为被动的参与,这些使得一些理论家思考,代议制民主采取间接参与的方式是出于什么考虑,这些考虑是否能够站得住脚。代议制民主考虑的前提是:首先,他们认为公众的能力不足,由于社会分工越来越细化,对于采取什么手段促进公共利益是需要具备专业知识的,而对这些专业知识的掌握是需要花费巨大的时间、精力的,这些专门事务的处理一般是交给精英来做的;其次,由于在一个规模较大的国家,随着参与者的数量增多,就每一个问题都要征询每一个公民的意见是不可能的,也是效率极为低下的,采取代表制就是一个高效的选择;最后,由于过去历史的经验,特别是20世纪对极权政治贻害的警惕,魏玛共和国的崩溃就是过度的公众参与导致的。比较之下,少数公民对政治生活有着高度的参与兴趣,而大多数公民的冷漠和不感兴趣对于维持整个政治体系的稳定是很必要的。

代议制民主理论在现代获得了主导性地位,但它并非是不受批评的,在一些参与民主理论家看来,精英主义民主忽视了社会政治生活中几个关键的问题:(1)当代精英主义民主对个人自由的压制。特别是日益庞大的官僚机

---

① [美]卡罗尔·佩特曼:《参与和民主理论》,陈尧译,上海世纪出版集团2006年版,第3~4页。

构、政治活动的复杂性以及民主对生活的控制，严重扼杀了公民个人的积极性和创造性。(2) 社会政治生活中普遍存在的不平等。这种不平等不仅包括资源占有上的不平等，还包括性别、种族、信息获得等方面的不平等。(3) 对微观层次上民主的忽视。当代主流民主理论集中关注国家层面上的民主建构，以及对古典民主学说的驳斥，尽管也强调了民主的制度建设、社会条件等问题，但却刻意忽略了公民个人的民主参与能力以及相应条件的培养。①

这些批评意见指出了代议制民主存在的诸多问题，解决的药方在参与民主理论家看来就是：协商民主。吉登斯认为福山的"历史终结论"——宣告自由民主的全面胜利，尽管有一定的合理性，比如福山认为在现代世界中权威唯一合法来源就是民主，威权主义的失败就是由于并不能为自己的权力建立令人满意的合法化，比如福山没有把经济个人主义归结为民主扩展的原因等，但是，福山没有详细分析资本主义与民主之间的关系，尤其是没有充分考虑生态问题。② 因此，吉登斯提出要发展一种对话民主制，对自由民主体制实行民主化，"对话民主化不是自由民主的延伸，甚至也不是它的补充；不过从一开始，它就创造了社会交流的形式，这可能对重建社会团结是一个实质性的贡献"。③ 吉登斯的对话民主的思考是从最近开始的协商民主制开始的，与协商民主相比，对话民主更为广泛，"对话民主指的是这样一种情况：那里有发达的交往自主权，这种交往构成对话，并通过对话形成政策和行为"。④ 吉登斯的对话民主并不隐含着必然会达成共识，而是仅仅意味着公共场合的对话，这种对话提供了与他人在一种彼此宽容的关系中相处的手段。⑤

吉登斯也承认，现在对话民主的可能性多于现实性，无法解决制度性的

---

① [美] 卡罗尔·佩特曼：《参与和民主理论》，陈尧译，上海世纪出版集团2006年版，第1页。
② [英] 安东尼·吉登斯：《超越左与右——激进政治的未来》，李惠斌、杨雪冬译，社会科学文献出版社2003年版，第36~37页。
③ [英] 安东尼·吉登斯：《超越左与右——激进政治的未来》，李惠斌、杨雪冬译，社会科学文献出版社2003年版，第116~117页。
④ [英] 安东尼·吉登斯：《超越左与右——激进政治的未来》，李惠斌、杨雪冬译，社会科学文献出版社2003年版，第119页。
⑤ 郭忠华：《解放政治的反思与未来》，中央编译出版社2006年版，第184页。

问题。① 与之相比,目前在世界许多国家尝试进行的协商民主形式在某种程度上具有制度上的可操作性,下面本文就对协商民主形式做简要的分析。

协商民主(deliberative democracy)是 20 世纪 90 年代以来在西方学术界兴起的一种民主理论。"协商民主,简单地说,就是公民通过自由而平等的对话、讨论、审议等方式,参与公共决策和政治生活。"② 协商民主的核心观念,主要透过公民之间在理性、反思以及公共判断(public judgement)的条件下,共同思索公共的问题以及公共议题的解决方案。换言之,它试图解决一个重要的问题:如何建构出一种在各方皆有意愿理解彼此价值、观点及利益的前提下,共同寻求公共利益以及各方均可接受方案,并重新评估界定自己利益及观点的可能性,以真正落实民主的基本价值。协商式民主成功的标准不在于所有人都对结果表示满意,而是所有的参与者都充分地信服彼此继续合作的意愿。所以成功的标准在于透过共同的行动,参与者皆理解到他们事实上对此议题有所贡献,同时影响了结果,即使他们对结果可能并不满意。因此协商式民主不在追求一致的同意;而在追求对共同问题与冲突的持续对话过程中,使得争议的各方愿意保持持续合作的可能性。协商民主理念的关键在于加深公众对公共政策的理解、提高他们参与公共政策的能力,使公众能够对于公共政策的辩论与决定提出看法,也使得决策更贴近公共利益。同时,提高公众的参与能力,将会制衡专业精英滥用权力与谋求私利的问题。协商民主公共协商的过程,也使得公众能够聆听与思考不同的政治意见,而建立基于互动的互相尊重与互信。公开的意见交换,使得参与者必须要提出别人可以接受的理由,也必须要相当程度地考虑到公共利益,以建立自己观点的说服力。

协商民主在价值诉求上具有一系列的优势:(1)可以培养维护健康民主所必需的公民美德,促进政治共同体之间相互理解的公民性格特点;(2)提升公众对公共生活的集体责任感;(3)在多元文化和利益交织的现代社会化中,协商民主可以有效促进不同文化和利益主体之间的交流和理解;(4)通过开放的

---

① [英]安东尼·吉登斯:《超越左与右——激进政治的未来》,李惠斌、杨雪冬译,社会科学文献出版社 2003 年版,第 38 页。
② 俞可平主编:《协商民主译丛》,中央编译出版社 2006 年版,总序。

结构和讨论过程，协商民主可以促进公共决定的合法性和扩展知识和理性。①

当然，协商民主并非是民主政治唯一的、至高无上的模式，它也有自己的议题范围，针对不同的议题应该区分适当的参与方式。协商民主和代议制民主（或聚合民主、自由民主）之间是什么关系？克里斯蒂诺（Christiano）曾提出对于协商民主的三种定位方式：第一种是贡献论（the contribution thesis），认为协商民主对于现行民主政治的运作是有贡献的，它和代议制民主之间是互补的关系，协商民主能强化和完善自由民主；第二种是必要条件论（the necessity thesis），认为主要民主的运作均需要有公共协商的步骤；第三种是唯一论（the exclusivity thesis），也就是说协商民主是民主运作的唯一模式，投票等其他模式是没有必要的。② 本文采纳贡献论，认为协商民主是对聚合民主（自由民主或者代议民主）的补足。协商民主应该有自己的适用领域，如果就宏观的政治层面来说，采取代议制就是一种比较现实而合理的参与方式，如果是就"微观公共领域"③里的议题就应该适用公众直接参与的协商方式，在"微观公共领域"里个人与决策结果有着紧密的联系，个人的参与动机比较强，也比较负责任。

就民族自治立法而言，满族自治地方应当确立立法公开原则、明确公众参与的形式和范围、建立民族自治地方立法听证制度、进行信息反馈、加强立法的成本与效能分析、开展立法后评估工作。通过这一系列的程序规范，构建符合满族实际的立法公众参与制度，为推进满族法治建设提供制度平台。

四、结语

法律在某种意义上是文化的产物，是文化演进的必然逻辑，甚至可以说，法律本身就是一种文化。任何一个民族的法律文化总是在独特的文化土壤中产生并成长起来的，不同民族的自然地理以及社会条件造就了不同的法律文

---

① 陈家刚："协商民主：民主范式的复兴与超越"，见陈家刚主编：《协商民主》，上海三联书店2004年版，第8~10页。
② 谈火生："审议民主理论的基本理念和理论流派"，载《教学与研究》2006年第11期。
③ [美]詹姆斯·博曼：《公共协商：多元主义、复杂性与民主》，黄相怀译，中央编译出版社2006年版，中文版序第6页。

化。由56个民族共同创造的中华法律文化具有一体性，具有"大传统"的特质，但这种"大传统"并没有抹杀各民族特别是少数民族法律文化的独特存在，即主要由少数民族习惯法文化构成的"小传统"，由此存在一个"大传统"与"小传统"并存的形态。传统往往具有相当的地方性，而"小传统"则更是如此，少数民族的习惯法是族群与其生存环境进行多次互动、反复提炼而成。少数民族的习惯法使各民族代与代之间、一个历史阶段与另外一个历史阶段之间保持了某种连续性和同一性，并最终形成少数民族个体的行动方式，构成少数民族的生活秩序与生存意义。

经过56个民族共同创造的中华法律文化所构成的"大传统"与各个少数民族法律文化形成的"小传统"之间存在着互生关系。一方面，"大传统"的形成仰赖于"小传统"的供给，另一方面，"大传统"意图潜移默化地渗入"小传统"并成为其核心要素。在此基础上来检讨满族区域自治立法具有重要意义，即需要检讨的是民族自治立法与满族既有习惯法之间的关联。本文认为应强调自治立法对满族习惯法的适当妥协，最关键的就是不能只是靠国家强制力把国家制定法在民族自治地方强制推行，而是要把国家法转化为与民族习惯法相一致的地方法规加以贯彻，尤其需要通过制定单行条例的方式予以确认。"法是习惯的再制度化。"[①] 许多法律往往只是对社会生活中通行的习惯惯例的确认、总结、概括或提升。真正能够得到有效贯彻执行的法律，恰恰是那些与通行的习惯惯例相一致或近似的规定。经过前面的分析发现满族自治立法在立法时往往是借鉴了上位法，即《民族区域自治法》，而对于本民族和本地方的习惯、惯例却少有体现。这样的自治法规制定颁布后，由于与少数民族习惯背离较大或没有系统的少数民族习惯惯例的辅助，不易甚至根本不为少数民族族员所接受，不能成为他们的行为规范，结果就是国家制定法的普遍无效和无力。因此，要想使自治立法在满族自治地方得到有效施行，就应该让满族自治地方的自治机关立法在一定程度上能够自治，赋予他们将国家制定法变通为与少数民族习惯法相一致的自治法规的自主权。只有这样，才能协调好自治立法与民族习惯法之间的张力，从而达到既强调法律的统一性，又维护法律多样性的目的。

---

① 朱景文主编：《法社会学》，中国人民大学出版社2008年版，第9页。

后 记

书稿初成,轻松且轻松,然而一种沉重感却悄然袭来,随着研究的深入,累积起来尚待研究的问题越来越多,真希望再多一点时间,再多一份努力,再少一份遗憾。感谢团队成员的不懈努力,赫然老师作为团队带头人,对题目的确定、调研的组织以及书稿的撰写都发挥了领导带头作用,她主要撰写了书稿第五章萨满;刘宇老师奠定了我们研究的方法和基本视角,在整个研究过程中起到了理论整合的作用,他主要撰写了书稿第一章绪论和第二章族群;汪亭存和关鑫老师为能翔实记录祭祖过程,在寒风中苦守十五日,关鑫老师主要撰写了书稿第三章家祭;连宏老师为研究满族家规,遍查家谱二百余部,主要撰写了书稿第四章家规;陈英慧老师阅读了大量的关于满族说部的文献,主要撰写了书稿第六章说部;唐萌老师对民族自治问题提出了诸多有益的见解,主要撰写了书稿第七章自治;很多研究生同学也积极参与到了团队工作之中,为研究工作收集并整理了大量的资料。最后,还要特别感谢那些在研究与写作过程中给予我们无私帮助的人:感谢富育光老师,感谢张德玉老师,感谢关云德老师,感谢满蒙学习委员会,感谢吉林省民族事务委员会,感谢满语学习班单律师,感谢那些为民族的记忆、发展与繁荣作出无私奉献的人。